国連研究 第20号

変容する国際社会と国連

日本国際連合学会編

国際書院

The United Nations Studies, Number 20 (June 2019)
The UN in a Changing World
by
The Japan Association for United Nations Studies

Copyright ©2019 by The Japan Association for United Nations Studies
ISBN978-4-87791-299-4 C3032 Printed in Japan

目 次

変容する国際社会と国連

(『国連研究』第 20 号)

目　次

序 …………………………………………………………………… 11

I　特別寄稿

国連と国連研究の課題と展望：個人的内省………………内田　孟男　19

II　特集テーマ「変容する国際社会と国連」

1　重層化する国際安全保障と国連平和活動の変容………篠田　英朗　35
2　SDGsにみる人間中心型開発思考からの脱却…………大平　剛　59
3　安全保障と人権における国連の意義と役割：
　　平和への権利国連宣言の審議を通して………………笹本　潤　81
4　国連システム諸機関の財政の変容：
　　加盟国からの財政収入に焦点を当てた分析……………坂根　徹　107

III　政策レビュー

5　グローバル・ガバナンスにおける適者生存：
　　経済協力開発機構（OECD）が国連との協力で図る機能進化
　　………………………………………………………………安部　憲明　137

Ⅳ　独立論文

6　国連の民主主義促進と国連民主主義基金：
　　国連の内なる変容の一例……………………………澤西三貴子　169
7　変動する人道と開発の間：
　　紛争中のシリア向け支援からの考察………………武藤　亜子　193

Ⅴ　書　評

8　キハラハント愛著『国連警察の責任を問う―国連警察要員の個人の刑
　　事的アカウンタビリティ』……………………………藤井　京子　217
9　西谷真規子編著『国際規範はどう実現されるか―複合化するグローバ
　　ル・ガバナンスの動態―』…………………………大芝　　亮　225
10　上杉勇司、藤重博美編著『国際平和協力入門―国際社会への貢献と日
　　本の課題』……………………………………………福島安紀子　231
11　ジャン＝マリー・ゲーノ著・庭田よう子訳『避けられたかもしれない
　　戦争―21世紀の紛争と平和』………………………黒田　順子　237
12　書評論文　カンボジアPKOと未完の検証―学術研究になにができる
　　か―旗手啓介著『告白―あるPKO隊員の死・23年目の真実』および
　　明石康著『カンボジアPKO日記―1991年12月〜1993年9月』
　　……………………………………………………………井上　実佳　243

Ⅵ　日本国際連合学会から

1　国連システム学術評議会（ACUNS）2018年度年次研究大会に参加して
　　……………………………………………………………庄司真理子　257
2　第18回東アジア国連システム・セミナー報告………敦賀　和外　265
3　規約及び役員名簿……………………………………………………269

Ⅶ　英文要約 ………………………………………………………… 277

編集後記 …………………………………………………………… 295

執筆者一覧 ………………………………………………………… 297

表紙写真　United Nations Operation in Mozambique: Soldiers holding hands at a demobilization ceremony, Casa Banana, Mozambique

Contents

The UN in a Changing World

(The United Nations Studies, Number 20)

Preface ·· 11

I Special Article

Challenges to and Prospects of the United Nations and United Nations Studies : A Personal Introspection ························· Takeo Uchida 19

II Articles on the Theme

1. Multi-layers of International Security and Transformation of UN Peace Operations ··································· Hideaki Shinoda 35
2. The SDGs and a Paradigm Shift from the Human-centered Development ··· Tsuyoshi Ohira 59
3. The Significance and Role of the United Nations in the Field of Security and Human Rights: The Deliberation of the UN Declaration on the Right to Peace ································· Jun Sasamoto 81
4. Financial Transformation of the United Nations System Organizations : Analysis Focusing on Budget Income from Member States ·· Toru Sakane 107

III Policy Perspectives

5. Only the Fittest Can Survive in Global Governance: The OECD Finds Its Own Way to Evolve through Working Closely with the United Nations ··· Noriaki Abe 137

IV Independent Articles

6 The United Nations' Democracy Promotion and the United Nations Democracy Fund: An Example of the UN's Internal Transformation
　　　　　　　　　　　　　　　　　　　　　　　　　Mikiko Sawanishi　169

7 Variations to Humanitarian and Development Assistance during Conflict: A Case Study Analysis of Assistance Provided to Syria
　　　　　　　　　　　　　　　　　　　　　　　　　　　　Ako Muto　193

V Book Reviews

8 Ai Kihara-Hunt, *Holding UNPOL to Account: Individual Criminal Accountability of United Nations Police Personnel* ······ Kyoko Fujii　217

9 Makiko Nishitani ed., *How Are International Norms Realized: The Dynamic Process of Complex Global Governance* ········ Ryo Oshiba　225

10 Yuji Uesugi and Hiromi Fujishige eds., *Introduction to International Peace Cooperation: Japan's Contributions and Challenges in International Society* ······································ Akiko Fukushima　231

11 Jean-Marie Guéhenno, *The Fog of Peace: A Memoir of International Peacekeeping in the 21st Century* ················ Michiko Kuroda　237

12 The Absence of Academic Investigation into the UN Peacekeeping in Cambodia: Book Review Essay of Keisuke Hata, *Confession: The Death of a Japanese UN Peacekeeper in Cambodia: The Truth after 23 Years* and Yasushi Akashi, *My Cambodian PKO Diary: 1991.12-1993.9*
　　　　　　　　　　　　　　　　　　　　　　　　Mika Inoue-Hanzawa　243

Ⅵ Announcements

   1 Report of the 2018 Annual Meeting of the Academic Council on the United Nations System (ACUNS) ·················· Mariko Shoji 257

   2 Report of the 18th East Asia Seminar on the United Nations System in Beijing ··· Kazuto Tsuruga 265

   3 Association's Charter and Officers ····································· 269

Ⅶ **Summaries in English** ·· 277

Editorial Notes ·· 295

序

　学会誌『国連研究』は本号で 20 号を迎えた。この機会に国連および国連システムが国際社会の中で果たす役割と課題についていま一度広い見地から学問的洞察を加えるべく、本号の特集は「変容する国際社会と国連」とした。

　偶然にも 1993 年 5 月刊行の日本国際政治学会編『国際政治』103 号において本号と同タイトルの特集が組まれている。その際の国際社会の変容とは、「冷戦の終焉」という「急激な国際社会の変化」を受けての表現であった。

　冷戦終焉をうけて四半世紀を経て、主権国家の相互依存や統合化、急速に進むグローバル化、民主化の波が、国家や経済、人々の生活に大きく影響した。アフリカ、中東地域等をはじめ紛争が激化した。国際社会の変容として地球環境の変動や武力紛争と大規模な人的被害、貧困、経済的な格差の加速的な拡大、移民、難民への社会的排除や人権侵害などが本号の論稿から語られる。国連システムが対処しようとするのは、これらの国際社会の公共課題であり、人類から地球の持続にまで及ぶ広範囲を包摂する。

　『国連研究』20 号の巻頭に、本学会の創設から今日までの 20 年の歩みを振り返る特別寄稿を掲載した。執筆者の内田孟男会員は、日本国際連合学会の理事、運営委員会委員、編集主任、渉外主任を歴任され、創設から今日まで国連学会の歩みを主導してこられた。特別寄稿「国連と国連研究の課題と展望―個人的内省」では、原点である国連学会の目的と東アジアにおける学術文化交流の軌跡、学会メンバーの教育研究や政策提言、学会活動の強化などを回顧しながら、実務家、研究者あるいはその二足のわらじを履くものにとって傾聴するべき将来への提言を含んでいる。

寄稿論文は「国際社会の変容」について、国連の直面する大国間の不一致による多国間主義の退潮を殊に指摘し、平和、持続可能な開発、人権に代表される地球公共財の提供に国連システムが役割を果たすために打つべき国連改革として国連主要機関の改革を指摘する。その中でも、国際公務員制度の強化発展を提言し、知的リーダーシップという国連の国際的役割にとってもその核となる国連事務局の強化がわけても不可欠だとする。最後に、研究教育に関わる研究者に向けて知的および起業家的役割を説き、学際的および国際的視野に立つ国連研究の必要性について国連学会会員への自覚を促す。

　そして、順次掲載した特集論文、政策レビュー、独立論文、書評と書評論文は、変容する国際社会と国連についていずれも示唆を与え、多面的に追求されている。

　特集では、国際社会の変容のうち、安全保障、持続可能な開発、人権という国連の主要分野の動きと、組織の財政について論文を掲載することができた。

　篠田論文「重層化する国際安全保障と国連平和活動の変容」は、最近の国連PKOの変質の背景を探ることを目的とした研究である。近年の「パートナーシップ平和活動」は、伝統的とされる冷戦期の国連PKOとは大きく異なるものの、むしろ国連憲章起草時に予定された重層的な安全保障体制という基本構造に沿ったものであると結論づけた意欲的な論文である。

　大平論文「SDGsにみる人間中心型開発思考からの脱却」は、1990年代以降の開発戦略の大きな流れを丁寧に論じたうえで、「持続可能な開発目標」（SDGs）が「ミレニアム開発目標」（MDGs）を引き継いだものであるという認識は誤りであることを明らかにする。そして、SDGsの源流は社会開発サミットに認められることを指摘する一方、開発パラダイムの観点からは、両者には相違点があることに留意する必要があるとも主張している。

　笹本論文「安全保障と人権における国連の意義と役割－平和への権利国連宣言の審議を通して」は、冷戦後の国際社会の変容が、各国政府、国連機関、

NGO という国連における 3 つのアクターにどのように影響を与えているのか、また、平和への権利国連宣言審議過程に着目し、これらのアクターが有した機能および役割を分析している。

坂根論文「国連システム諸機関の財政の変容―加盟国からの財政収入に焦点を当てた分析」は、国連システム諸機関の加盟国からの財政収入の変容と継続を分析したものである。多岐にわたるデータをとおして、どのような変容が認められ、他方で継続があるのかについて分析しており、その結果は非常に興味深いものとなっている。

政策レビューでは、「グローバル・ガバナンスにおける適者生存―経済協力開発機構（OECD）が国連との協力で図る機能進化」を掲載した。安部論文は、OECD の国連との協力強化の背景と具体事例（企業の社会的責任、SDGs 実施支援など）を詳述し、OECD と非 OECD 諸国の関係、国連との協力による多国間主義の強化につき示唆に富む結論を導いている。

独立論文にはそれぞれ独自の分析を加えながらも、国際社会の変容を強く受けた、国連財政の問題とシリアを事例とする 2 本の論文を掲載することができた。

澤西論文「国連の民主主義促進と国連民主主義基金―国連の内なる変容の一例」では、国連事務局における一般信託基金の増加とその要因について、理論的説明を与え、一般信託基金のなかでも国連民主主義基金を事例として、市民社会団体との連携を通じた民主化支援の具体的方策の可能性を探っている。

武藤論文「変動する人道と開発の間―紛争中のシリア向け支援からの考察」では、武力紛争における人道支援と開発支援を架橋する「開発的人道支援」の概念を提示し、その概念の理論的説明を加えたうえで、シリアの事例を用いて「開発的人道支援」を可能にした原因と限界を明らかにしている。

書評セクションでは、4 本の書評と 1 本の書評論文を掲載した。

Ai Kihara-Hunt, *Holding UNPOL to Account: Individual Criminal Accountability of United Nations Police Personnel* (International Humanitarian

Law Series, Vol. 50）は、国連警察指針作成委員などを経験した著者が、国連の平和活動に従事する要員とりわけ国連警察の刑事責任を追及するメカニズムの実効性・問題点を検討した書である。国際法の視点から、藤井会員が論評を行った。

西谷真規子編著『国際規範はどう実現されるか——複合化するグローバル・ガバナンスの動態—』は、コンストラクティビズム（構成主義）とグローバル・ガバナンス論から、複雑化する国際関係における規範の実相を捉えようとした書である。規範の生成と伝播過程と、規範の履行・内面化の過程に焦点を当てる2部構成をとる。構成主義における規範研究やグローバル・ガバナンス研究では事例研究の不足がしばしば指摘されてきたが、本書は多くの事例を用いてその課題に取り組んだとして、大芝会員が論評した。

上杉勇司・藤重博美編著の『国際平和協力入門—国際社会への貢献と日本の課題』は、国際平和協力について網羅的かつ平易に概説した書であり、国連研究の入門書ともいえる。各章の末尾にはより深い理解のための推薦図書のリストと国際平和協力に関連する映画リストも収載されており、国際平和協力について関心を持つ学生に対して大きな動機付けを与えている。福島会員が論評を行った。

ジャン＝マリー・ゲーノ著（庭田よう子訳）『避けられたかもしれない戦争—21世紀の紛争と平和』は、2000年から2008年までPKO担当の国連事務次長を務めたゲーノ氏の「回想録」である。同時期にPKO局に勤務していた黒田会員が論評した。本書では、11の紛争（アフガニスタン、イラク、グルジア、コートジボワールなど）の政治的な国際環境、各国の政治的意図と国家間の駆け引き、そして国連の関与について考察され、著者の個人的な意見や、反応も正直に書き綴られている。

書評論文は、井上会員による「カンボジアPKOと未完の検証—学術研究になにができるか」を掲載した。本論文は、旗手啓介著『告白—あるPKO隊員の死・23年目の真実』と明石康著『カンボジアPKO日記—1991年12月〜1993年9月』の2冊の著書を通して、日本の国際平和協力について再

考を促す内容となっている。日本で国際平和協力法が成立して四半世紀が経過するが、国際的にみれば日本の経験は未だ浅いうえ、政府レベルでも国民レベルでも議論は深まっていない。1990年代を歴史として、日本の国際平和協力は検証すべき時期にきていると評者は言う。

　以上に加え、国連システム学術評議会（ACUNS）の参加報告が庄司会員より、および北京で開催された日中韓国連学会による東アジア国連システム・セミナーの報告が敦賀会員によりとりまとめられ、会員の活発な国際的学術活動が概要とともに紹介されている。

　国連は、主権国家が基礎をなすという意味での国際社会の中で、創られ、運営される政府間国際機構である。主権国家の変容が国連本体や国連システムに影響を与える。大国や主要な国々の間の政治的な不一致、一国中心主義への回帰、国家の対外政策との衝突により、国連システムが期待する多国間協調主義は挑戦を受け続けている。財政貢献国の状況と財政拠出、要員の提供も国連システムの活動の継続か縮小かを左右する。限定的な数の加盟国からの任意拠出を得て特定課題に対応する国連の傾向も国連民主主義基金の例から問題提起されている。

　国連および国連システムは、主権国家のみでは対応しえない国際社会の公共課題についての職務を負う。国連憲章の目的に明示された平和、発展、人権等から、持続可能な開発、平和構築、人道支援等々と新たな公共課題を次々と提示し、国連システムが国際秩序を変容させてもきた。平和への権利国連宣言は、安保理や加盟国の行動に見直しを迫り対立をしながら、国連により調整をされた形で総会決議として公的に反映された。持続可能な開発についての国連開発計画（UNDP）の開発パラダイムは「自然環境の能力の限界」を取り込むに至ったが、人権も開発も経済も地球環境の観点から見直されることになる。開発と人道についても平時、紛争時という伝統的な区分を乗り越える開発的人道支援の模索と実践が行われている。国連が提示した既存の枠組みや制度が見直され、概念の相互の関連性が問われている。

このことによって、多くの論稿で示されるように国連システム以外の政府間国際機構、地域的機構・準地域的機構、NGOとの連携、専門家、企業、市民社会等々それらの独自の役割が示されている。国連と国連システム諸機関に求められる公共課題の実現は、国家、国際機構、地域的機構、非政府組織、市民社会を含む国際社会の全関係者を担い手にしながら具体的な実践を伴わなければ達成できないところにきている。

　国際社会の公共課題について、国家、国際機構、市民社会が協働して対応するという基本的構図には変化はない。しかし具体的実践において国連システム固有の役割と問題点については一層の検討が必要であり、本号がそれを考えるための一冊となってほしい。国連本部ウェブサイトには国連改革（UN Reform）のページが立ち上がっており発信がされている。諸外国では有識者等による国連改革案も複数出されている。歴史をさかのぼり、かつ、未来を志向しながら、国連と国連システム諸機関の改革の行方について本学会として研究がなされることも期待したい。

編集委員会
滝澤美佐子、富田麻理、瀬岡　直、上野友也、本多美樹（執筆順）

I

特別寄稿

国連と国連研究の課題と展望:
個人的内省

内 田 孟 男

はじめに

　日本国際連合学会（The Japan Association for United Nations Studies：JAUNS、以下、日本国連学会）は 2018 年に設立 20 周年を迎えた。2019 年は学会機関誌『国連研究』の第 20 号を発刊する記念すべき年に当たる。この機会に、これまでの日本国連学会の歩みを概観し、変容する国際関係の文脈において、国連の役割と国連研究の課題と展望について考えてみたい。国連学会の誕生から 10 年間の活動と、日本における国連研究の発展については、横田洋三会員の包括的で秀逸な論文が『国連研究』第 10 号（2009 年）にあるので[1]、ここでは主にその後の期間に限り、個人的な感想を披歴するのにとどめたい。

　『国連研究』第 20 号の特集テーマは「変容する国際社会と国連」である。『国連研究』の第 1 号（2000 年）の特集テーマは「21 世紀における国連システムの役割と展望」であった。20 年を経て、同様のテーマが特集されることは偶然ではなく、世界情勢が大きく変化するなかで、国連はいかに対処しているのか、またすべきなのかという問題意識が常に国連研究者の関心事であることを反映しているといえる。

1　日本国連学会の軌跡と挑戦

（1）　原点

　学会設立時の理事長、明石康会員は『国連研究』第 1 号の序文において、学会の目的を「国連が現実の国際政治の中で果たすダイナミックな役割に十分な学問的洞察」を加えることであると述べている。彼は更に欧米における国連研究にも言及し、実証的そして政策提言にも結び付く研究成果を評価し、「現実性のある、日本発の国連研究」を目指すべきであると指摘している[2]。このような要点は学会の規約第 3 条（活動）に明記されている。学会設立から 20 年を経て原点に戻って、学会の課題とこれからの取り組みについて検討する価値は十分にあると思われる。付言すれば、明石会員、横田会員はそれぞれ理事長と事務局長を 3 期 9 年の長きにわたってリーダーシップを発揮され、学会の基礎を固めるのに多大な貢献をされた。学会は組織であるが、組織は各個人の役割によって大きく左右されることを想えば、私は歴代の理事長と事務局長に深い敬意と感謝の念を覚える。

（2）　国際協力

　日本国連学会が設立された背景には明石理事長が指摘された、欧米、特に米国における国連研究とその組織化された学会、国連システム学術評議会（The Academic Council on the United Nations System：ACUNS）があった。この評議会は、1987 年 6 月に設立された学会で、その設立には当時の国連が置かれた厳しい状況と国連研究が社会科学、なかでも国際関係論の周辺に追いやられているという強い危機感があった。当時冷戦の末期にあったとはいえ、国連は国際政治の対立のなかで活動が制限され、米国の分担金削減要求もあり、国連の存在意義そのものまで軽視されていた。この間の状況について詳しくは、評議会の創立者の一人であったライオンズ（Gene M. Lyons）の評議会 10 年後の回想論文に詳しい[3]。評議会は機関誌 *Global*

Governance: A Review of Multilateralism and International Organizations を 1995 年から発刊し、同書は 1997 年にはアメリカ出版協会（APA）の社会科学における優秀な出版物としての認識を勝ち取っている。また、評議会は 1996 年に国連経済社会理事会の NGO（一般カテゴリー）の地位を得ている[4]。

　日本国連学会は評議会の団体メーンバーとして、その年次研究大会には積極的に参加してきた。更に、評議会の理事には功刀達朗会員、志村尚子会員、内田孟男会員、長谷川祐弘会員が就任してきた。現在（2018 年〜21 年）はキハラハント愛会員が理事に就任している。また、2015 年には評議会の東京オフィスが長谷川会員によって設けられ、学会と評議会との協力関係は一層強化されてきている[5]。

　国際的連携について学会が誇れるもう一つの活動は日本、韓国、中国との 3 ヵ国による国連システムに関する年次セミナーである。日本国連学会が設立された直後、高麗大学の教授であり、外務大臣も務めた韓　昇洲教授のイニシアティブによって、極めて迅速に韓国国連システム学術評議会（The Korean Academic Council on the United Nations System：KACUNS）が設立された。韓教授の「韓国と国連」と題する特別寄稿は『国連研究』第 1 号に掲載されている[6]。後に中国が参加を希望し、そのために既存の中国国連協会とは別に、中国国連研究アカデミックネット（The China Academic Net for United Nations Studies：CANUNS）が設立され、2011 年の大阪でのセミナーでこのネットは正式に加盟し、日中韓セミナーとなった。翌年 2012 年に中国ネットは、北京においてセミナーを主催している。2018 年のセミナーは再び北京で開催されたが、2015 年、上海においてセミナーを主催しているので、中国は既に 3 回にわたりホスト役を務めている。日中韓セミナーは通算 18 回を数える[7]。東アジアにおける学者研究者のネットワークも地域の緊張のもと、色々な挑戦を受けてはきたが、学術文化交流の重要な役割を果たしてきた。

（3） 国連に関する大学教育と政策提言。

　日本国連学会は研究者と実務家との交流を重視してきた。外務省の国連担当官の理事会への参加を定めているのはその象徴といえる。国際協力に関しても前述のように精力的に努めてきた。しかし国連システム学術評議会の設立趣意にある、次世代の国連研究者を養成するという点において学会として十分にその役割を果たしてきたのか検討する必要があるのではないか。確かに学会会員がそれぞれの大学において研究と同時に教育にもその責任を果たしてきたことは言うまでもない。学会としても若手研究者の年次研究大会における発表、発言の機会を設けてきたことも確かである。会員による大学ないし大学院レベルでの教科書を執筆してきた事例もかなりの数に上る[8]。しかし学会として大学レベルでの国連教育の問題について真摯に検討してきたかという点については疑問が残ると言えよう。この分野における具体的な活動としては例えば、会員による国連関連の授業シラバスを持ち寄ってその内容を議論し、国連教育の向上に資することも考えられよう。同様に、国連教育に関するセッションを、年次研究大会または独立した分科会を設けることも検討出来るのではないか。

　政策提言に関してはどうであろうか。学会の有志は、日本の国連外交に関しての政策提言を行い、その概要は「国連を生かす外交を－日本の国連政策への提言」に纏められている[9]。また、外務省主催の国連政策研究会は研究者と実務者との交流を可能にした貴重な場であったが、残念ながらこの会合が廃止されて久しい。周知のように日本学術会議は政府に対して提言を行うことのできる機関である。本学会は日本学術会議の「協力学術団体」となる資格を十分に有していると思われる。ちなみに、日本国際政治学会、アジア政経学会、日本行政学会等は協力学術団体として認められている。学会としてもこの件は運営委員会で議論されたが、当時は他学会との競合や時期尚早との意見があり、見送りになった経緯がある。学会設立20年を超えて、我々も日本の包括的学術会議に加盟することを、再検討する時期に来ているのではないかと考える[10]。

2　国連の直面する課題と展望

（1）　多国間主義の退潮

　　国連を中心とする多国間主義は常に困難な問題と取り組んできた。1950年代初頭の米国におけるマッカーシズム、56年のスエズ運河をめぐる英仏の軍事行動と国連平和維持活動、60年代のコンゴ国連活動（ONUC）をめぐるソ連とハマーショルド（Dag Hammarskjöld）事務総長の対立、国連財政の危機、70年代には新国際経済秩序を契機とする南北対立の先鋭化、80年代には冷戦下の国連軽視の風潮（これが国連システム学術評議会設立の要因であったことは既に述べた）、90年代は冷戦の終結により多国間主義の復興が期待されたが、旧ユーゴスラビアにおける内戦、ルワンダにおける虐殺など、国連にとっても試練の連続であった[11]。

　21世紀の最初の10年は9.11のテロとそれに対する米国の報復、アフガニスタンとリビアにおける戦闘及び地域政権の不安定化が中東情勢を揺るがしてきた。2010年代に入ると、シリアにおける内戦及び、いわゆる「イスラム国」樹立宣言と戦闘の激化が注目を集めた。国連はシリア内戦の調停を試みるが失敗に終わっている。2017年の米国におけるトランプ（Donald Trump）政権の誕生は「アメリカ第一主義」を掲げ、気候変動抑制に関するパリ合意からの離脱、国連人権理事会からの脱退、さらに2018年末にはユネスコから脱退している。加えて、国連パレスチナ難民救済事業機関（UNRWA）への資金供与の停止など、多国間協調主義からの撤退を印象付けている。欧州においても英国の欧州連合（EU）からの脱退への動き、移民に対する厳しい規制など、欧州各国の内向きな政治姿勢が目立つようになってきた。このような情勢について、グテーレス（António Guterres）国連事務総長は、2018年9月の国連総会一般討論の冒頭演説で次のように警告している。「多国間主義は攻撃を受けている、正に我々が最もそれを必要にしている時に、である。[12]」

（2） 地球公共財の提供

　主要な国連加盟国の政策と態度はどうあれ、紛争、貧困、環境悪化、人権侵害といった地球規模の問題はより緊迫化し、そのインパクトは甚大である。地球公共財を提供するということは平和な秩序、持続可能な開発と人権を確保するということである。国連システムはこれらの地球公共財を提供する中間財と位置付けることも可能であろう[13]。ミレニアム開発目標（MDGs: 2001年～2015年）と持続可能な開発目標（SDGs: 2016年～2030年）は、人類の福祉のための包括的目標とターゲットを国際的に合意した文書であり行動計画である。このような目標を達成することが正に地球公共財を供給することといえる。SDGsは貧困撲滅、飢餓を終焉させる、健康、教育、ジェンダー平等と女性の能力向上、水、エネルギー、経済成長、インフラ整備、不平等の改善、住環境、持続可能な消費と生産様式、気候変動、海洋と資源、土地・生物多様性、平和的社会、そしてこれらの目的を達成するための「持続可能な開発のためのグローバル・パートナーシップ」の強化を宣言している[14]。ここで述べられているパートナーシップには「政府、市民社会、民間部門、国連システム、その他のアクター」を集合させてそれぞれが持つ資源を動員することが求められている[15]。国連としても、地球公共財を供給するためには国家のみならず市民社会、民間部門、そして国連システムの協働が不可欠であることをこの宣言は再認識している。その認識をいかに行動に移すかが課題であるといえる[16]。

（3） 国連改革の困難さと可能性

　平和と安全保障やSDGsを含む地球公共財を供給する役割を期待されている国連は、いかに対応しているのか、またすべきなのか。グローバル・パートナーシップの枠組みの策定にはどのアクターがイニシアティブを取れるのか。国連が憲章の原点に回帰し、「諸国の行動を調和するための中心」（第1条4項）、となり、更に他のアクターとの協調をも視野に置くことによって、国連こそがそのような指導力を発揮すべきであろうし、また憲章で認めら

れ、期待されている役割と言えよう。

　そのためには国連が世界において正統性と実効性を持つことが必要になる。安保理改革はこのような文脈において、繰り返し議論されてきた。2005年、アナン（Kofi Annan）事務総長は『より大きな自由の中で（*In Larger Freedom*）』と題する報告書で、常任理事国を増やす案と、非常任理事国のみを拡大する案とを提示したが[17]、結局どちらの案も採択されずに終わっている。爾来安保理改革の動きは停滞したままである。第2次世界大戦直後の世界情勢と21世紀の情勢とは大きく異なるのはいうまでもない。安保理の正統性が疑問視される所以である。同時に安保理の理事国数を増やせば自動的に正統性が担保されるものではなく、その実効性と効率とのバランスも考慮されなくてはならない。いずれにせよ、多国間主義が後退している現在は、大国間の政治的合意を前提とする国連改革を議論する余裕はないと思われる。むしろ、憲章改正を必要としない各主要6機関[18]の改善を試みることが求められているのではないか。

（4）　グテーレス事務総長の改革案

　グテーレスは2018年7月23日に公表された年次報告書の中で、2017-2018年における彼の主要なイニシアティブを列挙している。国連、特に事務総長の役割として、仲介、調停、予防・防止パネル、平和維持活動の統合・簡略化、対テロ対策、SDGsへの取り組み、国連システム内のジェンダー平等化、財政戦略の樹立、2019年の気候変動サミットへの政治的支持の動員、世銀との協力強化、普遍的な健康への戦略、移民のためのグローバル・コンパクトへの支持などで、かなり包括的である。更に事務総長は事務局の管理改善によって、より効率的に問題に対処し、透明で説明責任を有する事務局を形成すると述べている。また、2年ごとの予算から年次予算に移行することによって活動を計画し、予算付けをする能力を高めるとしている。2019年までに本部の管理支援のために2つの新しい局を創設することも提案している。デジタル化、新技術への戦略も欠かせないとする[19]。グテーレスの主

要なイニシアティブはこのように実に 25 点にも及び、精力的に国連強化に取り組んでいることが分かる。

（5） 国際公務員制度の役割

　事務局の改革は事務総長のイニシアティブとリーダーシップで、かなりの改革が可能な分野である。確かに、グテーレスが取り組んでいる、事務局の機構改革、ジェンダーの平等、効率化、新技術への対応は重要である。同時に、私は事務局職員、より広義には国際公務員制度を育成していくという視点が弱いと感じる。ハマーショルド事務総長が目指した、独立し、効率的で誠実な国際公務員制度の理念[20]と比較すると、アナンをも含めて、歴代の事務総長には、国連の「行政の長」として、国際公務員制度の発展に積極的に貢献してきたとは言い難いのではないか。憲章第 15 章（事務局）、特に第 101 条 3 項は「職員の雇用及び勤務条件の決定にあたって最も考慮すべきことは、最高水準の能率、能力及び誠実を確保しなければならない」と規定している。このような憲章の理念を実現するには、現在の国連人事政策では不十分であろう。直近の国連事務局の構成に関する事務総長報告によると、2017 年 12 月 31 日現在で、国連事務局に勤務する職員数は 38,105 名である。国連システム全体では 75,903 名となる。国連事務局職員数は過去 5 年間で 8％減少している。

　注目すべき数字は職員の有する契約のタイプである。国連は職員との契約を大きく①恒久契約、②期限付き契約、そして③臨時契約の 3 つのタイプに分類している。①の恒久契約保持者は 2014 年当時の 17％から 25.5％へと増加している。職員の約 4 名に 1 人は恒久契約を有している[21]。雇用の条件という意味では、確かに職員にとっては状況の改善といえる。しかしながら、ハマーショルド時代には実に 80％を超える職員が恒久契約を保持していた。職員の最高水準の効率、能力そして誠実さは、それらの価値に対して、人と組織とのコミットメントがあって初めて達成されるのではないだろうか。その点を考慮すると、国連事務局を中心とする国際公務員制度は更なる強化と

発展が求められている制度といえる。そのためには、事務総長のより積極的で長期にわたる展望が求められている[22]。

3　国連研究者の課題

（1）　国際的リーダーシップのタイプ

　国連システム学術評議会の設立にも携わったヤング（Oran Young）は、国際制度の形成における指導者を３つのタイプに分類し、それぞれの役割を分析している。即ち、①構造的リーダー、②起業家的リーダー、そして③知的リーダーである。構造的リーダーは主に国家の物質的資源を利用して交渉を行い国際制度形成に貢献する者で、例としてはブレットン・ウッズ会議での米国財務長官のモーゲンソー（Henry Morgenthau）を挙げている。起業家的リーダーは課題（アジェンダ）を提示し、それを普及させ政策提言を行い国際的制度の樹立に寄与する者で、例として海洋法会議のコー（Tommy Koh）、地球環境問題で指導力を発揮したトルバ（Mostafa K.Tolba）を挙げる。知的指導者は理念、思想そして展望を示し、国際的取極めの成立に導く者で、例としてケインズ（John M. Keynes）、国際赤十字社の設立者デュナン（Jean Henri Dunant）、欧州共同体への道を開いたモネ（Jean Monnet）を列挙する[23]。

　ヤングは組織ではなく、個人のリーダーシップを論じているが、個人の研究者と同時に、国連という組織の指導者である事務総長のリーダーシップの検討にもこのリーダーの分類と分析は、大いに役立つと考えられる。研究者は基本的に知的リーダーシップを期待されているといえる。政策提言を行う段階では起業家的役割も可能になろう。国家の力を背景とした構造的リーダーには主に政治家がその任務を帯びているといえる。組織としての国連システムは加盟国の分担金及び自発的拠出金によってその事業活動を行い、主権国家のように独立した財源を持たない。このことは、国連の役割、特に事務局のリーダーシップは、起業家的ないし知的リーダーシップに限定される

ことを意味する。

　2000年に公表されたアナンの『我ら人民（*We the Peoples*）』と題する報告書[24]、前出の2004年の『より大きな自由の下で』は国連のビジョンを示し、アジェンダを設定したといえる。また、事務総長が任命した専門家パネルによる平和維持活動に関する報告書や、市民社会と国連に関する報告書等[25]は、国連が世界の知的リーダーシップを取り得ることを証明している。総会で採択されたミレニアム開発目標（MDGs）[26]や持続可能な開発目標（SDGs）は、優れて国連のアジェンダ策定能力を示しているといえる。このような知的及び起業家的リーダーシップの中核となるのが国連事務局であり、国際公務員制度の発展がグローバル・ガバナンスに必要不可欠である所以である。

（2）研究者の役割

　国連研究と教育に携わる我々の役割は、2つのレベルで考察する必要があると思われる。一つは、広く社会科学者は社会に対してどのような役割を期待されているのか、また、どうあるべきなのかという、普遍的な問題である。一般的にいえば、社会を研究し、描写し、分析し、より良い社会を形成するための展望ないし指針を示すことである。換言すれば、研究者はヤングのいう知的役割と起業家的という二重の役割を果たすことが求められているといえる。社会のあるべき姿を研究者の特定の価値観、理念から投影するという、客観性と価値観との相克が常に存在することを強く自覚する必要があるであろう[27]。

　二つ目はより範囲を限定して、国連研究者の役割について内省してみると、知的リーダーとしての研究者は、大学・大学院レベルで「国際機構論」を講義する際に、より広い学際的視野からアプローチすることが求められるであろう。すなわち、国際関係論と国際法の具体的なアクターとしての国連システムを研究し、教授することである。単なる国連の政策決定過程、財政、管理を論じるのではなく（それらは機構論の重要な要因ではあるが）、

国連の位置づけを研究者の世界観と歴史観に基づき、それらを明確にしたうえで教授することである。換言すれば、地球規模の諸問題と国際公共財を供給するユニークなアクターとしての国連を浮き彫りにする試みである。

日本国連学会も前述したように、研究者と実務家との交流を通して政策提言を行うことを一つの目的としている。国連がグローバル化した世界に秩序をもたらし、維持することを目的とする以上、その秩序は世界の人々の多様な価値観を表現するものでなくてはならない。「文明の衝突」が叫ばれて既に4半世紀が経ている[28]。国連は「文明間の対話」を唱え、2001年を文明間の対話の年と定めた[29]。国連の場でも「文明の同盟」プロジェクトが発足し異文化間交流に努めている[30]。このような広い異文化・異文明間の対話を踏まえた政策提言がグローバル化した現在求められている。このような文脈において、私たち研究者は役割を果たすことが期待されている。したがって、国連研究者にとって、国際的ネットワークに参画することは、多様な視点と価値観を理解するうえで重要な活動といえる。

おわりに

日本国連学会の設立の原点に立ち返ることは、現在の国連とその研究に関する課題を明確にし、学会そして研究者である会員が、有意義な展望を模索するための契機となるのではないか。激しく変容する世界において、国連はどのように機能しまた挑戦を受けているのだろうか。国連74年、学会21年の軌跡は決して平坦ではなかったし、これからも色々な課題に直面するだろう。ただ、大国間の対立、安保理の機能マヒ、財政難などは本質的には新しい問題ではなく、国連が繰り返し直面してきた問題である。新しいのは、これらの問題の深刻さと複雑性が増して、国連と国連研究者を取り巻く状況が変化しているに過ぎないのではないか。グローバル化された世界のガバナンスには、悲観論も楽観論も排して、確固たる学問的業績と洞察に基づく日本国連学会と会員の活躍が、現在より強く期待されているといえる。

〈注〉

1　横田洋三「国連研究の課題」『国連研究』第10号（2009年）、27-53頁。
2　明石康「日本国連学会の設立に寄せて」『国連研究』第1号（2000年）、3頁。
3　Gene M. Lyons, "*Putting ACUNS Together*," accessed 14 October 2018, https://acuns.org.
4　NGO Branch, Department of Economic and Social Affairs, accessed 3 September 2018, http://www.un.org/ecosoc/ngo.
5　評議会の年次大会に参加した会員からの報告は『国連研究』に掲載されている。
6　Han Sung‐Joo, "Korea and the United Nations," 『国連研究』第1号（2000年）、137-163頁。
7　日中韓セミナーの最近の活動については、『国連研究』に報告が掲載されている。
8　2016年以降に限っても次のような著作がある。横田洋三（監修）『入門　国際機構』法律文化社、2016年；山田哲也『国際機構論入門』東京大学出版会、2018年；植木安弘『国際連合―その役割と機能』日本評論社、2018年；吉村祥子（編著）『国連の金融制裁－法と実務』東信堂、2018年。
9　日本国連学会有志「国連を生かす外交を－日本の国連政策への提言」『国連研究』第12号（2011年）、155-189頁。
10　協力学術団体の資格については日本学術会議のホームページに掲載されている。
11　Boutros Boutros-Ghali, *An Agenda for Peace: Preventing Diplomacy, Peacemaking and Peace-keeping*, UN Document, A/47/277, June 17, 1992 and its *Supplement to An Agenda for Peace*, UN Document, A/5060, January 3, 1995.
12　António Guterres, Address to the General Assembly, accessed 26 September 2018, https://www.un.org/sg/en/content/sg/speeches/2018-09-25/address-73rd-general-assembly.
13　Inge Kaul and Ronald U. Mandoza, "Advancing the Concept of Pubic Goods," in Inge Kaul, et al., eds, *Providing Global Public Goods: Managing Globalization* (Oxford University Press, 2003), pp.78-111.
14　The UN General Assembly, *Transforming our World: the 2030 Agenda for Sustainable Development*, UN Document, A/RES/70/1, October 21, 2015.
15　*Ibid.*, para.60.

16 より詳細には内田孟男「新たな地球公共秩序構築へ向けて－国連の役割に関する考察」『国際政治』137号（2004年6月）、12-29頁参照。

17 Kofi Annan, "*In Larger Freedom: towards development, security and human rights for all*," UN Document, A/59/2005, March 21, 2005.

18 国連憲章では主要6機関（第7条）となっているが、信託統治理事会はその任務を終えているので実質的には5機関である。ただし、2006年に人権理事会が創設されているので、主要6機関とすることも可能であろう。

19 UN, *Report of the Secretary-General on the work of the Organization*, UN Document, A/73/1, July 23, 2018, para. 24.

20 Dag Hammarskjöld, "*The International Civil Service in Law and Fact*," A Lecture delivered to Congregation on 30 May 1961, accessed 25 March 2019, http://www.un.org/dpts/dhl/dag/docs/internationalcivilservant. また、国際公務員制度の役割については内田孟男「国連事務局の改革—国際公務員制度の深化か退化か？」内田孟男編著『地球社会の変容とガバナンス』中央大学出版部、2010年、287-318頁を参照のこと。

21 UN, *Composition of the Secretariat: staff demographics- Report of the Secretary-General*, UN Document, A73/79, April 12, 2018, passim.

22 ヒラリー・クリントンの2016年の選挙運動において外交顧問として活動し、デューク大学教授のジェントルソンは国連の内部改革の必要性を指摘し、平和維持活動、感染症対策、SDGsの履行、官僚制の内部改革に加えて、「国際公務員制度のハマーショルドのビジョンを活性化」することの重要性を列挙している。Bruce W. Jentleson, "Global Governance, the United Nations, and the Challenge of Trumping Trump," *Global Governance: A Review of Multilateralism and International Organizations*, Vol. 23, No.2, April-June（2017）, pp.143-149.

23 Oran R. Young, "Political Leadership and Regime Formation: On the Development of Institutions in International Society," *International Organization*, Vol. 45 No.3 ,Summer（1991）, pp.281-308.

24 Kofi Annan, *We the Peoples: the Role of the United Nations in the 21st Century*, UN Document, GA/9704, April 3, 2000.

25 *Report of the Panel on United Nations Peace Operations*（*Brahimi Report*）, UN Document, A/55/305, S/2000/809; UN, *We the Peoples: Civil Society, the United Nations and global governance: Report of the Panel of Eminent Persons on the United Nations-Civil Society Relations*（The Cardoso Report）, UN Document,

A/58/817, June 11, 2004.

26 UN, United Nations Millennium Declaration, UN Document, A/RES/55/2, September 18, 2000.

27 マックス・ウェーバー、尾高邦雄訳『職業としての学問』岩波書店、1993年；マックス・ヴェーバー、祇園寺信彦・祇園寺則夫訳『社会科学の方法』講談社、1994年などを参照。『職業としての学問』において、ウェーバーは「政策は教室で取り上げられるべきでないといわれるが、わしもこれに賛成である」と述べ、政策提言は学問的分析とはまったく別であるとしている（47-48頁）。国連の学問的分析と国連の問題点や改善策を論じることの間には明確な線引きをすることは極めて困難であろうと思われる。価値判断をする場合の自制として留意する意味はあろう。

28 Samuel P. Huntington, "The Clash of Civilizations?," *Foreign Affairs*, Summer (1993), pp. 3-27.

29 UN, "*United Nations Year of Dialogue among Civilizations,*" UN Document, A/RES/53/32, 16 November 1998. 更に同じテーマでの総会決議 A/RES/55/23, November 13, 2000 を参照。

30 文明の同盟については、https://www.unaoc.or を参照。2000年にユネスコと国連は、文明間の対話に関する円卓会議を開催し、文明間の対話を提唱したイランのハタミ（Mohammad Khatami）大統領も基調講演を行っている。UNESCO, *Dialogue among Civilizations: The Round Table on the Eve of the United Nations Millennium Summit*, 2001.

II 特集テーマ

変容する国際社会と国連

1　重層化する国際安全保障と国連平和活動の変容

篠 田 英 朗

はじめに

　21世紀に入って最初の10年間で予算・人員規模を拡大させ続けた国連平和維持活動（PKO）は、年間80億ドル規模、要員数12万程度、全世界で15件程度のミッションを運営するという規模で、2010年以降も維持された。しかしここ数年で顕著な縮小傾向が見られ始め、2018-19会計年度においては、年間予算が70億ドルを割って67億ドルとなった。これに応じて要員数も減少しており、2017年初頭にまだ10万人以上いた軍事・警察要員は、2019年1月の段階で9万人を割り込む89,409人となった[1]。

　現在の国連PKOミッション数は14である[2]。2014年以降、新規の国連平和維持活動は作られていない。2018年に国連リベリア・ミッション（United Nations Mission in Liberia：UNMIL）が終了となったが、それを除けば現存するミッションの数を減らそうという動きまでは見られない。逆に言えば、予算・人員縮小の波は、全てのミッションに及んでいる。1990年代後半に見られた国連PKOの限界の認識から活動規模の縮小のパターンとは異なり、今日の縮小の背景に、国連PKOへの批判や諦念といったものはあまり見られない。トランプ政権下の米国などからの強い予算削減要請にさらされながら、一層の効率化を図って運営する圧力がかかっているということだろう。

　2015年の国連70周年の際には、『平和活動に関するハイレベル独立パネ

ル（Highlevel Independent Panel on Peace Operations）報告書』（以下『HIPPO報告書』）が出され、時代に合致した国連平和活動の枠組みが整理された。『HIPPO報告書』は、今日でも活発に議論され続けている。その後も国連PKOに関する首脳級・大臣級の会合が開催されてきており[3]、加盟国のPKOに対する関心が低下しているとは言えない。アントニオ・グテレス（António Guterres）事務総長も、自らが打ち出した「PKOのための行動（Action for Peacekeeping: A4P）」に対する広範な加盟国の賛同を求め、平和活動の活性化を促進しようとしている[4]。2019年1月に実施された改革の中で、「平和維持局（Department of Peacekeeping Operations: DPKO）」の「平和活動局（Department of Peace Operations: DPO）への機構改革や、「政務局（Department of Political Affairs: DPA）の「政務・平和構築局（Department of Political and Peacebuilding Affairs: DPPA）への機構改革などが進められていることは、国連事務局内部での平和活動への関心の高さの反映だと言うこともできるだろう。

　国際的な平和活動の重要性の認知は、むしろ高まっているところもあるかもしれない。それにもかかわらず国連PKOの規模の縮小が進められているのは、国際平和活動の要請の全てを国連PKOが満たすことはない、という前提があるからだ。つまり国連PKO以外のアクターが行う国際平和活動の領域が飛躍的に広がったことにより、国連PKOだけが持つ重みが相対的に低下したのである。

　果たして、このような変化は、どのような国際社会の動向の中で発生していることなのだろうか。われわれは、変化を、どのような意味を持ったものとして受け止めればいいのだろうか。

　本稿は、最近の国連PKOの変質の背景に何があるかを探ることを目的としている。本稿は、国連PKOの変質は、国際平和活動の担い手の多角化という現象を受けたものであると論じるが、さらにその現象は国際安全保障の構造的な変質を受けたものである、とも論じる。その国際安全保障の構造的な変質は、国連が想定する国際秩序に反するものであるかといえば、そうで

はなく、仮に国連 PKO の位置づけを相対化するものであるとしても、むしろ国連憲章が想定した国際社会の仕組みに合致している、とも論じる。

1　パートナーシップ平和活動の時代

　国連 PKO の変質を、国際的な平和活動全般の動向の中で見ていくためには、最近の「パートナーシップ PKO」の動きについて確認しておくことが必須となる。「パートナーシップ」とは、国連システムの中だけでも、様々な文脈で用いられる概念である。だが最近では平和維持活動に特化した形で、具体的な内容を示す特殊概念として、「パートナーシップ」が用いられる傾向がある。国連 PKO に関する議論において「パートナーシップ」が言及される際、まず想定されているのは、国連と地域機構・準地域機構との間の連携である[5]。

　2015 年 4 月に公表された事務総長報告書『平和のためのパートナーシップ：パートナーシップ平和維持に向けて（Partnering for Peace: Moving towards Partnership Peacekeeping）』（以下『パートナーシップ報告書』）では、当時の潘基文事務総長が、「われわれは『パートナーシップ平和維持』の時代に突入した」と宣言した。「パートナーシップ平和維持の時代」とは、「危機の全ての段階における複数の多国間組織の間の緊密な協力が規範となってきており、各組織の本質的要素となってきている」時代のことである[6]。

　この『パートナーシップ報告書』で特筆されたのは、アフリカ連合（African Union：AU）と欧州連合（European Union：EU）である。ただし国連報告書において EU が特筆されるのは、国連が大規模な関与をしているアフリカ大陸において、EU が活発な活動をしていることが評価されているからである。決して世界全般の地域機構との連携を概観した報告書ではない。あくまでも『パートナーシップ報告書』が焦点をあてたのは、国連平和維持活動にとって必要不可欠なものとなっている地域機構との連携であり、

それはアフリカにおける AU（及びアフリカの準地域機構）と EU との連携のことであった。

　アフリカの地域機構・準地域機構との連携が重要性を持つのは、平和維持活動の機能向上においてだけではなく、むしろ政治的・戦略的な目標の達成を目指した調停活動などにおいてであると、『パートナーシップ報告書』は強調した。そして EU との間でも戦略的対話が行われており、政治的メッセージの発信などに役立てられていることにふれながら、文民の保護（POC）、治安部門改革（SSR）、武装解除・動員解除・社会再統合（DDR）といった分野での協力関係を基盤として、連携の度合いが高まっていることを『パートナーシップ報告書』は指摘した。

　その後、2015 年の『HIPPO 報告書』でも、「より強く、より包括的な平和と安全のためのパートナーシップが未来のために必要だ」と強調されることになった[7]。その年の加盟国の首脳級が集まった「リーダーズ・サミット」においても、「パートナーシップ」の重要性が強調された[8]。現在グテレス事務総長が推進している「A4P（PKO のための行動）」においても、「パートナーシップ」は重要概念の一つとして特筆されている。協議内容として言及されているのは、国連安全保障理事会（国連安保理）と AU 平和安全保障理事会との間の協力関係の向上である。AU などの地域機構・準地域機構による平和活動への財政支援の必要性についても明示され、国連と地域機構・準地域機構が、早期警戒・分析を共有すべきことも謳われている[9]。

　困難な政治情勢の中で効果的な平和活動を行うためには、地域機構・準地域機構との連携が重大な意味を持つ。換言すれば、国連と地域機構との間のパートナーシップによって、よりいっそう効果的に政治的目標を追求していくことができるようになる。これは冷戦後の世界において、ひそかに、しかし着実に、大きな流れとして進展してきた傾向の一つの帰結である。

　1995 年デイトン合意を受けて始まったボスニア・ヘルツェゴビナにおける平和構築のプロセスにおいて、国連は存在感を見せられなかった。ボスニア紛争中の行動によって、国連の威信が紛争中に著しく低下していたためで

ある。そこでデイトン合意を通じては、北大西洋条約機構（North Atlantic Treaty Organization：NATO）や欧州安全保障協力機構（Organization for Security and Cooperation in Europe：OSCE）やEUなどのヨーロッパの地域機構に重要な責務を担わせる仕組みが取られた。さらにはヨーロッパ諸国が中心となって運営する上級代表事務所OHR（Office of High Representative：OHR）という新しい国際機関まで設立して国連主導の平和構築を回避する方法もとられた。この傾向は、コソボに対してNATOの軍事介入が行われた後、EU法の支配ミッション（EU Rule of Law Mission：EULEX）など地域機構主導で平和構築のプロセスが進展したことによって、一層顕著なものになった[10]。

21世紀に入ると、ヨーロッパの紛争処理はヨーロッパの地域機構が対応するほうが効率的であり、政治的にも望ましいという了解が、さらにいっそう強く進展していくようになる。EUやOSCEやNATOが数々のミッションをヨーロッパから中央アジアにかけて展開させていく時代となったのである[11]。たとえばウクライナの危機などに際しても、国連が大々的な関与をすべきだという機運は生まれない。EUでなければ、OSCEに役割を担わせる、といった議論のほうが自然に生まれてくるのである。

なおNATOはアフガニスタンにおいて2003年以降の国際治安支援部隊（ISAF）の指揮権をとり、平和構築のプロセスに継続的な関与を示すなど、ヨーロッパ域外においても活動してきている。2011年にはリビアに大規模な空爆を行い、カダフィ政権の崩壊を促した。EUもまた、コンゴ民主共和国やマリなどアフリカ大陸で数々の大々的な軍事介入や平和活動を行ってきている。ただしアフリカ大陸における活動は、AUなどの地域機構との連携にもとづいて進められるのが確立されたパターンである。

アフリカ大陸では、ハイブリッド・ミッションと呼ばれる2007年以降のダルフール国連・AU合同ミッション（African Union/United Nations Hybrid operation in Darfur：UNAMID）を革新的な事例として、国連とAUの連携は多岐にわたる広範なものとなっている。すでに2003年のAUブル

ンジ・ミッション（African Union Mission in Burundi: AMIB）が2004年に国連ブルンジ活動（United Nations Operation in Burundi: ONUB）に引き継がれるという事例もあった。淵源としては西アフリカで1990年代に西アフリカ諸国共同体（Economic Community of West African States: ECOWAS）がリベリアやシエラレオネにECOWAS監視団（ECOWAS Monitoring Group：ECOMOG）という形で軍事介入を行った後、国連がPKOミッション（1999年から国連シエラレオネ・ミッション（United Nations Mission in Sierra Leone: UNAMSIL、2003年からUNMIL）を設立して引き継ぐという事例が作られていたことは重要だろう。なおECOWASは、2013年にギニアビサウに介入してECOWASギニアビサウ・ミッション（ECOWAS Mission in Guinee-Bissau: ECOMIB）を形成した。また2017年には、ガンビアに介入し、ECOWASガンビア・ミッション（ECOWAS Mission in Gambia: ECOMIG）を設立した。

　西アフリカではECOWASが国連やAUと連携しながら活発な平和活動を行ってきている。2013年に設立された国連マリ多面的統合安定化ミッション（United Nations Multidimensional Integrated Stabilization Mission in Mali: MINUSMA）は、ECOWASが組織したアフリカ主導マリ国際支援ミッション（African-led International Support Mission to Mali: AFISMA）の活動を継承して設立されたものである。国連中央アフリカ多面的統合安定化ミッション（United Nations Multidimensional Integrated Stabilization Mission in the Central African Republic: MINUSCA）は、AUによるアフリカ主導中央アフリカ国際支援ミッション（Mission internationale de soutien à la Centrafrique sous conduite africaine: MISCA）の機能を継承して設立された。ソマリアでは国連PKOの展開が果たされないまま、AUによるAUソマリア・ミッション（African Union Mission in Somalia：AMISOM）が2007年から活動しているが、国連は2009年から国連AMISOM支援事務所（United Nations Support Office for AMISOM：UNSOA）、2015年から国連ソマリア支援事務所（United Nations Support Office in Somalia：UNSOS）を通じて、2013年に設立された

政治ミッションである国連ソマリア支援ミッション（United Nations Assistance Mission in Somalia: UNSOM）とともに、側面からの支援を行っている。

コンゴ民主共和国で展開している国連コンゴ民主共和国ミッション（UN Organization Stabilization Mission in the Democratic Republic of the Congo: MONUSCO）には、2013年から介入旅団（Force Intervention Brigade：FIB）という特別な軍事機能をもった部隊が付与されている。このFIBを形成したのは、実態として、南部アフリカ開発共同体（Southern African Development Community: SADC）の構成国である。コンゴ民主共和国を含む準地域機構の介入行動を、国連PKOの仕組みの中に取り込んだのが、FIBの事例であった。また、国連南スーダン共和国ミッション（UN Mission in the Republic of South Sudan: UNMISS）の中には、政府間開発機構（Intergovernmental Authority on Development: IGAD）の監視および検証メカニズム（Monitoring and Verification Mechanism: MVM）の機能が置かれているが、紛争調停の機能を準地域機構が担う場合、国連がそれを支援する、というパターンの一つの明晰な事例である。その他、対テロ戦争の流れの中で、AUは、大湖地方において神の抵抗軍撲滅のための地域協力イニシアティブ（Regional Co-operation Initiative for the Elimination of the Lord's Resistance Army: RCI-LRA）を設置してLRA対策を進め、西アフリカではEUとの共同行動として多国籍合同機動部隊（Multinational Joint Task Force: MNJTF）をボコハラム対策を目的にして設立した。

なおこれらのパートナーシップの多様な事例に、統一的な基準といったものがあるわけではない。それぞれの状況における必要性に応じて、個別的なやり方で、パートナーシップの事例が作られてきているのが現状である。もともと実際上の必要性から生れて来ている動きなので、今後も統一的な基準といったものが作られることはないだろう。ただしこれらの事例を、いくつかのパターンに分類することは不可能ではないかもしれない。

筆者は、時系列的な連携・機能的な連携といったパターンで分類すること

が可能であると論じたことはある[12]。時系列的(sequential)な連携とは、地域機構が先行して展開した後、国連がその活動を引き継ぐ、というパターンである。MINUSMA や MINUSCA といった大規模な国連 PKO ミッションにつながった最近の事例は、このパターンの典型例であると言える。機能的(functional)な連携とは、国連と地域機構・準地域機構が機能に応じた役割分担を行い、同時に活動するパターンである。UNMISS が平和維持活動を行いながら、IGAD が調停にあたる南スーダンの事例などを、このパターンの事例として分類することができるだろう。なお UNAMID において見られるハイブリッド型のパートナーシップは、極めて特殊な事例であり、その困難さから、今後踏襲されていく可能性は乏しいとされる。

表 1　国連と地域機構・準地域機構との間のパートナーシップ事例

国連と(準)地域機構によるパートナーシップ平和活動の事例		
国	国連ミッション	パートナー組織
中央アフリカ共和国	MINUSCA(2014〜)	MISCA、MISAC(中央アフリカ共和国及び中部アフリカ地域のための AU ミッション)、EUFOR RCA(中央アフリカにおける EU 軍事ミッション)
マリ	MINUSMA(2014〜)	MISAHEL(マリ及びサヘル地域のための AU ミッション)、AFISMA、EUCAP Sahel Mali(EU マリ支援文民ミッション)
南スーダン	UNMISS(2011〜)	IGAD MVM、周辺国主導の Regional Protection Force
コンゴ民主共和国	MONUSCO(2010〜)	形式的には国連ミッション内で形成された SADC 構成諸国主導の Force Intervention Brigade
ソマリア	UNSOS(2015〜)	AMISOM
スーダン	UNAMID(2007〜)	UNAMID 自体が AMIS(AU ダルフール派遣団)を発展させた国連と AU の混合ミッション
ブルンジ	ONUB(2004〜2007)	AMIB(AU ブルンジ・ミッション)
コートジボワール	UNOCI(2004〜2017)	ECOMICI(コートジボワール西アフリカ諸国経済共同体平和維持軍)
リベリア	UNMIL(2003〜2018)	ECOWAS による ECOMOG

アフガニスタン	UNAMA（国連アフガニスタン支援ミッション）（2002～）	NATOによるISAF（国際治安支援部隊）
シエラレオネ	UNAMSIL（1999～2005）	ECOWASによるECOMOG
コソボ	UNMIK（国連コソボ暫定行政ミッション）（1999～）	NATOによるKFOR（コソボ治安維持部隊）、EULEX、OSCEミッションなど
ボスニア・ヘルツェゴビナ	UNMIBH（国連ボスニア・ヘルツェゴビナ・ミッション）	NATOによるIFOR（和平実施部隊）・SFOR（安定化部隊）、EUによるEUFOR（EU部隊）、EUPM（EU警察ミッション）、OSCEミッションなど

（筆者作成）

2　武力紛争と国際平和活動の地域格差

　このようにヨーロッパとアフリカでは地域機構が活発に平和活動を行ってきている。国連は、ヨーロッパにおいての場合には、大々的には関与せず、地域機構に主導権を預けている。アフリカにおいての場合には、地域機構に先行の平和活動を行わせた後、国連がより大規模な平和活動を組織し、基本的な流れとしてはアフリカの地域機構の活動に従事していた要員も取り込んでいくことになる。

　ただし、パートナーシップPKOの進展は、主にアフリカにおいてのみ顕著である。現在、アフリカ大陸には、国連PKOの約8割の要員が派遣されており、国連PKOにとってもアフリカの重要性は計り知れない。その状況の中で、パートナーシップPKOは展開してきた。国際平和活動の地域的な格差は、武力紛争発生状況の地域的な格差を反映したものであり、また現代国際政治の地政学的な状況を反映したものでもある[13]。

　ヨーロッパとアフリカを離れると、事情は大きく異なってくる。中東では平和活動に機能的に従事する地域機構がないのが実情である。イエメンにおける空爆はサウジアラビアを中心とする湾岸諸国連合によって行われている

が、せいぜい軍事介入の際に地域機構の枠組みが援用されるかどうかというところであろう。たとえばシリアにおける戦争がいかに長引いているとしても、本格的な調停活動に乗り出す地域機構が存在していないというのが、中東の実情である。

中東は国際的な平和活動の真空地帯になってしまっている。ヨーロッパとアフリカという中東情勢の影響によってイスラム過激派によるテロ事件や武力紛争が発生している地域では、地域機構や国連が、分業あるいは協働体制で平和活動を行っているわけだが、「対テロ戦争」の中心地である中東では、国際的な平和活動が手を施せない状態に陥っているということである。

この事情は、アフガニスタンを含む南アジアにかけての地域にも相当程度あてはまると言うことが可能だろう。アフガニスタンをめぐる戦争がいかに長引いているとしても、本格的な調停活動に乗り出す地域機構は存在しない。南アジア地域協力連合（South Asian Association for Regional Cooperation：SAARC）はまだ平和活動を行っているとは言えない。もともと南アジアはインドとパキスタンという地域大国間の伝統的な確執を抱え込んでおり、地域機構が機能的な活動を行える素地がないのだとも言える。南アジアもまた、中東とならんで、国際的な平和活動の真空地帯になり始めている。

東南アジアでは、異なる事情から、地域機構の平和活動は必ずしも活発ではない。この地域では武力紛争の数そのものが減少してきており、地域全般の安定化の流れと、東南アジア諸国連合（Association of South-East Asian Nations：ASEAN）諸国を中心とした国々の飛躍的な経済発展によって、国連が介入する必要性を失い始めている地域である。冷戦終焉直後のカンボジア、冷戦時代からの懸案であった分離独立運動が処理された東ティモールの二つの特殊な事例を除いて、東南アジアでは国連の平和活動の展開は起こっていない。

経済発展の推進役としてのASEANの画期的な成功と加盟国数の拡大にもかかわらず、ASEANはヨーロッパやアフリカの地域機構のように本格的に平和活動に乗り出していない。アチェで和平合意が達成された後に、

ASEANの限定的な関与が見られたが、基本的には現地政府と二国間援助の枠組みの尊重を基盤として、和平合意プロセスの支援が進められた。ミンダナオの事例も、同じように経済発展を遂げた現地の政府の意向を尊重し、せいぜい二国間援助を多国間で調整することをもって、国際的な支援の枠組みとする傾向が見られた。結果として、東南アジアでは国際的な平和活動の展開がほとんど見られないまま、武力紛争の数は減少し、いくつかの重要な和平合意も推進されるという情勢になっているのである。

　北東アジアでは、朝鮮半島をめぐる戦争の構造が解消されておらず、武力紛争が発生していない代わりに、地域的なイニシアチブで国際的な平和活動を推進するような情勢にない。特に、超大国として影響力を行使し、国連安保理で拒否権を発動することができる中国を抱えながら、もう一つの超大国である米国が日本と韓国に巨大な軍事基地を持っている地域として、北東アジアは大々的な国際平和活動が展開しにくい構造を持つ地域となっている。そもそも北東アジアは、地域機構が存在していないという現代世界でも稀有な性格を持つ地域である。もちろんその背景には、地域を分断した朝鮮戦争がまだ公式に終結していないという構造的事情もある。「国連軍」はまだその存在を維持している。そのためかつて北朝鮮の核廃棄問題をめぐって「六カ国協議」という地域的な対話のメカニズムが形成されたこともある。今後も制度的な組織とは区別されたやり方で地域的なイニシアチブが表現され、国連との連携もそうした非公式な地域イニシアチブを前提にしたものになるだろう。

　このように地域それぞれの事情を反映しながら、国際平和活動は地域ごとに明白に異なる状況を作り出してきている。国連と地域機構との分業・協働が推進されているヨーロッパとアフリカでは数々の国際平和活動が展開している一方で、その他の地域では国際平和活動は停滞している。しかも推進の場合でも、停滞の場合でも、地域ごとに実際の様子は異なっている。現代世界の国際平和活動は、ヨーロッパ、アフリカ、中東、南アジア、東南アジア、東アジア、というように地域ごとに分化して論じていくのでなければ、

状況を把握することができないものとなってしまったのである。

　こうした事情の背景には、そもそも現代世界の武力紛争の分布に大きな地域格差がある、という事情がある。世界を大きな地域に分けて見るならば、紛争が多発しているのは、アジアからアフリカにかけての地域であり、特に南アジアから中東・北アフリカ・東アフリカ・大湖地域アフリカをへて西アフリカに至る地域である。ヨーロッパや南北アメリカ州でも紛争状況がないわけではないが、相対的には数は著しく少ない。今日の世界では、紛争多発ベルト地帯と言ってもよい特定地域があり、そこでは数多くの非常に甚大な紛争が起こっているが、それ以外の地域では紛争状況はそれほどまでには深刻ではない[14]。

　今日の世界を、冷戦期の世界と比べてみるならば、かつて甚大な戦争が多発していた東南アジアと南部アフリカが、今日では紛争構造を克服しつつあることを、顕著な違いとして確認できる。かつて冷戦時代には、東西代理戦争の主戦場であった東南アジアと南部アフリカでは、地域内の諸国が堅調な経済成長を続けている。アジアとアフリカは、冷戦時代でも、今日の世界でも、紛争多発地帯だと言われるが、その内実は大きく異なっている。

　冷戦終焉後の1990年代には、最も激しい紛争地帯は、サブサハラ・アフリカである、と言われていた。そのため国連などによって、あるいは研究者層によって、サブサハラ・アフリカの状況をふまえた紛争分析が発展した。ところが21世紀に入ると「対テロ戦争」の時代となり、伝統的なパレスチナ紛争の「アラブの大義」の文脈とは一線を画する、イスラム過激派勢力の台頭やスンナ派とシーア派の宗派対立を反映した紛争の構図が、中東で顕著となった。「アラブの春」以降、独裁政権の動揺が数々の武力紛争を引き起こし、今日の世界ではシリアやイエメンといった中東地域の武力紛争が、最も犠牲者数の多い甚大なものとなっている。

　悪化する中東情勢の余波は、イランや中央アジアを経て、アフガニスタンに影響を与えている。アフガニスタンにもISIS系勢力が現れたことは、その顕著な証左である。またイエメンと近接距離にあるソマリアなどでは、ア

デン湾をわたって過激派とつながる人と物がアフリカに渡っている。ソマリアを拠点として東アフリカに勢力を伸ばすアル・シャバブは、エチオピアやケニアなどの東アフリカ諸国の政府との間で交戦状態にある。AUによるソマリアの平和活動ミッションであるAMISOMへの攻撃が相次いでいるのは、そうした事情を背景にしたものである[15]。「アラブの春」で激震した北アフリカは、その後もリビアなどにおいて武力紛争の状態から脱け出せなくなっているが、サハラ砂漠をこえて、サヘル地域に巨大な影響を及ぼしている。その顕著な例は、国連PKOミッションへの敵対的な攻撃が頻発し、殉職者数が200名近くとなっているマリである。アフリカの紛争多発地帯が、サブサハラ・アフリカというよりも、サヘル及びその南側の大湖地方などを中核としているのは、中東地域との地理的・歴史的な隣接性によるものだと考えるのが、自然である。

　このように武力紛争の発生状況に地域的な偏りがあるため、国際平和活動にも地域的な偏りがあるのは当然だとも言える。ただし武力紛争多発地帯に等しく対応策を施しているわけではない。国連PKOについて言えば、要員の8割がアフリカのサヘルか大湖地方に派遣されている状況である。これは、武力紛争多発地帯への対応を迫られつつも、南アジアや中東では国連が大々的なPKOミッションを派遣することができていないことを示している。中東や南アジアでは紛争の規模が特に大きく、国連では対応が困難だ、という実直な評価もありうる。拒否権を持つ大国が、安保理で総意を作れていない、という事情もある。もちろん逆に言えば、アフリカでは活発なAUをはじめとする（準）地域機構の活動が活発なので、国連も多角的な関与の在り方を模索することができるのである。

　国連が「パートナーシップ」を重要視する背景には、国連PKOが史上最大規模で拡大している時代においても、なお国連だけで全世界の紛争対応のニーズにこたえることはできない、という認識がある。中立性（neutrality）原則が強く標榜されていた時代の国連PKOであれば、周辺国の取り込みにはもう少し慎重な見方がありえただろう。しかし今日では、ニーズに少しで

もこたえるために、関与する準備のある周辺国を取り込み、「パートナーシップ」を基盤にして国連も平和活動を行っていかなければならないことが、一つの大きな政策的方向性として確立されているのである。

3　国連憲章における国連と地域機構の関係

　それではこのような現代的な武力紛争の状況に対応する現代的な国際平和活動の状況は、伝統的な国際平和活動のあり方からの逸脱なのだろうか。確かに、冷戦期の国連 PKO の姿と比べるならば、今日の国連 PKO が大きく変化していることは間違いない。中立性原則は、公平性（impartiality）原則と読み替えられ[16]、本来であれば地域外の非同盟主義の中小国が望ましいとされていた国連 PKO は、今日では南アジア諸国のみならず、PKO が展開している地域のアフリカ諸国によって主に担われるようになった[17]。さらに「パートナーシップ」の標準化による地域機構・準地域機構との連携は、「中立性」が金科玉条のように捉えられていた時代では、想定されていなかった事態だろう。

　だがそれでは、今日の状況が、国連憲章が想定する国際安全保障の仕組みから逸脱したものかと言えば、それは必ずしもそうではないだろう。むしろ冷戦期の国連 PKO のほうが、国連憲章が当初は想定していなかったものであり、東西冷戦という憲章外の事態をふまえて設定されたものだったとも言える。たとえば「中立性」原則は、東西冷戦の現実の中で重要視された原則だったので、冷戦終焉とともに意味を変えていくのは自然だった。「中立性」の意義が発揮される世界大の二極体制が存在していない以上、「中立性」だけを形式的に標榜することにも意義が失われたのである。

　国連憲章は、「中立性」原則を謳っていない。むしろ他の国際機関や、前身の国際連盟と比べても、価値追求的な要素が強い。今日の国連 PKO では、人権規範が価値規範の基盤となっており、その規範的枠組みに沿って、活動が進められる。これは冷戦期の国連 PKO からの逸脱ではあるかもしれない

が、国連憲章が想定した価値標榜的な当初の国連の姿に立ち戻ったものである、とも言える。

　「パートナーシップ」についても、同じようなことを指摘することができる。国連憲章第 8 章は、「地域的取極」に、あえて国連憲章上の地位を与えるための規定からなる。52 条は、「国際の平和及び安全の維持に関する事項で地域的行動に適当なものを処理するための地域的取極又は地域的機関が存在すること」を、「国際連合の目的及び原則と一致する」限り認める。むしろ「国際連合加盟国は、地方的紛争を安全保障理事会に付託する前に、この地域的取極または地域的機関によってこの紛争を平和的に解決するようにあらゆる努力をしなければならない」。そして「安全保障理事会は、関係国の発意に基くものであるか安全保障理事会からの付託によるものであるかを問わず、前記の地域的取極又は地域的機関による地方的紛争の平和的解決の発達を奨励しなければならない」。53 条によれば、「安全保障理事会は、その権威の下における強制行動のために、適当な場合には、前記の地域的取極または地域的機関を利用する」。この利用にあたっては、安保理の許可が条件となるが、その前提として、安保理は「常に充分に通報されていなければなら」ず、つまり安保理と地域的取極または地域的機関」は、密接に連動して活動するのである。

　8 章が示しているのは、国連憲章制定当初から、地域機構は、国連が標榜する「国際の平和と安全の維持」に不可欠な役割を担うものとして想定されていた、ということである。国連と地域機構は決して対立するものではなく、あるいは別々の領域で交わらずに活動するものでもなく、むしろ連携して共通の「国際の平和と安全の維持」のために活動するものだと想定されていた。

　地域機構の役割を軽視しようとする傾向は、冷戦期に東西対立の中で、西側陣営と東側陣営のそれぞれが安全保障を目的とした地域機構を設立したために現実に反発しようとする理想主義の中で生まれてきた。冷戦期には、アメリカ合衆国が南北米州や西欧、ソ連が東欧と、地域ブロックの仕組みを取

りながら、自国の影響圏を確立した。そのため地域機構との連携は、二極体制のどちらか片方だけとの連携という意味を持たざるを得なかった。確かに、冷戦期において、国連がNATOやWTO（ワルシャワ条約機構）のどちらかに過度に依存した活動をすることは、破滅的なことであっただろう。しかし冷戦期の状況こそが国連憲章体制からの逸脱なのであり、地域機構の活用こそが、国連憲章体制の回復なのである。

4　国連憲章が予定する国際安全保障の仕組み

　国連が持つ強制措置という特別な権能を強調し、地域機構が国連の果たすべき役割を担うことを否定的に捉える見方も存在する。国連という一つの条約機構が持つ性格を過度に特別視し、他の条約機構と質的な差異を設けようとする立場であるとも言える。

　こうした見方によれば、憲章8章及び51条の位置づけには、留保が付されるべきだ、ということになる。なぜなら国際の平和と安全を維持するための最も正当な方法は、国連による集団安全保障であるということを過度に強調すると、その執行方法に合致しないやり方は、すべて正当な国際安全保障の仕組みからは逸脱している、あるいは少なくとも亜流とみなさざるをえないものだ、という論拠に立つことになってしまうからである。こうした見方は、国連特別存在説とでも言うべき立場だと描写することができるだろう。

　この見方には、過度な国連に対するロマン主義的な思い入れや、あるいは国際法秩序そのものに対する誤解がある場合が、少なくない。たとえば憲章51条で規定されている集団的自衛権を異端視する見方が、国連特別存在説の典型例である。確かに集団的自衛権という概念は、国連憲章以前には、少なくとも実定法上は、存在していなかった。国連憲章制定時に、安保理の機能不全による集団安全保障措置の欠落を恐れた中南米諸国が、すでに作り上げていた米州機構（Organization of American States：OAS）による安全保障措置の合法性を担保するために、51条に集団的自衛権の規定を入れた、

ということは、史実である。だがそれは、何ら51条の地位を貶める理由にはならない。起草過程の最後近くで挿入された条項なので地位が低い、といった議論は、およそ法律論としては通用しないものだろう。1919年の国際連盟規約にすら、「仲裁裁判条約ノ如キ国際約定又ハ「モンロー」主義ノ如キ一定ノ地域ニ関スル了解ニシテ平和ノ確保ヲ目的トスルモノノ効力ニ何等ノ影響ナキモノトス」（21条）という条項があり、地域的な安全保障政策の尊重が謳われていた。憲章51条は、こうした意味では、全く突然に挿入されたものとは言えない。

憲章51条の個別的・集団的自衛権は、2条4項の武力行使の一般的違法化に対する例外を形成するものだ、とも説明される。もう一つの例外は、安保理による集団安全保障の発動である。だがこの場合の「例外」を、国際政治の現実によって武力行使の一般的違法化が捻じ曲げられた結果によるもの、などといった意味で理解するのは、正しくない。集団安全保障も、個別的・集団的自衛権も、武力行使の一般的違法化に反して侵略行為が行われた場合に、国際秩序を守るための対抗措置として設定されている制度である。武力行使の一般的違法化が、単なる言葉の上だけの規範となって実効性を失ってしまわないように設定されている制度が、集団安全保障と個別的・集団的自衛権である。それらは違法行為に対する対抗措置としてのみ、発動されうる。

「国内的類推」に基づく俗説に、国際法上の自衛権と国内法上の正当防衛を、等位とみなして類推関係に置くものがある。この俗説にしたがうと、集団的正当防衛が存在しないので、集団的自衛権も存在すべきではない、といった倒錯した議論が生まれる。しかし、言うまでもなく、自衛権と正当防衛は、二つの全く違うものである。国内法では、中央集権的で一元的な法執行機関が存在することを前提としつつ、私人の緊急避難行為の違法性を阻却するために、正当防衛という法規範を設けている。これに対して国際法では、最高の法執行機関が個々の主権国家であり、自衛権は、それ自体が公権力の行使である。主権国家が作った国連憲章という条約を根拠にして特別な

権能を持つ国連安保理は、自動的には主権国家の権威を侵害しない。あくまでも「国際の平和と安全の脅威」を認定し、違法行為を認定した後に、集団安全保障に必要な範囲で、主権国家の権威を侵害するかもしれないだけである[18]。

特に集団的自衛権をとりあげて、国際政治の現実が生み出した存在すべきではなかった異物であるかのように扱うのは、国連憲章体制の否定であり、現行の国際秩序の否定である。違法行為に対する対抗措置の合法性の認定にあたっては、国連安保理が憲章の権威に基づいて、特別な権能を持つ。しかし安保理といえども、加盟国が主権国家として持っている公的秩序維持のための特別な権能を否定するわけではない。国際の平和と安全の脅威になっているものを特に認定し、加盟国の行動を補完する強制措置をとるのが、安保理の役割である。

国連は世界政府ではなく、世界政府となるべく既存の国際法を否定しようとするものでもない。加盟国がとる自衛権を否定するのは、国連憲章体制の基本的な性格を否定することにつながる。同様に加盟国が形成する地域的取極又は地域的機関の役割を否定することは、国連憲章体制の基本的な性格を否定することにつながる。したがって最近の国際平和活動における国連と地域機構・準地域機構の「パートナーシップ」を強調する動きは、国連憲章体制の回復でありえたとしても、決してそこからの逸脱ではないのである。

5　重層的な国際安全保障

国際法秩序に国内法秩序を投影する「国内的類推（domestic analogy）」の見方にしたがうと、国際社会は中央政府がない無政府社会であるがゆえに国内社会に比べて劣位にあり、したがって国際法は国内法に対して劣位にある[19]。もちろんこうした見方は、国際法に依拠した国際秩序を否定する考え方であり、現代国際社会では受け入れられない。しかし国連を特別な存在とみなしすぎる態度の背景には、こうした「国内的類推」の見方がある場合が

少なくない。

　無意識のうちに「国内的類推」を採用して国内法に対する国際法の劣位を前提にする態度は、治安維持機能の中央一元化を、正しい秩序のあり方だと措定する。つまり「正当な暴力の独占」をする中央政府があることや、一元化された警察機構があることなどを、安全保障を確保するための普遍的な処方箋とみなすのである。こうした「国内的類推」の発想法からすると、国連は世界政府に最も近い存在であるがゆえに特別である、とされる。国連安保理が発動する集団安全保障は、国内社会における警察行動に最も近い活動であるがゆえに特別である、とされる。これらの国連の存在と機能の特別性を確保するためには、地域機構の役割は限定されなければならず、集団的自衛権の適用範囲も制限されなければならない、ということになる。

　だが実際の国際法が想定する安全保障の仕組みは、そのような「国内的類推」にのっとったものではない。すでに述べたように、国連憲章という条約の体制に加入した後でも、国際法上の最高権力は個々の主権国家に存する。ただその主権国家が集まって作り上げた国連憲章において、集団安全保障という特別な制度が設けられたにすぎない。193の加盟国数を持つがゆえに相当な普遍性を持つ権威を行使する集団安全保障と、個々の主権国家の原初的な権威によって行使される個別的自衛権、そして中間的に国連憲章に至らない範囲での複数の国家が行使する集団的自衛権は、いずれも矛盾しない形で国際安全保障の諸次元を支えている。これが国内法における中央集権体制下の治安維持の仕組みと異なる仕組みだということは、驚くべきことではない。もともと現代国際社会は、そして現存の国際法は、そのような多元性に基づく安全保障体制をとっているということなのである。

　国際社会と国内社会の間の大きな違いの一つは、まさに安全保障（治安維持）体制の多元性と単一性の違いにある、と言ってもいいだろう。このことは、国際社会が、分裂した混乱社会であることを意味しない。安全保障の仕組みとして、中央集権体制が常に必ず最も優れていると言えるかどうかは、わからない。仮にある種の国内社会においてはそうだとしても、人口70億

人以上の規模の範囲を扱う国際社会においてもやはりそうだと断言することは、不可能である。

　こうした考え方にそってみるならば、最近の「パートナーシップ」平和活動の流れは、国連憲章の考え方に沿ったものであるのみならず、国際安全保障の基本構造にそったものであるということがわかる。国連は数多くの加盟国の資源を動員し、より普遍性の高い活動を行うべきところで介入が要請される。それが困難だったり、不適切であったりする場合には、個別の国家、または地域機構などが、対応を求められる。これら国連・地域機構・主権国家の「三層」（地域機構・準地域機構の組み合わせは無限なので実際には単純に「三層」ではないが）の取り組みの間に、あえて矛盾を見つけ出さなければいけない理由はない。三層が、それぞれ別個の活動を行いつつも、共通の目標をもって、共通の価値観にもとづいて、一体性のある活動を行うことは、もちろん決して不可能ではない。それどころか国連憲章が当初から予定していたことであり、国際安全保障の仕組みが要請していることですらあるのである。

おわりに

　本稿は、近年になって国連PKOがあらたな変質を遂げていることに着目し、そのような変化が持つ意味と背景を探ることを試みた。本稿が特筆したのは、「パートナーシップ平和活動」の顕著な傾向である。本稿は、この「パートナーシップ平和活動」の現状を概観し、その背景となっている武力紛争の現状についても概観したうえで、果たして「パートナーシップ平和活動」はあるべき国際平和活動からの逸脱なのか、という問いに取り組んだ。

　本稿は、「パートナーシップ平和活動」は、確かに伝統的とされる冷戦期の国連PKOとは大きく異なる性格を持っているが、それはむしろ冷戦期の状況が特別だったからである、と論じた。そして「パートナーシップ平和活動」は、むしろ国連憲章が予定していた仕組みに回帰する動きであると描写

することもできる、と論じた。そして国際社会の基本構造、国際法の仕組みからすれば、重層的な安全保障体制こそが標準であり、「パートナーシップ平和活動」は、そうした国際安全保障の基本構造に沿った流れである、と論じた。

このような本稿の議論をへてもなお、それでは果たして「パートナーシップ平和活動」の時代において、より具体的には国連には何が求められるのか、そこに配慮すべき政策的課題はないのか、といった問いは残るだろう。しかしそうした問いに答える作業は、あらためて別の機会に探求していくことにしたい。なぜならいずれにせよ、具体的な政策的課題は、一元的なやり方では答えることができず、全般的な傾向をふまえたうえで、常に具体的な文脈の中で検討していくことが要請されるからである。

〈注〉

1 UN Website https://peacekeeping.un.org/sites/default/files/msr_january_2019.pdf（accessed 8 March 2019）.

2 特別政治ミッション（Special Political Missions: SPM）を含めると、国連のフィールド・ミッションの数は、35となる。UN Website https://www.un.org/sg/en/global-leadership/home#field-operations （accessed 8 March 2019）. なお紛争調停などを主な活動目的にするSPMの場合でも、地域機構・準地域機構との連携は緊密である。本稿が論じる「パートナーシップ平和活動」の傾向は、特別政治ミッションを含めた場合でも基本的には同じである。

3 UN Website https://peacekeeping.un.org/en/leaders-summit-peacekeeping-0 （accessed 8 March 2019）.

4 UN Website https://peacekeeping.un.org/en/action-for-peacekeeping-a4p （accessed 8 March 2019）.

5 See, for instance, Isiaka Badmus, *The African Union's Role in Peacekeeping: Building on Lessons Learned from Security Operations* (London: Palgrave/Macmillan, 2015) and Cedric De Coning, Linnéa Gelot, and John Karlsrud (eds.), *The Future of African Peace Operations: From the Janjaweed to Boko Haram* (Chicago: Chicago University Press, 2016).

6 "Partnering for Peace: Moving towards Partnership Peacekeeping: Report of the Secretary-General," UN Document, S/2015/229, 1 April 2015, p. 17.

7 "Report of the High-level Independent Panel on Peace Operations on uniting our strengths for peace: politics, partnership and people," UN Document, A/70/95–S/2015/446, 17 June 2015, p. 24. 7. 篠田英朗「国連ハイレベル委員会報告書と国連平和活動の現在―「政治の卓越性」と「パートナーシップ平和活動」の意味―」『広島平和科学』（広島大学平和科学研究センター）、第37巻、2016年、45－56頁、参照。

8 "Leaders' Summit on Peacekeeping Declaration" https://www.mofa.go.jp/files/000101742.pdf#search=%27leaders+summit+peacekeeping+declaration%27 (accessed 8 March 2019).

9 UN Website "Action for Peacekeeping (A4P)" "Thematic Consultations" https://peacekeeping.un.org/en/action-for-peacekeeping-a4p (accessed 8 March 2019).

10 篠田英朗「紛争（後）社会における『法の支配』の役割をめぐって：アナン国連事務総長報告書からボスニア＝ヘルツェゴビナの平和構築の現況を見る」『広島平和科学』27号、2005年、47-68頁、篠田英朗「国際平和活動における『法の支配』の確立：ボスニア＝ヘルツェゴビナを事例にして」『広島平和科学』26号、2004年、215-239頁、篠田英朗「コソボ：分断された社会の統治における民軍関係」上杉・青井（編）、前掲書、283-298頁、参照。

11 EU, "Ongoing Missions and Operations" http://www.eeas.europa.eu/csdp/missions-and-operations/index_en.htm; NATO, "Operations and Missions: Past and Present" http://www.nato.int/cps/en/natohq/topics_52060.htm; OSCE, "Field Operations" http://www.osce.org/where.

12 See Hideaki Shinoda, "Peace-building and State-building from the Perspective of the Historical Development of International Society," *International Relations of the Asia-Pacific*, Volume 18, Issue 1, 1 January 2018, pp.25-43.

13 篠田英朗「紛争解決と地政学」北岡伸一・細谷雄一編『新しい地政学』（東洋経済新報社、2019年刊行予定）所収。

14 篠田英朗『平和構築入門』（ちくま新書、2013年）、参照。

15 See Paul D. Williams, *Fighting for Peace in Somalia: A History and Analysis of the African Union Mission (AMISOM), 2007-2017* (Oxford: Oxford University Press, 2018).

16 United Nations Peacekeeping Operations Principles and Guidelines (Capstone Doctrine), United Nations Department of Peacekeeping Operations and Department of Field Support, 2008, pp.33-34. 篠田英朗「国連 PKO における「不偏性」原則と国際社会の秩序意識の転換」『広島平和科学』第 36 巻、2015 年、25-37 頁参照。

17 2019 年 1 月の段階で、兵力提供数の首位はエチオピアで、3 位ルワンダ、7 位エジプト、9 位ガーナ、とアフリカ諸国の貢献数が目立つようになってきている。UN Website "United Nations Peacekeeping", "Troop and police contributors" https://peacekeeping.un.org/en/troop-and-police-contributors (accessed 8 March 2019).

18 篠田英朗『集団的自衛権の思想史―憲法 9 条と日米安保』(風行社、2016 年) 参照。

19 篠田英朗「『国際法学の国内モデル思考』批判の射程：その可能性と限界」中川淳司・寺谷広司（編）『大沼保昭先生記念論文集：国際法学の地平：歴史、理論、実証』（東信堂、2008 年）、87-106 頁。

2 SDGsにみる人間中心型開発思考からの脱却

大平　剛

はじめに

　2018年10月に発表された「気候変動に関する政府間パネル（IPPC）」による『1.5℃の地球温暖化』と題する特別報告書は、地球温暖化を1.5℃以内に抑えなければ、地球環境は不可逆的なリスクを負うと警鐘を鳴らすものであった。この報告書を受ける形で2ヶ月後の同年12月にポーランドのカトヴィツェで開催された国連気候変動枠組条約第24回締約国会議（COP24）では、2015年に締結されたパリ協定を実施するための具体的な方策についての合意が形成された。

　国家間の枠組みだけではなく、地球環境保全に対する取り組みに企業も重い腰を上げ始めた。たとえばストローなどの使い捨てプラスチックの使用を禁止する決議が欧州委員会でなされたが、多国籍企業のスターバックスも、2020年までに全店舗での使用を止めると決定したのである。これはマイクロプラスチックによる海洋汚染を食い止めることを目的とした取り組みだが、地球環境の待ったなしの状態に対して、国際社会はその危機的状況に真摯に向き合うスタートラインにようやく立ったと言える。

　地球環境システムに対する警鐘はすでに40年以上も前から発せられていた。ローマクラブによる『成長の限界』の発表やストックホルムでの国連人間環境会議は、ともに1972年の出来事であった。しかし、環境問題は常に開発問題と隣り合わせで、開発による恩恵を受けたい途上国側と地球環境悪化を押しとどめたい先進国側との対立構図が続いてきた。環境と開発の問題

に折り合いをつけるために立ち上げられた「環境と開発に関する世界委員会」（WCED、ブルントラント委員会）が「持続可能な開発」概念を1987年に発表して以降も、地球規模での取り組みは遅々として進まず、途上国側は「発展の権利」を盾に、地球環境保護については「共通だが差異ある責任原則」を打ち出して先進国側の主張と真っ向から対立する姿勢をとり続けてきた。

　このような対立の様相が21世紀になってようやく解消へと向かい、地球上のすべてのステークホルダーを巻き込む形で「持続可能な開発目標」（以下、SDGs）が制定されたことは画期的であったと言える。SDGsは、経済、社会、環境の3つの領域を視野に入れた開発目標であるが、本稿が焦点を当てるのはそのうちの社会であり、とりわけ「社会開発」に対してである。第2次世界大戦後に本格化した開発援助の歴史を振り返ると、1980年代までは経済成長に重きを置いた戦略が主流であったが、1990年代からは社会開発に重点が置かれるようになった。そこには開発パラダイムの転換と称されるように、根本的な思考転換があった。それをもたらしたのが、人間を開発の手段ではなく目的と捉える人間開発という考え方であり、1990年代からの開発は人間開発を基本に据えて発展してきたと言える。その流れは2000年に制定された「ミレニアム開発目標（MDGs）」にも認められ、今日まで続いてきた。

　2016年から開始されたSDGsをMDGsの延長ないしはバージョンアップと捉える向きもあるが、本稿ではこれら2つの開発目標の間に大きな隔たりが存在することを明らかにする。鍵となるのは普遍性（universalism）と不平等である。考察を行うに当たっては、1990年代にまで遡り、1995年に開催された国連社会開発サミットから現在に至るまでの開発戦略の変化に焦点を当てる。それは上述したように、人間開発という概念が登場したことによって開発パラダイムの転換が1990年代に生じ、基本的にその流れが今日まで続いてきたものの、SDGsが策定されるに至って二度目の大きな思考転換が生じたからである。その結果、SDGsの策定によって1990年代から続

いてきた「人間中心の開発」が終わりを迎え、開発は新たな段階に入ったと考えられる。だがしかし、すべてのステークホルダーが参画し地球規模で行われるSDGsは、開発と環境の関係性を改めて問い直し、新たな地平を切り拓いたという点で大いに意義を持つものの、その実現のためには大きな壁が立ちはだかっていることにも注意しなければならない。以上のことを考察するにあたって、まずは「社会開発」の出自とそれが意味した「人間中心の開発」について見ていこう。

1　社会開発と人間開発

　社会開発という概念は、今でこそ開発協力の分野で日常的に用いられるようになっているが、その概念が脚光を浴び始めたのは1990年代になってからであると言われる。とりわけ1995年の国連社会開発サミット（以下、社会開発サミット）の開催を契機に、この概念の精緻化が図られることとなった。

　社会開発サミットに参加するとともに、この概念を詳細に分析した西川潤（1997）によれば、社会開発の概念は時とともに変化を遂げており、その変遷は3つの時期に区分され、第1期が1960年代から1970年代、第2期が1980年代、そして第3期が1990年代であるという[1]。以下、各時期の社会開発の内容を押さえ、どのように変化を遂げていったかを確認しておきたい。

　第1期において、社会開発は社会インフラ整備と同一視され、経済開発を「補完」する役割として捉えられていたという。そこでは、都市、農村、商工業、農業を含めた社会基盤の整備が社会開発であった。ロバート・マクナマラ（Robert McNamara）が世界銀行総裁に就任し、途上国における最も貧しい層に向けて世界銀行の政策を転換したのが1973年のことであったが、世界銀行の政策転換はあくまでも経済開発を補完するうえでの社会開発であった。

第 2 期になると、それまで主流であった経済開発による歪みを「是正」するものとして社会開発が捉えられるようになり、それは貧困、環境、女性、人口家族計画、教育訓練等の領域といった人間の基本的ニーズを満たす戦略、いわゆる BHN 戦略と同義語として広まっていった。しかし、この BHN 戦略は、債務危機への処方箋として途上国世界に課せられた構造調整政策によって勢いをそがれることとなった。

　構造調整政策による補助金削減などの緊縮財政政策は、社会的弱者の窮状を悪化させるものであり、非政府組織（NGO）からの糾弾にあうとともに、ユニセフ（UNICEF）からは、「人間の顔をした調整」を求められることとなった。このような状況の下、第 3 期の社会開発は経済成長や経済開発のための「必要条件」と捉えられるようになり、「人間中心の開発」のもとで社会環境を整備することを示す内容へと変化を遂げていった。「人間中心の開発」とは 1980 年代後半から国連開発計画（UNDP）で提唱されるようになった人間開発を基礎に置く開発と考えられ、この時点で社会開発は人間開発と同義であると認識されるように変化したのである。この流れは現在まで続いており、1990 年代以降の開発戦略は人間開発を中心概念として発展してきたと言える。

　このように社会開発は時代とともに変化を遂げてきたこともあり、それが意味する内容については必ずしも確かな定義が存在するわけではない。そこで、佐藤寛（2007）は社会開発を構成する次の 5 つの要素を挙げて説明を行っている[2]。それらは、「経済開発ではない開発」「個人よりも社会全体を対象とする」「潜在能力の発揮をめざす」「当事者の主体性」「外部者による意図的な働きかけ」である。個人の豊かさでは無く社会全体の豊かさが目指され、そこでは個々人の潜在能力が十分に発揮されるための土壌が求められる。また、望ましい社会のありかたはその構成員自身が決定するが、社会を好ましい形に変革するにあたっては外部者による介入も重要である、とするものである。これらは、近年、社会関係資本、オーナーシップ、パートナーシップに関する議論に受け継がれていると言えよう。

社会開発を重視するという方向性の変化は、1990年代に生じた開発パラダイムの転換を意味したが、そこには関連する概念の相次ぐ登場や国際援助機関の新たな開発戦略の提示があった。前述したとおり、UNDPは人間開発という概念を生み出し、国内総生産（GDP）にもとづくそれまでの豊かさに関する物差しに一石を投じた。人間開発とは「人々の選択の幅を広げる過程と人々が獲得した幸福の水準の両方」[3]を意味するとされ、人間は開発の手段ではなく開発の目的であるとの認識が共有されていくこととなった。同時期、先進諸国による二国間援助の方向性を議論する経済協力開発機構（OECD）の開発援助委員会（DAC）は、『1990年代の開発協力』を発表し、民衆中心型発展や参加型開発という方向性を打ち出した[4]。「人間中心の開発」が開発パラダイムの主流となったのである。次節では、このような潮流のもと、UNDPが持続可能な開発概念を人間開発にどのように取り込んだのかを論じる。

2　UNDPと持続可能な開発

人間開発の誕生から間もない1990年代初頭に、UNDPは持続可能な人間開発（sustainable human development）という概念を提唱し始め、1994年6月にはUNDP執行理事会（Executive Board）が機関の最重要概念として採用した[5]。さらに、ブトロス・ガリ（Boutros Boutros-Ghali）事務総長（当時）が著した『開発への課題』においても言及されることとなり[6]、持続可能な人間開発は国連システム全体で共有される概念となったのである。「持続可能な開発」概念を取り込んだこの新たな用語の概念整理を行ったのは、S. アーナンド（Sudhir Anand）とA. セン（Amartya Sen）であった[7]。彼らの概念整理については後述するが、ここではUNDPが「持続可能な開発」概念に対してどのような解釈を行っていたのかを押さえておきたい。それにはK. モルトケ（Konrad von Moltke）の指摘が有用である。そこで、まずは、UNDPとブルントラント委員会とが、どのように「持続可能な開

発」概念を捉えていたかをみてみよう。

　　＜ブルントラント委員会＞
　　持続可能な開発とは、将来世代の欲求を充たしつつ、現在世代の欲求も満足させるような発展をいう。持続的開発は鍵となる２つの概念を含んでいる。１つは、何にも増して優先されるべき貧しい人々にとって不可欠な「必要物」の概念であり、もう１つは、技術・社会的組織のありかたによって規定される、現在および将来の世代の欲求を満足させるだけの自然環境の能力の限界についての概念である[8]。

　　＜UNDP＞
　　（環境と開発に関する世界）委員会は、（持続可能な開発を）将来の世代の欲求を充たす可能性を制限することなく、現在の世代の欲求を充たす発展として定義している。持続可能な開発には２つの鍵となる概念がある。１つは、人々が何を必要としているのか、なかんずく世界の人々が何を不可欠な必要物としているのかを知ることを真っ先に優先しなければならない。もう１つは、人々の現在および将来の欲求を充たすことの限界が、現在の技術および社会的組織のありかたによって規定されているという理解である[9]。

　この２つの定義の違いをモルトケは次のように捉えている[10]。まず、「必要物」に関して両者の間に認識の相違があり、UNDPは「必要物」を人々の意識という可変的なものとして捉えているのに対して、ブルントラント委員会ではそれを不変的な概念であると捉えているという。次に、「必要物」を規定するものについても、自然環境の能力の限界に言及しているかどうかに違いがあるという。すなわちUNDPは自然環境の能力の限界については言及しておらず、この点は後にSDGsについて考察する上で重要である。これら２つの指摘から分かるとおり、UNDPは「人間中心の開発」を推進す

るにあたって、ブルントラント委員会によるオリジナルの定義を機関の方針に合うように修正して提示し、「環境」には二義的な位置づけを行ったと言える。

このような「環境」を二義的とする姿勢は、持続可能な人間開発概念が最初に提示された『人間開発報告書』1992年版において確認することができる。環境保護は重要であるとしながらも、それが人間開発促進の手段であるとして「人間中心の開発」を押し出しているのである。

> The first is that "sustainable human development" should give priority to human beings. Environmental protection is vital. But（like economic growth）it is a means of promoting human development. The primary objective of our efforts must be to protect human life and human options. This implies that the longer-term viability of the world's natural resource systems—including their biodiversity—has to be ensured. *All* life depends on them.[11]（強調は原文のママ）（まずもって持続可能な人間開発は人類を優先すべきだということです。環境保護は重要です。しかし（経済成長のように）それは人間開発を促進する1つの手段なのです。私たちの努力の第一の目的は人間の生活とその選択肢を守ることであって、それは、生物多様性を含む世界の天然資源システムを、長期にわたって利用可能にすることを意味します。すべての生命はそれらのシステムにかかっているのです。筆者訳）

また、1994年版の『人間開発報告書』におけるJ. スペス（James G. Speth）UNDP総裁（当時）の巻頭言では以下のように持続可能な人間開発を紹介しているが、そこには現在世代における欲求の充足に重きを置き、その上での公平の重要性が示されているだけで、世代間の公平については触れられていない点に着目しておきたい。

持続可能な人間開発とは経済成長を促すだけでなく、経済成長の利益を公平に配分するための開発です。また、環境を破壊するのではなく環境を再生し、国民を社会の進歩から取り残すのではなく、国民に力を与えるものです。貧しい人々を優先的に考慮し、彼らの選択権やチャンスを拡大して、彼らの生活に影響を及ぼす政策決定に参加できるようにする開発です。これは、人間、自然、雇用機会、女性を重視する開発でもあります[12]。

3　国連社会開発サミットにみる「人間中心の開発」

　前節では持続可能な人間開発が1990年代初頭に登場し、その概念の中心には「人間中心の開発」があり、環境は二義的な位置づけであったことを確認した。持続可能な人間開発を提唱したUNDPが主導する形で、1995年に社会開発サミットがデンマークのコペンハーゲンで開催されたが、そこにも「人間中心の開発」が色濃く反映されていたことを本節では確認したい。

　まず、サミットの目的と概要について説明しておこう。社会開発サミットは1995年の3月6日から12日にかけて、デンマークのコペンハーゲンで開催され、世界118カ国が参加した会議であった。主要議題は貧困、雇用、社会的統合についてであったが、そこには長引く貧困問題、悪化する失業問題、増大する移民を対象とする排外主義や人種差別といった社会問題が横たわっていた。これらは1970年代から進められてきた地球規模でのグローバル化がもたらした弊害であり、国際社会が取り組まなければならない課題の1つとして認識されるに至ったのである。

　サミットでは第1部「社会開発に関するコペンハーゲン宣言」と第2部「行動計画」が採択された。第1部にはサミット開催の理由や原則と目標、さらには公約が掲げられているが、その中でまず注目すべきは以下の第8項、第24項である[13]。

第8項「人間こそが持続可能な開発についての我々の関心の中心であり、人間は環境と調和した健康的で生産的な生活を送る権利を有すると認識する。」

第24項「現在そして未来の指針となる人間中心の社会開発の枠組みを確立するとともに、協力とパートナーシップの文化を構築し、経済的困窮にある人々の当面のニーズに対応することが私たちの挑戦である。これに挑戦し世界で社会開発を促進することを決意する。」

両項が示すように、人間が開発の中心に位置づけられており、社会開発サミットの宣言文と公約には「人間中心の持続可能な開発」という用法が幾度となく現れる[14]。また、次の第6項に示される通り、ブルントラント委員会が提示した「自然環境の能力の限界」という持続可能な開発を考える上で重要な視点は全く考慮されておらず、現在世代における公平な社会開発に重点が置かれている[15]。

第6項「経済開発、社会開発、環境保全とは相互に依存しあい、互いに持続可能な開発を強化する要素であること、それがすべての人により質の高い生活を達成しようとする私たちの努力の基本であると強く確信する。貧しい人々が環境資源を持続的に利用できるようにエンパワーすることを認める公平な社会開発は、持続可能な開発にとってなくてはならない基礎である。また、持続可能な開発という文脈における幅広く持続的な経済成長が、社会開発と社会的正義を維持するのに必要であると我々は認知する。」

次に、この社会開発サミットとMDGsの関係について確認しておきたい。表1はサミットで示された10の公約だが、公約の2、5、6の内容はMDGsに引き継がれている。ところで、OECDが1996年に発表した「21世紀に向

表 1　国連世界社会開発サミットにおける公約

公約1	人々が社会開発を達成できるような経済的、政治的、社会的、文化的及び法的環境を創出する。
公約2	各国の定める目標期限までに絶対的貧困を撲滅する。
公約3	基本的な政策目標として完全雇用を支援する。
公約4	すべての人権の強化と保護に基づく社会統合を促進する。
公約5	男女間の平等と公平を達成する。
公約6	教育ならびにプライマリー・ヘルスケアへの普遍的かつ公平なアクセスを成し遂げる。
公約7	アフリカと後発発展途上国の開発を加速させる。
公約8	構造調整プログラムに確実に社会開発目標を含ませる。
公約9	社会開発に振り向けられる資源を増大させる。
公約10	国連を通じて社会開発のための協力を強化する。

（出所）国連経済社会局のウェブサイト
（https://www.un.org/development/desa/dspd/world-summit-for-social-development-1995/wssd-1995-agreements/cdosd-part-c.html、アクセス日：2018年12月21日）をもとに筆者作成。

けて：開発協力を通じた貢献」[16] と題する DAC 新開発戦略が、経済的福祉、社会開発、環境の持続可能性と再生という3つの柱から構成され、年限と目標値を定めていることから MDGs の原型であると指摘されるが、こと社会開発に関しては、社会開発サミットの公約が一連の開発目標の端緒となったと言えよう。

4　SDGs と持続可能な人間開発

（1）　社会開発サミットと MDGs の関係

1990年代に開催された国連主導の各種サミットにおける公約を網羅する形で提示されたのが MDGs であった。MDGs では8つのゴールと21のターゲットが掲げられたが、全般的に社会開発、とりわけ貧困削減が中心であった。その点で MDGs は社会開発サミットの延長線上にあり、基本的には人間開発路線に位置づけられると言える。しかしながら、社会開発サミットと

MDGs との間には、大きな違いがあった。それは普遍性（universality）と不平等（inequality）に関してである。

社会開発サミットが 118 の国の参加を得て世界会議として開かれ、そこでの議論は世界規模での公約として結実したのに対して、MDGs は 8 つの目標のうち 8 番目の目標を除いては、その実践は主に途上国に求められるものであった。その意味で社会開発サミットで示された普遍性は受け継がれていないと言える。また、不平等についても、男女間の教育格差是正といった点では示されているものの、富の偏在といった世界大での不平等や格差の問題についての言及が MDGs には欠落している。

その原因として、MDGs の策定が限定的な閉鎖的空間で行われたことが指摘できる[17]。MDGs 策定の元となった 2000 年のミレニアム宣言では、「平和、安全保障、軍縮」「人権、民主主義、グッド・ガバナンス」「最も脆弱な人々の保護」といった項目があったものの[18]、MDGs ではそれらが抜け落ち、貧困削減と環境保護が中心となってしまった。SDGs の策定ではこの点を反省して、多くのステークホルダーが参画できる形で、目標とターゲットの策定が行われることとなった。

SDGs 策定の議論が佳境を迎えていた 2015 年の 6 月、国連の経済社会理事会では社会開発サミット開催 20 周年を記念するハイレベル会合が開催された。その席上、出席者からは「普遍性という社会開発サミットの原則を SDGs が奪回するとともに、不平等のように MDGs で軽視された主要な問題に言及してくれた」といった発言[19]や、「15 年ものあいだ消滅していた不平等が協議事項に戻るとともに、社会保護を求める強い意識に押されて普遍性が再生した」との声[20]が聞かれた。

社会開発サミットの主要議題が貧困、失業、社会的統合であり、それらが 1980 年代からの構造調整政策による弊害の除去を目指しただけでなく、もっと長いスパンで捉えれば、1970 年代以降に全世界を覆うこととなった新自由主義のもとでのグローバル化への対応であった[21]ことは注目に値する。このことは、1992 年に UNDP が人間開発報告書で示して有名になった

「シャンパングラスの世界」[22]をいかに是正するか、すなわち富の分配に相当の偏りが見られる世界の状況をいかに正していくかという問題意識が根底にあったと言えよう。つまり、社会開発サミットは富の偏在という不平等の問題をも射程に入れていたと考えられる。SDGsが不平等（inequality）にたびたび言及していることを考えれば、社会開発サミットからMDGsを経てSDGsへと至る過程は不連続であり、SDGsの源流はMDGsにではなく社会開発サミットに求められると言える。

（2） 持続可能性と公平性

MDGsでは、たとえば教育におけるジェンダー間格差の是正といった普遍性は織り込まれていた。しかし、上述したように、それは途上国を主な対象としており、しかも世代内での普遍性であった。普遍性には同時代における空間的な広がりだけではなく、時間的な広がりも含まれる。つまり、世代間における普遍性である。この点を強調したのが、先に挙げたアーナンドとセンである。彼らが概念整理を行った持続可能な人間開発では、階級、国籍、民族、ジェンダー等に関わりなく、世代間および世代内の公平が求められるとしているのである。

> Universalism is basically an elementary demand for impartiality ― applied within generations and between them.[23]（公平性を保つには普遍主義が基本的にまずは要求される。普遍主義は世代内および世代間に適用される。筆者訳）

持続可能な人間開発の概念を整理するこの報告書をアーナンドとセンが書いたのは、1994年版の『人間開発報告書』のためであった[24]。この報告書が出されて以降は、世代間の公平に対する言及が人間開発報告書に盛り込まれている。たとえば、ジェンダーを特集テーマとした1995年版では次のような記述が認められる。

> Sustainable human development addresses both equity within generations and equity among generations-enabling all generations, present and future, to make the best use of their capabilities.[25]（持続可能な人間開発は世代内公平性と世代間公平性、つまり現在及び将来のすべての世代が自分たちの潜在能力を最大に活かせるようにすることを意味しています。筆者訳）

　しかし、持続可能性を考える際、彼らの主眼は現在世代の欲求の充足にあり、ブルントラント委員会が主張した「自然環境の能力の限界」という観点は乏しい。アーナンドとセンの考えはこうだ。現在世代の人々の暮らしが惨めでは意味がなく[26]、人間開発の場合には貧者への分配によって人的資本が増加することで未来に好影響を与え、それによって持続可能性は達成されるのである[27]。つまり、人間開発は現在における様々な不公平に対処するものであり、そのことが未来社会で人類を待ち受ける脅威に対処することに繋がる[28]。その意味で、普遍主義を貫く倫理は世代内公平とともに世代間公平を求めるものであり、それは正義の問題でもある[29]。

　UNDPが機関の最重要方針に掲げた持続可能な人間開発はしかし、その後、刊行20周年記念となる2010年版の『人間開発報告書』まで大きく取り上げられることは無かった[30]。2010年版では、それまでの20年間におよぶ人間開発の歴史と発展を振り返るなかで持続可能な人間開発を取り上げるに過ぎなかったが、翌年の2011年版では、「持続可能性と公平性」を特集テーマに据え、改めて持続可能な人間開発の定義づけを行っている。そこでは、次のように記され、世代内だけでなく世代間での公平性に再び焦点が当てられている。

> 持続可能な人間開発とは、今日の世代の実質的な自由を拡大すると同時に、未来の世代の実質的な自由を大幅に侵害しないように合理的な努力

をおこなうことを意味する[31]。

　現状維持を目指すだけでなく、実質的な自由を拡大することを目指すという点において、本報告書は持続可能な人間開発に関して規範的な定義を採用しているといえる。この定義のもとでは、公平性を欠く開発は、持続可能な人間開発とはまったく言えない[32]。

　また、2012年5月29日にヘレン・クラークUNDP総裁（当時）がブラジリアで行った演説のタイトルは「持続可能な人間開発の達成」（"Achieving Sustainable Human Development"）であり、その中で彼女は経済、社会、環境のそれぞれの目的を同時に促進する「トリプル・ウィン」アプローチをUNDPが進めると述べるとともに、貧困、不平等、環境悪化を目標に定めて対処していく上で、持続可能な人間開発の達成を提唱している[33]。

　十数年の空白期間を経て、このように持続可能な人間開発への言及が再びなされるようになったのはなぜだろうか。それは、2011年版の『人間開発報告書』が、その翌年に開催を控えた国連持続可能な開発会議（リオ＋20）のために、持続可能性と公平性の関係を世に問う意図を持って刊行されたからである[34]。ちょうど時期的にはMDGsの後継となるポスト2015年開発アジェンダ策定の動きが始まろうとしており、UNDPがその議論を牽引していくために、持続可能な人間開発に立ち戻ったと言えるのではないだろうか。その際、アーナンドとセンの議論を踏襲し、世代間の公平性を前面に打ち出して持続可能性の議論に結びつけている。

　しかし、繰り返しになるが、UNDPは持続可能性と公平性の関係を考える上で、現在世代の公平性、すなわち貧しい人々への分配という正義がなされることに重きを置く。アーナンドとセンが主張するように、軸足はあくまでも現在に置かれており、世代内の公平性が満たされなければ世代間の公平性が満たされることは無いとの立場を取るとともに、「人間中心の開発」の姿勢を崩してはいないのである。

5　SDGs が拓く脱人間中心型開発の展望

　前節まで UNDP による持続可能な人間開発に焦点を当て、社会開発に対する UNDP の理念を考察してきた。結果、人間を開発の中心に据えたうえで持続可能性を論じる UNDP の一貫した姿勢が確認できた。しかし、SDGs においては、環境はもはや二義的な位置づけではなく、経済、社会とならんで、その持続性に重点が置かれ、蟹江憲史（2017）も述べるように「地球環境の限界は、その中で当然の前提条件として含まれる」こととなったのである[35]。モルトケが指摘した UNDP による持続可能な開発に対する解釈はもはや通用せず、地球環境の限界を所与の条件として持続可能性を考えなければならない、との認識が国際社会に共有されたと言えるだろう。つまり、ブルントラント委員会で提示されたにもかかわらず、開発戦略の中で考慮されることのなかった「自然環境の能力の限界」が、ここにきてようやく日の目を見たのである。SDGs の策定は、1990 年代から続いてきた「人間中心の開発」に終わりを告げ、脱人間中心型開発の時代に突入したことを意味しよう。それを物語るのが、2012 年のリオ + 20 の際に提示された「包括的な富」（Inclusive Wealth）という新たな概念である。

　「包括的な富」は国連大学と国連環境計画（UNEP）が共同で考案した富に関する新たな概念であり、人々が経済活動によって生み出した人工資本、教育や健康といった社会開発によって人々に備わった知識や能力といった人的資本、それに土地や資源といった自然資本の 3 つから成り、それぞれが数値化される[36]。GDP が人工資本、人間開発指数が人的資本に対する指標であったことを考えれば、それらを含みながら、自然資本をも組み込んだ新たな指標が提示されたと言える。

　「包括的富指標」（Inclusive Wealth Index: IWI）では、自然環境の悪化は数値化され損失として計上されることとなる。持続可能性を問うにあたって、これからは自然資本の増減をも考慮しなければならない時代になったの

であり、それは開発戦略に大きな影響を与えることになるだろう。

　ちなみに 2014 年版の『包括的な富報告書』において、人工資本は 18％、人的資本は 54％、自然資本は 28％であったが[37]、2018 年版では、数値はそれぞれ 21％、59％、20％となっている[38]。人的資本におけるポイントの向上は、持続可能な人間開発という観点からは望ましい結果と捉えることができるだろうが、富を包括的に捉えるという視点からは、必ずしも望ましい結果であるとは言えない。3 つの資本のバランスを取りながら、自然資本の閾値、すなわち地球システムの限界を超えない範囲でどのように発展していくかが問われているのである。このような観点で開発を捉えるという新たな思考が、SDGs を達成していくうえで主流化していくと考えられる。

おわりに

　本稿では社会開発サミットから MDGs を経て SDGs へと至る 1990 年代以降の開発戦略の流れを俯瞰的に捉え、その変化を考察した。結果、SDGs が MDGs の後継であるとの認識は誤りであり、普遍主義や不平等への言及という点では、SDGs の源流は社会開発サミットにこそ求められることを指摘した。しかし、社会開発サミットと SDGs の間にも決定的な違いが認められる。それは開発パラダイムの違いである。

　第 1 のパラダイム転換は UNDP が提唱した人間開発によって 1990 年代にもたらされた。社会開発サミットから MDGs に至るまで、人間開発を主軸に開発戦略は練られてきたと言える。しかし、その功罪についても考えなければならない。本稿で指摘したように、UNDP はブルントラント委員会が提唱した持続可能な開発について独自の解釈を行ったうえで人間開発を推進してきたのであり、現在世代の人々の欲求充足を重視し、「自然環境の能力の限界」を後回しにしてきたのである。持続可能性を考える際の軸足が UNDP とブルントラント委員会とでは決定的に違っていたと言える。そのために、人間開発を中心に据える開発思考とブルントラント委員会が提唱し

た持続可能な開発を中心概念とする開発思考とは交わることなく、平行線のまま併存してきた。そのような状態に終止符を打ったのがSDGsであった。ここに第2のパラダイム転換が生じ、脱人間中心型開発の時代に突入したと本稿では指摘した。

　SDGsを策定するにあたって、「自然環境の能力の限界」にようやく日の目があたり、人間開発と持続可能な開発とが長い年月を経て統合されることになった意義は大きい。しかし、その実現について危ぶむ声があることも確かである。17の目標と169のターゲットから成り立つSDGsは、MDGsと比べると野心的かつ挑戦的であり、膨大な数のターゲットに対して、達成が困難なのではないかという懸念がある。その点について蟹江（2017）は、1つの分野での成功が他の分野へと波及して成功に導く側面に注目し、「複雑系」のもとでの相乗効果に期待している[39]。ジェンダー格差を是正すれば、貧困や教育といった他分野にも正の効果が生まれることは想像に難くない。その意味で、蟹江の指摘はもっともである。その一方で、MDGsやSDGsに対して懐疑的な見方をする研究者もいる。小浜裕久・浅沼信爾（2017）は、MDGsやSDGsは政治的キャンペーンに過ぎず、その実現は非現実的であると批判している[40]。途上国の現場をよく知る専門家からすれば、MDGsやSDGsに掲げられた目標は空想的であり、実現可能性が疑わしいものと映っている。

　筆者もSDGsに関してその実現には懐疑的である。それは、小浜や浅沼が途上国の実情をもとに批判しているのとは違い、今日の社会状況が、社会開発サミットが開催された当時の状況と類似しているか、あるいは悪化しているからである。つまり、20余年もの間、政策的には状況を改善させることができなかったからである。貧困、雇用、社会的統合が社会開発サミットでの主要議題であったが、そこには構造調整政策が生み出した貧困や失業、そして職を求めて増え続ける移民や難民に対する社会的排除といった問題が横たわっていた。貧困については絶対的貧困状態にあった人の数が減少し、それはMDGsの成果とされているが、そのかなりの部分が中国やインドの経

済成長に起因していると言われており、サブ・サハラアフリカでは今なお目標を達成できずに多くの人が絶対的貧困状態にある[41]。つまり、MDGs の最大の目的であった貧困削減に関しては、一部の地域の一時的状況改善に帰するところが大きかったのであり、国際的な政策が功を奏したとは言えない。

では、移民や難民に対する社会的排除については、どうだろうか。言うまでもなく、世界中で移民排斥の動きが顕著になっており、移民問題は英国の EU 離脱の要因となったばかりか、EU の統合を脅かす争点となってしまっている。トランプ政権の米国は「米国第一主義」を掲げ、メキシコ国境に壁を建設する計画を打ち出すなど、移民に対する強行策を講じている。SDGs は鍵となる概念として包摂性（inclusiveness）を謳っているが、欧米を始めとして内向きになっている社会で包摂を実現することは極めて困難な状況である。包摂とは、多様なアイデンティティを持つ人々が社会に受容され、尊厳を持って生きられる状態であると考えられるが、時代はますます逆行していると言える。内藤正典（2018）によれば、ヨーロッパ社会はヨーロッパ共通の理念を有する者にのみ開かれてきたのであり、シリアや北アフリカから逃れてきた難民や移民というヨーロッパにとっての他者を排除し始めたことで、近代以降のヨーロッパの欺瞞が明るみに出たと捉えている[42]。世界的に右傾化が強まり、ポピュリストの右派政治家が支持を集める今日において、このような状況は当分続くと思われる。

また、SDGs の目標 10 で掲げられた不平等についてはどうだろうか。1992 年版『人間開発報告書』で示された「シャンパングラスの世界」では、裕福な上位 20％ の人々が占める富は世界全体の富の 82.7％ であったが、オックスファム（Oxfam）が 2018 年に発表した報告書によれば、上位 1％ の富裕層に世界全体の富の 82％ が集中しているという[43]。4 半世紀前と比べて、確実に格差は広がっているのである。持てる者はさらに富み、持たざる者との格差は広がるばかりである。このような事態を引き起こしているのは、新自由主義のもとでのグローバル化であり、暴走する資本主義である。国際的な金融取引に課税したり、航空券に課税したりといった国際連帯税が徐々に

広がりを見せているが[44]、資本主義システムに内在する格差を生み出すメカニズムに手を入れずして、不平等の問題は解決し得ないのではないだろうか。

付記

本稿は、2018年5月19日に立命館大学朱雀キャンパスで開催された世界法学会における「『持続可能な人間開発』概念から読み解くSDGs」と題する報告をもとに執筆した。報告の機会を与えて下さった世界法学会企画委員会、とりわけ西海真樹委員長にこの場を借りて感謝申し上げたい。また、多くの方々からコメントと質問をいただいた。お名前を列挙することは差し控えるが、それらの方々にも感謝申し上げたい。

〈注〉

1 　西川潤編著『社会開発　経済成長から人間中心型発展へ』有斐閣、1997年、3-10頁。
2 　佐藤寛＋アジア経済研究所開発スクール編『テキスト社会開発』日本評論社、2007年、4-8頁。
3 　UNDP, *Human Development Report 1990*, New York: UNDP, 1990, pp. 10-11.
4 　OECD/DAC, *Policy Statement on Development Co-operation in the 1990s*, Paris: OECD, 1989.
5 　UNDP, *UNDP in the '90s A Sustainable Human Development Programme*, 1995.（機関パンフレット）
6 　UN Document, A/48/935, 6 May 1994 (*An Agenda for Development*).
7 　Sudhir Anand and Amartya K. Sen, *Sustainable Human Development: Concepts and Priorities*, New York: UNDP/ODS, Discussion Paper No.1, 1996.
8 　World Commission on Environment and Development, *Our Common Future*, Oxford: Oxford University Press, 1987, p. 43.（訳は大来佐武郎監修『地球の未来を守るために』福武書店、1987年によった。）
9 　UNDP *Environmental Guidelines*: 9.
10 　Konrad von Moltke, *The United Nations Development Programme and*

    Environment: A Nongovernmental Assessment, Gland: World Wide Fund for Nature, 1992, p.19.
11 UNDP, *Human Development Report 1992*, New York: UNDP, 1992, p. 18.
12 国連開発計画『人間開発報告書1994』国際協力出版会、1994年、iv頁。
13 UN Document, A/CONF.166/9, 19 April 1995 (Copenhagen Declaration on Social Development). 筆者訳。
14 *Ibid*.
15 *Ibid*.
16 OECD/DAC, *Shaping the 21st Century: The Contribution of Development Co-operation*, Paris: OECD, 1996.
17 山形辰史「MDGsを超えてSDGsへ－国際開発の行方－」『アジ研ワールドトレンド』No. 232, 2015年、23頁。
18 UN Document, A/RES/55/2, 8 September 2000 (United Nations Millennium Declaration).
19 社会開発サミットで当時議長を務めたチリのフアン・ソマビア（Juan Somavia）大使の発言。Marina Ponti, 'Twenty years after World Summit on Social Development, can the SDGs rescue the principle of universality?' (https://www.globalpolicywatch.org/blog/2015/06/12/principle-of-universality/, accessed 22 December 2018).
20 社会開発サミット後に創設されたNGOネットワークであるSocial Watchの創設者、ロベルト・ビッシオ（Roberto Bissio）氏の発言。Marina Ponti, 'Twenty years after World Summit on Social Development, can the SDGs rescue the principle of universality?' (https://www.globalpolicywatch.org/blog/2015/06/12/principle-of-universality/, accessed 22 December 2018).
21 社会開発サミットの第14項は、グローバル化がもたらした負の影響についても述べている。See, UN Document, A/CONF.166/9, para. 14.
22 世界中の富の82.7％を先進国に住む裕福な20％が所有する一方で、最貧層の20％がわずか1.4％しか所有していない状態を示す報告書における図が、まるでシャンパングラスの形状に似ていることから、このような名称で呼ばれるようになった。See, UNDP, *Human Development Report*, New York: UNDP, 1992, p. 35.
23 S. Anand and A. Sen, *op.cit.*, p. 4.
24 *Ibid.*, p. 3.

25　UNDP, *Human Development Report 1995*, New York: UNDP, p. 13.
26　*Ibid.*, p. 2.
27　*Ibid.*, pp. 21-22.
28　*Ibid.*, p. 1.
29　*Ibid.*, p. 4, p. 21.
30　持続可能な人間開発という用語が本文中に用いられたのは、1997年版、2000年版、2002年版、2003年版において各1回ずつであり、それ以外の号では皆無である。
31　国連開発計画『人間開発報告書　2011』国際協力出版会、2頁。
32　同上書、26頁。
33　Helen Clark, "Achieving Sustainable Human Development," May 29, 2012 (http://www.undp.org/content/undp/en/home/presscenter/speeches/2012/05/29/helen-clark-achieving-sustainable-human-development-.html, accessed 22 December 2018).
34　『人間開発報告書　2011』前掲書、巻頭言。
35　蟹江憲史編著『持続可能な開発目標とは何か』ミネルヴァ書房、2017年、14頁。
36　国連大学のウェブサイトを参照 (https://jp.unu.edu/events/archive/symposium/what-is-the-inclusive-wealth-index.html#overview, accessed 30 December 2018)。
37　UNU-IHDP and UNEP, *Inclusive Wealth Report 2014*, Bonn: UNU, 2014.
38　https://www.unenvironment.org/resources/report/inclusive-wealth-report-2018, accessed on Dec. 30, 2018.
39　同上書、10頁。
40　浅沼信爾・小浜裕久著『ODAの終焉』勁草書房、2017年。
41　外務省『2015年版　開発協力白書』7頁。
42　内藤正典『限界の現代史　イスラームが破壊する欺瞞の世界秩序』集英社、2018年。
43　Oxfam, *Reward Work, Not Wealth*, 2018 (https://www.oxfam.org/en/research/reward-work-not-wealth, accessed 23 December 2018).
44　詳しくは上村雄彦編著『グローバル・タックスの構想と射程』法律文化社、2015年、上村雄彦『グローバル・タックスの可能性―持続可能な福祉社会のガヴァナンスをめざして』ミネルヴァ書房、2009年を参照。

3 安全保障と人権における国連の意義と役割：
平和への権利国連宣言の審議を通して

笹 本　潤

はじめに

　2003年のイラク戦争において、安全保障の分野で、国連の存在意義が大きく問われた。世界的に戦争反対の世論が起こる中で、国連安全保障理事会（以下、安保理）の同意がないままにアメリカとイギリスは戦争を遂行したので、国連の武力行使に対する抑制機能が疑問視された。アメリカに限らず、ロシア、中国なども軍事化が進み、また世界各地で内戦や民族紛争も頻発するようになった。武力行使禁止原則を掲げる国連の存在意義はますます問われてきている。

　そのような中、平和・安全保障と人権に関わる平和への権利国連宣言が2016年に国連総会で採択された。人権理事会の審議の当初から政府間で大きい意見の対立があった平和への権利も、NGOや国連人権理事会の諮問委員会や政府間作業部会での粘り強い交渉や審議により、最終的には国連総会で3分の2以上の多数の賛成で採択された。近年の国際的な兵器規制に関する対人地雷禁止条約や核兵器禁止条約は、条約として成立したものの、反対国が参加しないままでの採択であったことと比べると、平和への権利国連宣言は、あくまでも国連の全加盟国が参加する会議で採択に至った点が特徴的である。このことが国連にとってどのような意義があり、また限界を有するかを考察することは、国際社会の変化に伴って国連が果たすべき機能の一つの提示たりうるだろう。

そこで、本論文は、国連を各国政府、国連機関、非政府組織（NGO）という3つのアクターに着目し、冷戦後の国際社会の変容が、国連における3つのアクターにどのように影響を与え、平和への権利国連宣言においてそれぞれがどのような機能を有しその役割を果たしたのかを審議過程を分析する中で考察する。その際、本論文においては、この権利宣言が主に国連人権理事会の中で審議されてきたことに鑑み、3つのアクターの1つである国連機関を、国連人権理事会作業部会と同諮問委員会を中心として検討する。3つのアクターの審議過程や会議外での言動を分析することによって、国連機関の果たした役割と限界を明らかにする。平和への権利国連宣言に関しては、その国際法的意義を問う論文[1]や国連の審議過程を紹介する論文[2]はあるが、国連の機能の在り方との関係を題材にした論文はほとんどない。筆者は、国連人権理事会作業部会や非公式会議、NGO会議など、平和への権利に関する多くの会議にNGOの立場で参加してきた。本論文で特に引用のない部分は、筆者の記録による。

1　冷戦後の国際社会の変容

　冷戦終結後、平和と安全保障の分野では、東西の勢力による直接の対峙は少なくなり、国際平和の中心的な役割を担うことが期待されている安保理も、冷戦後、安保理の決議が拒否権の行使なく成立することが多くなり、安保理の機能が回復しつつある。1945年から1988年までの43年間では626本の安保理決議だったのが、それ以降の30年間は1773本の安保理決議がなされている[3]。

　しかしながら、アメリカはブッシュ（George W. Bush）政権になってから、9・11同時多発テロ後のアフガニスタン、イラク戦争などの軍事的介入が進み、悪の枢軸発言、国際刑事裁判所（ICC）や京都議定書からの脱退などの単独主義が顕著になり、トランプ（Donald Trump）政権になってからも、シリアへのミサイル攻撃、イランとの核合意の破棄やパリ協定からの離脱、

国連人権理事会からの脱退宣言などの単独行動が目立っている。

　このような状況において、国連憲章の集団安全保障の原則と復元力が厳しく試されている。イラク戦争後の2003年9月23日、コフィ・アナン（Kofi Annan）国連事務総長は、第58回国連総会での演説で、「（アメリカなど）こうした国は、（中略）先制的に武力行使する権利と義務があると主張しています。（中略）この主張によると、各国は、安全保障理事会が同意するまで待つ義務がなく、単独で行動したり、その場限りの連合を組んだりする権利があるということになります。この論理は、過去58年間、不完全とはいえ世界の平和と安定を保つ基礎となってきた原則に対する根本的な挑戦です」[4]と述べ、国連憲章の危機的な状況に対して警鐘を鳴らした。

　また、国内紛争に目を転じると、1990年代以降、ユーゴスラヴィア、ルワンダ、リビア、シリア、イエメンなどの国内紛争・民族紛争に対して、国連や大国が、人道的介入や保護する責任、大量破壊兵器の使用などを理由にした軍事的行動を行い、軍事的干渉の是非も問題となっている。

　しかし、以上のような軍事力優先の動きに対して、イラク反戦運動などこれに抵抗する市民の運動もある。

　さらに、冷戦の終結を受け、安全保障の考え方にも変化が生じた。その一つが人間の安全保障である。冷戦下では、軍事ブロックの対立により大国同士がバランスを保ち大国間の世界紛争だけは防ぎ、どちらかのブロックに付くことで、国家が個人の安全を守る「国家の安全保障」観が主流であったが、冷戦後は、実際に生活レベルで生じている貧困、飢餓、HIV/AIDS、環境悪化など個々の人間の安全こそが見直されるべきという「人間の安全保障」の考え方が注目されるようになった。

　人間の安全保障は、国連人間開発報告が1994年に提起したという点で、国連が国際社会に発信した営みと言える。人間の安全保障の考え方は国連総会においても、全加盟国のコンセンサスで採択されてきた[5]。2005年には、世界サミット成果文書で採用され（A/RES/60/1）、2010年には国連総会決議（A/RES/64/291）でコンセンサス採択され、2012年の国連総会では、人

間の安全保障は、「保護する責任の概念を含まず、軍事的手段は含まず、国家の安全保障に代わるものではない」と他の概念と一線を画する決議がコンセンサスで採択された（A/RES/66/290）[6]。

本論文で取り上げる、平和への権利国連宣言は、人間が恐怖と欠乏から免れることを目的とする点で、人間の安全保障と共通の方向性を持ち、さらにその考え方を一層進め、安全保障の分野において、国に対する個人の要求を法的権利にまで高めたものといえる。後述する人権理事会諮問委員会草案において、第2条「人間の安全保障の権利」として、1項では「すべて人は、人間の安全保障の権利を有する。それは、積極的平和を構成するすべての要素である恐怖と欠乏からの自由を含み、また、国際人権法に準拠した、思想、良心、意見、表現、信仰・宗教の自由を含む。欠乏からの自由は、持続可能な発展の権利及び経済的、社会的、文化的権利の享受を含むものである。」とし、人間の安全保障を権利として保障し、恐怖と欠乏からの自由をその中心的内容としている。平和を権利として捉えることは、平和や安全保障の問題と、一人一人の人間の問題をより密接に結びつける役割を果たす。

軍事力優先の風潮とそれに対抗する人間の安全保障や平和への権利などの誕生が、冷戦後の平和と安全保障をめぐる国際社会の変容の特徴である。

2　国際社会の変容が国連の機能などにもたらした影響

以上の冷戦後の国際社会の変容が、国連の機能や組織にも影響をもたらした。

（1）　大国中心の国連に対する抵抗

軍事行動や軍事力の行使に対して、法の支配の強化を求める世論、一部の大国による国連軽視に対する反発、大量破壊兵器の規制を求める声など、国際的な対処が求められる状況が生まれた。

1990年代から、軍事力の行使や兵器や武器を規制しようとする動きが、NGOの台頭と相まって、国際規範定立という形で表れてきた。戦争犯罪や

人道に対する罪の訴追を定めた国際刑事裁判所ローマ規程（1998年成立）、兵器の規制に関しては対人地雷禁止条約（1997年成立）、クラスター爆弾禁止条約（2008年成立）、核兵器禁止条約（2017年成立）などの動きが出てきた。これらは軍事力や兵器の使用により顕著な人権侵害が生じる場合に対して、人道的な面から法による規制を求める動きである。これらの国際立法は、国連の審議を出発点として生まれてきた。

NGOのスペイン国際人権法協会がはじめた平和への権利の国際法典化を求める国際キャンペーンの動機も、イラク戦争などの軍事力行使に対する規制の要求が出発点となった。

（2） 国際社会秩序形成の主体としてのNGOの参加

冷戦が終わり、1992年には、ブトロス・ブトロス・ガリ（Boutros Boutros-Ghali）事務総長が『平和への課題』の中でNGOの役割の強化について触れ、コフィ・アナン事務総長は、『国連の再生』（1997年）や、『我ら人民－21世紀における国連の役割』（2000年）の中で、市民社会が果たす死活的に重要な役割について触れた[7]。2001年には、武力紛争予防の事務総長報告書の中で、NGOの世論形成力や現場対応の能力に着目してNGOの国際会議を呼びかけ[8]、その後、NGOの武力紛争予防のための国際ネットワーク（Global Partnership for Prevention of Armed Conflict: GPPAC）の形成を促した。2003年には、カルドーソ報告書『我ら人民－市民社会、国連、グローバル・ガバナンス』[9]に対する、事務総長報告の中でも、NGOの政府間機関への参加の拡大などを求めた[10]。

1990年代に、地雷禁止国際キャンペーンなどの国際的なNGOのキャンペーン運動が起こり、これが国際的な規範形成に与えた影響は大きい。国際政治学者のフィネモア（M. Finnemore）などが提唱するコンストラクティビズムの立場も、NGOの規範起業家（norm entrepreneur）としての役割に注目している[11]。NGOが、各国政府、国連機関に次ぐ3つ目の国連の主体としてカウントされるようになってきたのは、NGOの国際的な活動の実

績が影響している。

（3）　人権機構の強化と新たな人権の登場

2006年には人権委員会が総会の補助機関としての人権理事会に格上げされ、加盟国相互に人権実施状況を監視し合う普遍的定期審査（Universal Periodic Review: UPR）の設置など、人権機構の機能が強化された。また、新しい人権の創設に関しても、先住民族の権利国連宣言（2007年）などの権利が生まれるようになった。これらの新しい権利の創設に関しては、途上国やNGOがイニシアティブをとって動いてきたため、大国だけではない様々な意見が国連に反映されるようになってきたと言える。

（4）　平和・安全保障の分野を超えた国際的な対応の必要性

紛争の原因になりうる貧困や環境など、従来の平和と安全保障の範囲を超えた分野への注目が大きくなってきた。分野を横断して相互の関連性を意識した国連の審議が見られるようになる。1997年のコフィ・アナン事務総長の『国連改革計画報告書』（A/RES/51/950）では、人権の問題は平和と安全保障、経済的・社会的問題、開発協力、人道的問題を横断するものとされ、その後、2000年のミレニアム開発目標や、2005年の世界サミット成果文書でも、平和と安全保障、開発、人権の相互関連性が強調され（A/RES/60/1）、国家の安全保障観だけでは見えなかった他の課題との結びつきが意識されてきた。

2016年に国連総会で採択された平和への権利国連宣言でもその第1条で「すべての人は、すべての人権が促進され保護され、発展が十分に実現するような平和を享受する権利を有する。」とされたのも、平和と人権・発展の相互関連性が意識されたからである。人権理事会諮問委員会は、ヨハン・ガルトゥング（Johan Gultung）の積極的平和論を草案作りに取り入れ（諮問委員会経過報告書[12]）、貧困・経済格差の問題を広義の平和の問題に取り入れていくことも示された。2012年の諮問委員会草案にある「積極的平和」、

「構造的暴力」（第2条）などの用語は、ガルトゥングの平和論から取り入れられたものである[13]。

3　3つの国連

　国連の機能を分析するにあたり、各国政府とNGO以外に、国連機関にどのくらい独自の価値と役割を認めるかで見方が分かれる。3つの国連とは、各国政府、NGOと国連機関に独自の機能と役割を認める考え方である[14]。

　国連は各加盟国から構成されているから、各国政府は基本的なアクターである。そして国連を単に各国政府の協議の場と見る考え方からすれば、国連は協議の場に過ぎず、国連には行政事務以外の独自の機能はない。

　しかし、国連は、ほとんどの国家が加盟する唯一の組織であり、全世界的な課題における対処が求められる場合の唯一の恒常的な国際機関である。そして、特に冷戦後、地球環境の問題や国際的な安全保障など全地球的規模の課題が登場する中で、ますます国連は独自の機能が求められている。グローバル・ガバナンスにおいて目的とされる地球公共財である地球環境問題、平和的秩序の維持などは国家間の協力がなければ達成できない。国連は、各国の利益とは離れたグローバルな視点からの利益の実現のために、単なる多国間の意見の調整にとどまらず、全世界的な課題に取り組むための指導性が求められる。その意味で、国連には、各国政府を超えた独自の役割がある。しかし、国連が独自の機能と役割を発揮したといえる上で重要かつ必要なのは、国連の意思決定の正統性と実効性である[15]。

　国連の正統性を考える上では、意思決定において加盟各国の同意があることが重要である。平和への権利の作業部会で採用されたコンセンサス方式の議論は、国連の正統性を確保するための方策である。また、国連の意思決定の実効性という点では、国連宣言が採択された後の実施過程がどのように進むかが問題である。反対国への同意を得ることや、人権理事会や他の国連機関での権利の具体化に向けた動きが重要になってくる。

ただ、各国の同意だけでは正統性として不十分である。国内政治の意思決定や審議には必ずしも登場してこないNGOの参加も不可欠である。例えば、イラク戦争のような反戦運動や、テロの背景にある貧困や格差の問題に見られるように、国連や各国政府の意思決定と人々の生活の実態に大きな乖離が生じるようであれば、国際秩序が成り立っているとは言えないであろう。実際にも、NGOは、国連に参加し独自の役割を果たしている。各国政府の意見だけでは拾いきれない人々の利益や人権侵害の被害に関する情報、あるいは国益にとらわれない政府とは異なる視点からの多様な意見をNGOは有しており、それを国連にも伝えている。NGOの参加が特に顕著なのが人権理事会である。人権理事会には、経済社会理事会が認可した協議資格を有するNGOは、投票権はないものの、恒常的に審議に参加し、意見を発表することができる。この中で、他国政府との駆け引きにとらわれず、人権侵害の被害者に近い立場のNGOの存在は、地球規模の公共財である人権の尊重を達成する上で、不可欠の役割といえる。

　国連を構成する各国政府、国連機構、NGOという3つのアクターは、いずれも独立した価値と機能を有し、他には代えられない役割を有する。

4　平和への権利国連宣言の概要

（1）　国連総会で採択されるまでの経緯

　ここで、平和への権利国連宣言が国連総会で採択されるまでの経緯と概要を整理する。

平和への権利国連宣言採択までの経緯

1978年	国連総会で「平和的生存のための社会的準備に関する宣言」決議
1984年	国連総会で「人民の平和への権利宣言」決議
2003年	イラク戦争

> 2006年　スペイン国際人権法協会、平和への権利国際キャンペーン始まる
> 2008年〜2015年　国連人権理事会で平和への権利国際法典化促進決議
> 2010年12月　NGO草案　サンチアゴ宣言
> 2012年4月　諮問委員会による草案作成（14条の条文からなる詳細なもの）
> 2013年2月　人権理事会政府間作業部会第1会期
> 2014年7月　人権理事会政府間作業部会第2会期
> 2015年4月　人権理事会政府間作業部会第3会期
> 2016年7月　国連人権理事会で「平和への権利国連宣言案」を採択
> 2016年12月19日　国連総会で「平和への権利国連宣言」を採択（5条の条文からなる）

（筆者作成）

　安全保障における以上に述べた国際社会の変容が、国連の3つのアクターである各国政府、NGO、国連機関にどのように影響し、それが平和への権利国連宣言の審議を通じて、どのように収斂していったかを見ていく。

（2）　国連人権理事会における平和への権利の審議の特徴

　平和への権利国連宣言は、法的には、国連総会決議であるからソフトローの一つであり、法的拘束力はない。しかし、世界人権宣言（1948年）から自由権規約、社会権規約（1966年）、子どもの権利宣言（1959年）から子どもの権利条約（1989年）と、国連宣言の後に国際人権条約につながった宣言もある。平和への権利の場合、これらの権利よりも政府間の対立は激しくこのとおりに進むとは限らない。しかし、国連人権理事会に出席した政府代表やNGOは、将来的に国際人権条約になる可能性があることを念頭に議論していた。平和への権利を認めること自体の反対国は、審議の準備に用意周到であり、特に米国代表などは膨大な諮問委員会案のほぼすべての条文につ

いて意見を述べていた。法的な拘束力のないソフトローであるにもかかわらず、反対国が多くの準備を費やすのは単なる政治的な宣言とは捉えていない証拠であろう。

　国連の３つのアクターについては、概ね次のような特徴が見られた。

　各国政府は、国家の自衛権を重視する傾向にあり、平和への権利は、自衛権を規制もしくは抵触する可能性があることも理由の一つとして多くの欧米諸国は成立に反対した。他方、反対国であっても、議論からは脱退しないで、できる限り納得のいく合意を目指して審議に参加する傾向にもあった。

　NGO は、国家による武力行使に対する国連憲章の規範力の低下を問題視し、国連による本格的審議が始まる 2010 年の NGO 草案の段階では、平和を権利としてとらえる重要性と、安保理に対して平和への権利の遵守状態の監視機構の設置まで考えていた。NGO はそのように国連体制の弱点を問題提起する立場にあった。

　国連、特に政府間作業部会議長は、各国政府の意見の対立や NGO の要望に対して、意見の調整役及びイニシエーターとして、各国政府の利害対立や NGO に代表される市民の意見の調整を図り、コンセンサス合意による平和への権利国連宣言の達成を目指した。政府間作業部会は、2012 年 7 月 17 日、人権理事会の決議によって設けられ[16]、この作業部会は、平和への権利国連宣言の成立に向けた漸進的な交渉（progressively negotiating a draft）を創っていく義務を負っていた。そして、第 1 回作業部会において作業部会議長として、コスタリカのクリスチャン・ギジェルメ・フェルナンデス（Christian Guillermet Fernández）氏が選出された。作業部会議長は、各国政府や NGO の意見を聞いて対立点を調整するのはもちろん、国際社会における決定的な分裂を避け、国連の意思決定の正統性を追求する上で重要な役割を果たすのと同時に、審議の方式や宣言草案の内容を提案するなど、審議をリードし、新しい権利の創設に向けてイニシアティブを発揮できる立場にもあった。

　また、人権理事会の諮問委員会は国連の機関でありながら、作業部会とは

異なる独特の役割を果たした。諮問委員会は18人の専門家で構成され、諮問委員会の草案を作成する際には、各国政府やNGO、学会の意見を取り入れ、人権理事会に提案して、その後の作業部会の議論を活性化した。

以下に、人権理事会の審議における審議において、政府間やNGOがどのように意見が対立して、作業部会議長がどのように対立意見を収斂させていったかを、具体的に見ていく。なお、諮問委員会草案[17]が取り上げたテーマは以下のとおりだった。

諮問委員会草案（2012年4月）

1条：平和に対する人権の諸原則、2条：人間の安全保障の権利、3条：軍縮の権利、4条：平和教育、5条：良心的拒否の権利、6条：民間軍事・警備会社に対する制限、7条：圧政に対する抵抗及び反対、8条：平和維持活動に対する制限、9条：発展の権利、10条：環境の権利、11条：被害者及び脆弱な人々の権利、12条：難民・移民の権利、13条：国家の義務と履行について、14条：最終条項

5　人権理事会の審議における各国政府の意見の対立状況

平和への権利は、国連による定義があるわけではない。しかし、法形式の点では、諮問委員会草案やNGOの草案によると、権利者を個人または人民とし、義務者を国家もしくは国際機関と捉えることで概ねは一致している。意見が対立する中心点は、平和への権利の存在を認めるべきか否かである。

ここでは権利創設の是非をめぐり、各国政府間でどのような論争点があったかを見ていく。作業部会における意見分布は、賛成国は、アジア、アフリカ、ラテンアメリカ諸国、反対または棄権国は、北米、ヨーロッパ諸国、日本、韓国であった。

(1) 軍縮の権利の議論──政府間交渉や軍縮会議に委ねるべきか否か

作業部会第1会期において、アメリカ政府は、諮問委員会草案第3条の軍縮を求める権利についての審議において、軍縮問題全般の問題として、以下のような発言をした。「軍縮と大量破壊兵器の拡散に関して、アメリカは極めて真剣にこの問題に取り組んできた。私たちは、この数十年、兵器の大量生産と拡散に対して絶えず反対してきた。(中略)　しかし、人権理事会は軍縮の議論にとってふさわしい場ではない。軍縮の問題を扱っている国連または国連傘下の機関や事務所は少なくても6つある」。また、武器貿易についても、「人権理事会が、誤った定義の新しい人権を勝手に創設する議論をすることにより、混乱させられないように進行されなければならない」として、核軍縮や武器取引など軍縮問題は、政府間交渉や既存の国連の機関に委ねるべきと発言した[18]。

核兵器に関しては、平和への権利国連宣言が採択された2016年12月の時点では、NPT条約や米ロ二国間交渉において、核不拡散や核削減交渉が行われてきた。しかし、このように軍縮交渉や国連機関の活動がすべて政府に委ねられてきたからこそ、米ロだけでもいまだに核弾頭が両国合わせて1万発以上あるのが現状なのではないか。

(2) 国家の自衛権行使との関係

作業部会の第1会期において、アメリカ政府は、「諮問委員会草案の第1条は、国連憲章51条が認め、国家に固有の自衛権として反映されている武力が合法的に行使される時の状況があることを認めていない。」として、諮問委員会草案を批判した。また、オーストラリア政府も、「国連憲章で認められている自衛権の行使や安保理の強制行動との関係が明らかでない」(作業部会第2会期)として平和への権利に対して反対の意見を示した。

自衛権について国連憲章51条は、加盟国に対して武力攻撃が発生した場合に、安保理が必要な措置を取るまでの間に個別的、集団的な自衛権の行使が認められている。これは各国の自衛権が、安保理が措置を取るまでの暫定

的な権利という制限はあるが、国連憲章では合法と認められたことを意味する。しかし、上記のような発言があるということは、平和への権利が認められると、各国家の自衛権までもが何らかの形で制約を受ける可能性があるということである。たとえば、自衛権の行使の態様によっては、狙われた市民の平和のうちに生存する権利が侵害されるから、そのような自衛権の行使は制約を受ける可能性がある。

　自衛権の行使に対する制限の有無の議論は、平和への権利の特徴がよく表れている。これまでは、各国家は、国連憲章で合法性を与えられれば、それ以上の法的な正当性は必要なかった。しかし、人権としての平和への権利が誕生すれば、武力の行使が、国連憲章に違反していないかだけでなく、平和への権利という人権にも違反しないかが、問われることになる。この点も実質的な対立点だった。

（3）　良心的兵役拒否の議論－国家による軍隊の保持との関係

　良心的兵役拒否の権利は、国連の自由権規約委員会において、自由権規約18条の思想・良心・宗教の自由から導かれる、軍事的な兵役を拒否する権利として保障されるとされている。

　しかし、諮問委員会草案の良心的拒否の権利（第5条）の作業部会第1会期の審議において、平和への権利に対する賛成国も含め、ほとんどすべての政府はこの条項に反対した。反対の理由は、良心的兵役拒否の権利が認められると、その国の軍隊を維持することができなくなり、国家の自衛の権利も奪われるからである。反対しなかったのは、会議に参加したすべてのNGOと軍隊不保持の憲法をもつコスタリカ政府だけだった。この点の対立は、政府間の対立というよりは、各国政府とNGOの対立という様相であった。

（4）　集団的権利を認めるか否か

　1984年の人民の平和への権利宣言は、人民（peoples）の平和への権利であり、集団的権利と解されている。この集団的権利の解釈は様々でありここ

では触れないが、1984年宣言は、単なる個人の集団としての人民ではなく、途上国（あるいは軍事的弱小国）が先進国（軍事大国）に対して、侵略等から平和を守る権利と解釈されてきた。平和への権利の賛成国は、西欧諸国が多いから、このような集団的権利を認めること自体に反対してきた。一方、キューバなど賛成国は、人民の権利として主張していた。

（5）　意見の対立とコンセンサス方式による議論

このように各論点における各国政府同士の意見の対立は激しかったが、人権理事会の審議に臨む態度としては、反対国も単に反対するだけでなく、全体の合意作りを目指していた。これは、審議がコンセンサス合意を目指した審議方式（コンセンサス方式）であることも影響している。賛成国、反対国の双方とも作業部会議長がコンセンサス方式で審議を行うことに対しては賛成した。これは、賛成国にとっては反対国を含む規範形成により平和への権利の効果を及ぼさせたいという考慮が働き、反対国にとっても、コンセンサス合意を目指す限り、反対意見を述べることによって、合意を阻止するか、規範を反対国が許容できるものにする、というメリットがあったためである。

アメリカは諮問委員会草案の作成段階では、国際平和に関わる権限は安保理のみが保持しているという理由により、人権理事会で平和への権利を取り上げること自体に反対し、実質的な審議に入ることさえも拒否する態度だった。しかし、審議には参加し、さらに準備周到に会議に臨んでいた。ほぼすべての条文について発言し、よく練られた前述の軍縮の権利の発言のような長い発言をしていた。アメリカの真意は、コンセンサス合意の基準を切り下げていく、という点にあったと思われる。コンセンサス方式は反対国からすれば、一種の拒否権のようなものとも言える[19]。

6　NGOの起草と審議への参加

冷戦後、特に2001年の9・11同時多発テロ以降、アフガン戦争やイラク

などでアメリカの単独行動主義が目立つようになり、国連の役割が疑問視される傾向にあった[20]。そのような状況の下、戦争の犠牲者にもなり得る市民の立場に近いNGOが、国際的な法の支配の強化にもっとも熱心になるのは自然だった。特に人権委員会、人権理事会においては、会議に参加して口頭もしくは文書で意見を表明できる権利があるため、NGOは積極的に審議に参加した。

　スペイン国際人権法協会が中心となって、イラク戦争において「平和への権利があったら、戦争を食い止められたかもしれない」というスローガンの下に、国連による武力行使禁止の規範機能の弱点を指摘して、2006年から平和への権利国際キャンペーンを展開してきた。NGO主催の国際会議を2006年以来何十回と開催し、いくつものNGO草案を生み出し、2010年には最終案として平和への権利に関するサンチアゴ宣言を作成し、人権理事会に提出した。人権理事会の審議がはじまってから、NGOの共同声明の発表や各国政府、諮問委員、作業部会議長との交渉など積極的な関与をしてきた。2010年以降の人権理事会の場に多く参加してきたNGOは、スペイン国際人権法協会の他に、国際民主法律家協会（IADL）、パパジオバンニ23（イタリア）、日弁連、創価学会インターナショナル（日本）、ヤングビルダー、法律研究者などである。

　NGOが果たしてきた役割のいくつかを列挙する。
① NGOが起草段階（2006年～2010年）で果たした役割
・ルアルカ、ビルバオ、バルセロナ、サンチアゴ宣言などの各NGO草案の作成
② 人権理事会の審議（2010年～2016年）で果たした役割
・諮問委員との意見交換
　　スイス・ジュネーヴでの会議（2011年8月7日）
・各国政府との共同の意見交換
　　スイス・モントルーのコー（Caux）での会議（2012年11月26，27日）
・作業部会議長との意見交換

作業部会会期中（2014年7月2日）及び非公式協議
・NGO共同声明の発表
　　作業部会の会期中に発表
・NGOの発言が各国政府に影響
　　日弁連発言を受け、ウルグアイ政府などが反応[21]など

7　国連機関の役割

　1に述べた国際社会の変容を踏まえて国連がその信頼を勝ち取るには、2国間や一部の国の合意ではなく、国際社会の総意といえるほどの普遍的な国際規範の定立が求められる。では、国連が憲章上の設立目的でもある国際平和の達成をする上で、国連機関はどのような役割を果たしてきたのだろうか。

　5で述べたように、平和への権利の審議における国連は、諮問委員会と政府間の作業部会ではその役割が大きく異なっていたので、それぞれについて見ていく。

（1）　諮問委員会の役割

　国連人権理事会のシンクタンクである諮問委員会はユニークな役割を果たしてきた。諮問委員会の職務は、人権理事会の要請に基づいて、調査と研究を行い、人権理事会に助言を与えることであり、個人的資格の専門家18人からなる[22]。

　2010年8月に、諮問委員会内に平和への権利国連宣言の草案起草委員会をつくり[23]、その起草委員会が中心となって草案を作成した。起草作成にあたっては、NGOのサンチアゴ宣言を参考にした[24]。

　2013年からの政府間作業部会の議論を開始するにあたり、争点が明確になるような具体的な条文の提案を専門家の立場から行い、第1回作業部会において、起草委員会が草案の説明をした。審議が活発になるという点では、

先ほども述べた国際政治学のコンストラクティビズムの立場の学者が提唱する国際規範形成過程の規範起業家としての役割も兼ねている[25]。

また、諮問委員会は草案を作成するにあたって、各国政府やNGOからもアンケート調査を行って、可能な限り各国政府やNGOの意見を反映した草案の作成を意識した。これは受身の立場にとどまらない積極的な合意形成に向けた努力の表れであった。さらに、ヨハン・ガルトゥングなど平和学の成果も取り入れ、学問的にも最高水準の草案作成を目指した[26]。

諮問委員会は、意見が対立する点の調整機能も果たした。1984年の人民の平和への権利を踏襲して賛成国が主張する集団的権利と、西欧諸国が主張する個人的権利の両方を、諮問委員会草案では併記した。後の作業部会での議論で、平和への権利の性格は個人的権利ということで賛成国と反対国の意見が一致したが、諮問委員会草案で両権利を併記したことが、その一致を導いた大きな要因になった[27]。また、諮問委員は、NGOとの非公式協議も行い（2011年8月7日ジュネーヴ市にて）、諮問委員とNGOが意見交換できる機会を作った。

このように、諮問委員会は、草案の調査・起草にとどまらない、積極的な役割を果たしたと言える。

（2） 政府間作業部会における議長の役割

政府間作業部会（2013年～2015年）は、人権理事会決議に基づいて設立された。政府間作業部会は、国連の常設機関ではないが、人権理事会の全体会での議論に代わるものとして実質的には機能した。意見の対立する各国政府をいかに国際的な合意に導くか、仮に合意に達しなくても、将来の合意形成に向けた基盤の作成のための場だった。作業部会議長は、作業部会の議論の進行、議長案の提出、会議外での政府間やNGOとの非公式協議など、コンセンサス合意を得られるためのイニシアティブを発揮した。

コンセンサスでの合意は、国連が定立する規範が一部の国の合意ではないという点で国連に正統性を与えるものである。結果的には人権理事会及び国

連総会での投票による多数決採択となったが、平和への権利国連宣言の3年にわたる作業部会の議論において、作業部会議長のイニシアティブによりコンセンサス合意が目指された。ここでは、作業部会議長が、合意を形成するためにイニシアティブをどのように発揮したか、を見ていく。

作業部会議長は、各国政府だけでなく、NGOとの協議の場を設け、作業部会の会期中にもNGOと協議を行った（作業部会第2会期中の2014年7月2日）。NGOとの協議の場では、議長から、見解の説明と、不満を持つNGOに対して「（反対国の立場は変わらないかもしれないが）NGOはNGOの立場として最後まで発言してほしい」などの提案が作業部会議長からなされた。

国連においては、コンセンサス方式は、1980年代の国連海洋法条約を成立するときから多く採用されてきた。国連海洋法を作る際は、全世界で統一した領海や経済水域の基準を設ける必要があった。そのように全加盟国が同意できるようなルールを作る必要がある時から国連ではコンセンサス方式が多く採用されるようになった[28]。その後、特に冷戦終結後は、コンセンサス合意が得られる可能性が高くなったため、国連決議の正統性を確保する上でも効用があり、多く採用されるようになった。

作業部会議長が、議長に選出されて最初にコンセンサス方式で審議をすると宣言した。作業部会議長は、各国間に意見の対立があったことは、諮問委員会草案作成の時から十分認識していたので、国際社会における決定的な分裂を避けるために、作業部会が開かれる度に、前回の議論状況を踏まえて議長としての提案を行った。また、コンセンサス合意を目指して、会期外でも各国政府やNGOと非公式協議を行った。

8　意見の対立した審議の帰趨

当初、反対国は、政府間作業部会を人権理事会内に設けること自体に反対していたが、作業部会の設置は停滞しないで進んでいった。これは、作業部

会設置を求める人権理事会決議は多数決で行われたため、賛成国が多数の場合は、このような会議の設置や進行などの手続きは進んでいくのである。しかし、作業部会議長は、権利宣言の内容においてはコンセンサス合意を目指したので、賛成国に近い案、反対国に近い案、中間的な案などいくつかの議長案を提案することにより、合意形成をしやすくなるよう努力した。また対立の激しい条項は後回しにするなどして決定的な決裂を避けて、一致できる点を優先した。

　2016年7月に最終的に人権理事会で採択された国連宣言草案は、当初の諮問委員会草案の14条の条文が、人権理事会の採択でわずか5条の条文に減縮された。国連総会で採択された平和への権利宣言[29]とほぼ同じ条文だった。（後で述べるように国連総会で採択された宣言は、"security is maintained"が削除された。）

平和への権利国連宣言（2016年12月19日国連総会採択）
　1条：平和を享受する権利、2条：国家による恐怖と欠乏からの自由の保障、3条：国連、ユネスコ、市民社会などによる実施、4条：国連平和大学などによる平和教育の促進、5条：国連憲章等に沿った解釈

　賛成国は、作業部会議長の3回の作業部会を経た最終報告[30]を受け、6で述べた対立する争点、たとえば集団的権利や軍縮の権利、良心的兵役拒否の権利などは避けて、できるだけ抽象的でコンセンサスが可能な条文を人権理事会に提案した。人権理事会内で、賛成国が数の上で多数を握っていたことを考えれば、諮問委員会案に近い詳細な条文を人権理事会に提案して採択することは可能であった。しかし、国連における権利の創設にあたっては、賛成国のみに適用される権利宣言では普遍性が失われるから、将来的に反対国からも同意が得られる可能性を有する少数の抽象的な条文の採択を求めた。これは賛成国側の配慮でもあり、作業部会議長のイニシアティブの成果でもある。ただ、NGOは作業部会の審議中は諮問委員会案に近い案を一貫して

支持してきた。

　審議の対立状況は、南北対立や東西対立の要素が入り込んだ。人権理事会に決議案を提案したのは、キューバを中心とした数カ国やCELULACなど中南米諸国がまとまってすることもあった。中国やロシアは、当初から東側のグループとして賛成に回っていた。あまり積極的に支持するのでもなかったが、反対意見を表明するほどではなかった。

　意見の対立が政府間作業部会の中でどのように収斂していったかを、権利宣言の核心といえる第1条の条文を中心に見てみる。

（1） 作業部会第1会期

　大きく意見が対立した中心的な争点は、平和への権利という新しい権利の創設を認めるか否かであった。その条文をめぐる議論を中心に見てみると、第1回の作業部会では、諮問委員会草案が提案され、それに対して反対国（北米、ヨーロッパ諸国、日本、韓国）は、現在の国際法上そのような権利の創設は認められないとして、"right（権利）"という文言の削除を主張し、諮問委員会草案を審議の前提とすること自体に反対の意見を表明した。

（2） 作業部会第2会期

　そこで作業部会議長は、第2回の作業部会では、議長案を提案した（第1議長案）。第1議長案の特徴は、まず条文の数が諮問委員会草案の14条から、わずか5条に減縮され、しかも平和への権利の根幹部分とも言っていい第1条として、"right to life in which all human rights, peace and development are fully implemented"（すべての人権、平和、開発が十分に実施される中での生命の権利）という案を作業部会に提案した。これはすでに国連自由権規約第6条で認められている「生命の権利」に「人権・平和・開発が十分に実現できる」という修飾語が付いた条文案だった。これは第1回作業部会における反対国の意見を考慮した結果だと思われる。

　しかし、審議の中では、賛成国やNGOの中からは、平和への権利という

新しい権利の創設にふさわしい表現の条文が望ましいという意見が強かった[31]。NGO もこの作業部会第 2 会期中にネットワークを結成し、新しい権利の創設にふさわしい国連宣言にすべきとの共同声明を会議で発表した。

なお、作業部会議長は、第 3 会期までの間に、会期外の非公式協議を各国政府と NGO との間でも持った。

（3） 作業部会第 3 会期

第 3 回作業部会では、前 2 回の作業部会の議論を受けて、作業部会議長は、第 1 条として、「平和を享受する資格がある」（"be entitled to enjoy peace"）という案を提案した。これは、「権利」（"right"）という文言を認めない反対国と、新しい権利の創設にふさわしい表現にすべきという賛成国や NGO の意見の折衷案ともいうべきものだった。しかし、作業部会議長は、意見の対立状況は変わらないと見たのか、作業部会第 3 会期は、宣言案の前文や第 2 条以下の条文の審議を中心にコンセンサスを図りつつ、第 1 条の議論は後回しにした。

（4） 人権理事会への提案

作業部会議長は、3 回の作業部会で退任することを宣言し、最終的に人権理事会に提出した議長案は、第 3 回作業部会の当初に提案した議長案よりも一歩権利性を認めた「平和を享受する権利」（"right to enjoy peace"）という表現の条文を提案した[32]。これは、作業部会第 3 会期において議長が提案した「資格がある」（"be entitled"）という表現から一歩進めたものである。作業部会において東南アジア諸国連合（ASEAN）諸国が主張していた ASEAN 人権宣言の文言を取り入れたものである。結局、最終的に「権利」（"right"）という言葉を採用することには反対国は最後まで反対していたのだが、作業部会議長は最後の段階でコンセンサスを放棄して、5 において述べたように「平和への権利国連宣言案を漸進的に交渉する」という当初の作業部会の任務に忠実に、「権利」（"right"）という文言を採用して、人権理

事会に提出したのである。

　この議長の最終提案を受けて、平和への権利の法典化を進めてきたキューバ政府らは、作業部会議長案を尊重して、「平和を享受する権利」("right to enjoy peace")という表現の条文案を人権理事会に提出して投票により多数決採択された。

（5） 国連総会への提案

　以上のような政府間作業部会及び人権理事会全体会の審議を経て、キューバ政府と提案国が、さらに、作業部会議長案にあった「安全保障が維持される限り」("security is maintained")という文言を削除する修正を加えて、国連総会に提出した。この宣言案は、2016年12月19日の国連総会において採択された。投票結果は、賛成131ヵ国、反対34ヵ国、棄権19ヵ国だった。このように第1条をめぐる意見の対立は収斂していったのである。

おわりに

　冷戦が終わり安保理の機能も回復しつつある中で、国連人権理事会においては、NGOと賛成国政府が、既存の国連や国家体制に対して、平和への権利の国際法典化を提起した。政府レベルでは、平和への権利を国家の安全保障上の権利との関係でどこまで認めるかについては大きく意見が異なっていた。

　しかし、各国政府の意見が大きく対立する中でも、国連人権理事会の諮問委員会と作業部会議長は、NGOともコミュニケーションを取りながらコンセンサス合意を目指していく姿を人権理事会の審議過程の中で見ることができた。既存の国際法の体系の中に平和への権利のような新しい価値を付け加えて行く際に国連が果たすべき役割の一つの例であろう。兵器規制条約など国家の行動を直接的に規制する場合とは違って、特に、人権保障の分野は間接的な制約であるから、コンセンサス方式の審議が受け入れられやすかった

と言える。

　政府間や、政府と NGO の間で意見が対立していたという現実を踏まえれば、コンセンサス採択が困難な中でも、できる限り一致する点を見つけて、ひとまずは国連総会決議の採択という形を作り、それまでの審議の蓄積を踏まえて、その後のコンセンサス合意の可能性をさぐっていく、というのが本論文で示した平和への権利国連宣言の審議がたどってきた道である。

　このような審議の進め方は、今後、国際社会の変容に応じて新しい価値を国際社会に付け加える際に、国連の意思決定の正統性と実効性を確保する方法として、今後の国連活動のあり方としての実例になるのではないだろうか。国連の新しい人権規範の誕生という点では、2018 年に国連総会で採択された農民の権利宣言も長年にわたり国連人権理事会で審議されてきたのでどのような審議過程をたどってきたのか注目に値する。

　平和への権利国連宣言が最終的にコンセンサス合意に至らなかったのは、安全保障上の国家の権利と対立の隔たりが大きかったためである。また、宣言も抽象的な文言に終わり、過去の決議とあまり変わらないという意見も NGO 内にあった。これらはコンセンサス方式の弱点でもある。しかし、約 8 年間の審議の蓄積を踏まえると、宣言の条文が抽象的であることはむしろ将来的にはコンセンサスが得られる可能性を残しているとも言える。国連総会での採択後の 2018 年 6 月に国連欧州本部で開かれた国連宣言実施に関するワークショップにおいて、出席した国連人権高等副弁務官は、1 条とタイトル（平和への権利）について国際社会のコンセンサスが得られるように呼びかけた[33]。

　冒頭で示したように、冷戦終結後の国際社会の変容の中で、国連が国際平和に対して、各国政府とも異なる独自の役割を発揮するためには、このような合意困難なテーマに関しても時間をかけ、仮にコンセンサスに達しなくても、将来コンセンサス合意が達成可能な国際規範を創設して、国際社会をリードしていくという方向性は、今後の国連の一つのあり方を示すものである。

平和への権利国連宣言の今後の実効性に関しては、採択された国連宣言の第3条では、国際機関や各国政府、市民社会等による実施の促進が、第4条で教育分野における実施の促進が明記されている。前記2018年6月の国連ワークショップにおいては、NGOから人権理事会における特別報告者の設置の提案もあった[34]。このように、国連や各国または教育現場で普及していけば、宣言で権利を定めた第1条が将来的には国際的なコンセンサスの方向に進んでいく素地ができるではないだろうか。

〈注〉

1　国連人権理事会諮問委員であった坂元茂樹教授による、以下の論文参照。坂元茂樹「人権理事会諮問委員会の最近の活動－『平和に対する権利宣言案』を中心に」『国際人権』第24号（2013年10月）、118-125頁。同「『平和に対する権利宣言案』の作業が示す諮問委員会の課題」『国際人権』第25号（2014年10月）、84-89頁。

2　国連人権理事会の平和への権利に関する政府間作業部会議長らによりまとめられた以下の著作を参照。Christian Guillermet Fernández, and David Fernández Puyana, *The Right to Peace: Past, Present and Future*, (University for Peace, 2017).

3　山田哲也「国連は普遍的平和を目指せるか」『平和をめぐる14の論点』日本平和学会編、法律文化社、2018年、111頁。

4　コフィ・アナン国連事務総長第58回国連総会での演説（2003年9月23日）国際連合広報センター（http://www.unic.or.jp/news_press/messages_speeches/sg/1091/）（2018年10月16日アクセス）。

5　栗栖薫子「安全保障　多国間フォーラムにおける概念の普及過程」大矢根聡編『コンストラクティビズムの国際関係論』有斐閣、2013年、29-51頁。

6　コンセンサス方式とは、国連憲章上は多数決で国連総会決議を採択することができるが、強い異議が出ない限りは投票をしないで合意を形成するという議決及び審議方式である

7　内田孟男「国連と市民社会－事務総長の役割を中心に」『グローバル・ガバナンスと国連の将来』中央大学出版部、2008年、303-313頁。

8　UN Document, A/55/985-S/2001/574, 7 June 2001.

9　UN Document, A/58/817,11 June 2004.
10　Kofi Annan, Report of the Secretary-General in response to the report of the Panel of Eminent Persons on United Nation-Civil Society Relations, UN Document, A/59/354, 13 September 2004.
11　Martha Finnemore, *National Interests in International Society*, (Ithaca and London: Cornell University Press,1996）.
12　UN Document, A/HRC/17/39, 1 April 2011.
13　諮問委員会草案第2条7項1文「平和とは相容れない構造的な暴力を発生させるような不平等、排斥、および貧困をなくすために、制度を発展および強化しなければならない。」
14　星野俊也「多国間主義とグローバリズムの間で－国連研究の展開と課題」『国連研究の課題と展望』(『国連研究』第10号) 国際書院、2009年、57-60頁。
15　内田孟男「グローバル・ガバナンスにおける国連の役割」『国連：戦後70年の歩み、課題、展望』(『国連研究』第17号) 国際書院、2016年、34頁。
16　UN Document, A/HRC/RES/20/15, 17 July 2012.
17　UN Document, A/HRC/20/31, 16 April 2012.
18　笹本潤「平和への権利：国連人権理事会2013年6月第23会期の報告　資料①」『INTERJURIST』No.177、日本国際法律家協会、2013年8月、12頁。
19　高部優子「作業部会（第2会期）議事の報告」『INTERJURIST』No.182、日本国際法律家協会、2014年11月、7頁。作業部会第2会期において、韓国の李京柱教授「コンセンサスというのは誰のコンセンサスなのだろうか」との発言、国際民主法律家協会（IADL）の「コンセンサスは拒否権を許すということではない」との発言に見られるように、コンセンサス方式についてはNGOからの反対意見が強かった。
20　馬橋憲男、臼井久和「国連の現状と課題」臼井久和、馬橋憲男編『新しい国連－冷戦から21世紀へ』有信堂、2004年、3-4頁。
21　前掲『INTERJURIST』No.182、7頁。
22　諮問委員会の構成と役割については、以下を参照。https://www.ohchr.org/EN/HRBodies/HRC/AdvisoryCommittee/Pages/AboutAC.aspx.
23　UN Document, A/HRC/AC/5/3, 4 October 2010, p10.
24　当時の諮問委員の一人坂元茂樹教授は、諮問委員会は、サンチアゴ宣言を基礎にしてそれを簡素化した宣言案を起草していった、としている。坂元、前掲論文『国際人権』第24号、119頁。

25　大矢根聡「コンストラクティビズムの視角」大矢根聡編、前掲書、20頁。
26　UN Document,A/HRC/17/39, 1 April 2011.
27　2008年以来の人権理事会での国際法典化の促進決議は、1984年の国連総会決議を踏襲して、「人民の平和への権利」という名で採択されてきた。これは集団の権利を意味した。しかし、西欧諸国は、権利の主体は、集団でなく個人であるべきと強固に反対をしてきた。そのため、諮問委員会は、双方の意見を取り入れて、集団の権利と個人の権利を併記することによって対立を緩和する役割を果たした。
28　UN Document,A/C.1/PV.1928, 18 October 1973. ソ連も（para21）アメリカもコンセンサス方式での審議に賛成していた。*Ibid.,*pp.41.
29　UN Document, A/RES/71/189, 2 February 2017.
30　UN Document, A/HRC/29/45, 26 May 2015.
31　武藤達夫「平和への権利に関する宣言国連作業部会第2会期における審議についての一考察」『関東学院大学』第24巻第4号、2015年、66-67頁。
32　*Ibid.,*UN Document, A/HRC/29/45.
33　UN Document, A/HRC/39/31,para67,31 July 2018.
34　*Ibid.,* para27,para43. イタリアのNGOのパパジオバンニ23とスペイン国際人権法協会からは特別報告者の設置が提案された。

4　国連システム諸機関の財政の変容：
加盟国からの財政収入に焦点を当てた分析

坂 根　徹

はじめに

　近年の国連財政（国際連合の財政）については、長く米国に次ぐ第2位であった日本の分担金の支払い比率（分担率）が低下し中国と順位が入れ替わったこと、米国が平和維持活動（PKO）予算の分担率上限の引き下げを主張して国連への現状の財政負担の程度に難色を示し一部不払いを表明したこと[1]、更に、米国だけでなく他の加盟国の中にも分担金の支払いが遅延する国がかなりあり現金不足になったこと[2]など、（確かに過去にも不払い・資金不足などは発生したことがあり、初めてのことではないものの）幾つかの変容や課題などが確認できる。国連財政は、国連が様々な政策を適時適切に立案し遂行していくために不可欠な基盤の一つであり、このような国連財政の収入を巡る変容や課題等は、「変容する国際社会と国連」という本特集テーマを含めて国連研究の見地からも、重要な研究対象といえる。また、国連財政で見られる、財政負担・貢献における中国の台頭や米国の不払いといった財政収入に関する変容や課題は、後述のように例えば国連教育科学文化機関（UNESCO）（米国は最終的に不払いにとどまらず脱退[3]）など他の国連システム諸機関の財政でも例がある[4]。

　このように、加盟国間の経済力の変化や米国の一部国際機関への財政面を含む非協力・批判的姿勢などの国際社会の変容がある中で、国連本体と他の国連システム諸機関において、加盟国からの財政収入についてのどのような

変容や課題がみられるのだろうか。これについて、変容だけでなく逆に継続性にも留意し、また、日本の財政負担・貢献の比率の変化にも着目しつつ実証的に明らかにし、併せて、変容のもたらす課題やそれへのありうる対応策についても考察し示唆を得ることを、本稿の主な目的とする。

　以上を踏まえて、本稿では、国連本体と他の国連システム諸機関に関して、特に財政規模の大きい分野や機関を含めて、加盟国からの財政収入の推移について、各機関の財政や予算への貢献度の高い上位5カ国（及び一部は機関）を一定期間にわたり把握していく。具体的には、外務省が発行する国際機関への主要拠出・分担国の各年版データを主に参照し、本稿の執筆時点で概ねそのまとまったデータが収集できる2016年までの10年間（一部機関はそれよりも短い）を取り上げ、掲載されている各機関の分担金・任意拠出金・出資金などの各財政区分について、毎年上位5カ国の財政貢献国（及び一部は機関）がどのように推移しているのかを、順位と財政貢献の比率の両面から把握する。これにより、多くの機関の各財政区分における国別財政収入データを比較的容易に収集することができ、比率を機関間で比較することにより、予算規模や通貨単位などに相違がある国連システム諸機関の財政データの横断的な比較分析が可能となる。他方で、後掲の表1と表3の注に記載した情報源は、国連システムの全ての機関を網羅したものではなく、また、機関ごとに任意拠出金か分担金か出資金かのいずれか一つの掲載となっている[5]。更に後述のように、このデータは基本的に加盟国からの収入についての国別比較が中心のため、加盟国以外からの収入は、欧州連合（EU）や他の国連システム諸機関からなど一部の例外を除き基本的に除外されている。このような制約はあるものの、本稿の研究課題について概要や大まかな傾向を把握することはできる。

　さて、国連研究や国際機構論などの関連研究における財政分析では、国連本体の財政が重点的に取り上げ分析される傾向がある[6]。ただ、国連本体にとどまらず他の複数の具体的な国連システム諸機関も取り上げて財政面の分析を実施しているものもある。例えば、本学会誌のバックナンバー『国連研

究』第3号には、国連本体に加えて、付属機関・諸計画及び専門機関等の財政動向と、国連難民高等弁務官事務所（UNHCR）、国連児童基金（UNICEF）及び国際労働機関（ILO）、世界保健機関（WHO）の財政動向を資金区分や1990年代の経年変化を含めて分析している論文が掲載されている[7]。もっとも、国連システム諸機関の加盟国からの財政収入に焦点を当て、各機関について主要な財政貢献国の経年変化及びその比率についてデータに基づき実証的に比較研究したものは上述のような既存研究にも見当たらない[8]ため、このような手法は、国連研究の特に国連行財政研究の見地から別途の意義があるものと考えられる。

本稿では以上を踏まえて、国連システムの財政収入構造を把握した後、国連システム諸機関の加盟国からの財政収入について、上位5カ国の構成の推移及び比率がどのように変容しているのかを、先ず、国連本体の通常予算とPKO予算の2つを確認し、次いで、分析対象とした期間内に既に中国が主要な財政貢献国の一つとなった国連システムの幾つかの機関の予算を、今回用いたデータに即して分析する。その後、国連システム全体として財政的に大きな比重がある人道と開発の両分野について、各々複数の主な機関を取り上げ分析する。そして、以上の分析結果のまとめとして、国連システム諸機関への加盟国からの財政収入について、どのような変容と継続が明らかになったかを示す。最後に、国連システム諸機関への加盟国からの財政収入についての課題及びありうる対応策等を提示する。

1　国連システムの財政収入構造と国連本体の財政

ここでは先ず、国連システムの財政収入構造についての概要を把握する。国連本体に限らず国連システム諸機関・国連システム全体の財政収入、という本稿の視点との関係で注目すべきデータが、2018-2019年の国連通常予算案に関する事務総長報告に盛り込まれている。その導入部分には、国連通常予算が、国連事務局だけでなく国連システム全体の資金の流れの一環である

図 1　国連システムの財政収入構造

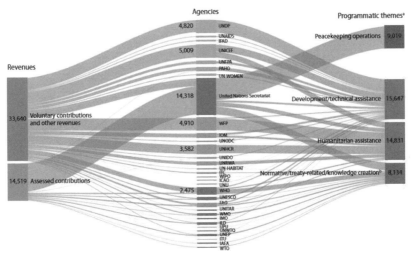

出典：United Nations, *Programme Budget for the Biennium 2018-2019 Foreword and Introduction*, UN Document, A/72/6 (Introduction), 2018, p. 5, Figure Ⅰ.

とした上で、国連システム諸機関の財政収入を、分担金・任意拠出金の収入区分や収入機関及び支出区分の分野ごとに整理した上掲のような図が掲載されている。

　これを見ると、確かに国連本体にある国連事務局は、財政収入ベースでは143億米ドル（以下では単にドルと略記）程度を有する最大の機関であるが、50億ドル程のUNICEF・世界食糧計画（WFP）・国連開発計画（UNDP）、35億ドル強のUNHCR、25億ドル弱のWHOをはじめ、様々な国連諸機関も財政収入や財政規模の面で重要であることが分かる。同図では、任意拠出金等が336.4億ドル、分担金が145.2億ドルとあり、あわせて国連事務局も含めて481.6億ドル程度の財政収入が示されているため、国連システムの他の諸機関の合計では、同図にある金額だけでも国連本体の予算規模の倍以上の財政収入があることになる。また、そこには世界銀行グループと国際通貨基金（IMF）のデータが入っていないため、国連システム全体としての財政収入の規模は更に大きいということになる。そして国連本体の収入は、その

多くが PKO に費やされているが、国連システム全体としては、開発・技術支援と人道支援の活動に最も多くの資金が費やされていることも分かる[9]。以上も踏まえて本稿では、国連本体にとどまらない国連システム諸機関の財政収入、という見地から、PKO を含む国連本体だけでなく、人道支援や開発・技術支援などの主要分野及びそれらの分野を担う主要機関の財政収入に関してもあわせて分析を行っていく[10]。

では次に、国連本体の財政について、通常予算分担金と PKO 予算分担金の順に、国連財政収入の国別比率の推移を確認する。

先ず、表 1 の国連通常予算分担金の上位 5 カ国の国別比率は、米国が支払い上限比率の 22％と一定であるのに対して、日欧は減少傾向がみられ、逆に中国は 2016-2018 年に 3 位となり、2019 年には日本を抜き 2 位となり現在に至る。

表 1　国際連合（UN）の通常予算分担金の国別（上位 5 カ国）分担率（％）の推移

順位	2007 – 2009 年		2010 – 2012 年		2013 – 2015 年		2016 – 2018 年		2019 – 2021 年	
	国名	％	国名	％	国名	％	国名	％	国名	％
1	米国	22.000	米国	22.0	米国	22.0	米国	22.000	米国	22.000
2	日本	16.624	日本	12.5	日本	10.8	日本	9.680	中国	12.005
3	ドイツ	8.577	ドイツ	8.0	ドイツ	7.1	中国	7.921	日本	8.564
4	英国	6.642	英国	6.6	フランス	5.6	ドイツ	6.389	ドイツ	6.090
5	フランス	6.301	フランス	6.1	英国	5.2	フランス	4.859	英国	4.567
合計		60.144		55.2		50.7		50.849		53.226

出典：外務省情報を基に作成[11]

次に、国連 PKO 予算分担金の国別比率の推移は、表 2 の通りであり、通常予算に比べると、常任理事国 5 カ国の負担が通常予算以上に重くなっており、逆に、低開発国になるほど割引がなされている。その関係で、常任理事国の中国は通常予算分担金の場合よりも数年早く、2016 年から 2 位となり現在に至る。

表 2 国際連合（UN）の PKO 予算分担金の国別（上位 5 カ国）分担率（％）の推移

順位	2007 年		2008–2009 年		2010 年		2011–2012 年		2013 年	
	国名	%	国名	%	国名	%	国名	%	国名	%
1	米国	26.086	米国	25.962	米国	27.174	米国	27.142	米国	28.384
2	日本	16.624	日本	16.624	日本	12.530	日本	12.530	日本	10.833
3	ドイツ	8.577	ドイツ	8.577	英国	8.157	英国	8.147	フランス	7.216
4	英国	7.876	英国	7.838	ドイツ	8.018	ドイツ	8.018	ドイツ	7.141
5	フランス	7.471	フランス	7.436	フランス	7.563	フランス	7.554	英国	6.682
合計		66.635		66.438		63.443		63.391		60.255

順位	2014–2015 年		2016 年		2017 年		2018 年		2019 年	
	国名	%	国名	%	国名	%	国名	%	国名	%
1	米国	28.363	米国	28.574	米国	28.469	米国	28.434	米国	27.891
2	日本	10.833	中国	10.288	中国	10.250	中国	10.238	中国	15.220
3	フランス	7.211	日本	9.680	日本	9.680	日本	9.680	日本	8.564
4	ドイツ	7.141	ドイツ	6.389	ドイツ	6.389	ドイツ	6.389	ドイツ	6.090
5	英国	6.677	フランス	6.311	フランス	6.288	フランス	6.280	英国	5.790
合計		60.224		61.242		61.076		61.021		63.555

出典：国連文書及び一部外務省の情報を基に作成[12]

以上、表1と表2の通り、また、はじめに、でも述べたように、国連本体の両分担金の分担率の推移からは、中国の比率増大と日本の比率減少がやはり注目される[13]。では他の機関ではどうであろうか。

2 中国が主要な財政貢献国の一つとなった国連システムの機関

上記のように国連本体では、中国は2016年から上位5カ国以内に入り主要な財政貢献国となったが、他の国連システム諸機関の中には、より早期に中国が上位5カ国以内の主要な財政貢献国の一つとなった機関が複数存在する。

先ず、表3の国際復興開発銀行（IBRD）では、出資比率の見直しにより、2012会計年から中国は米日に次ぐ3位となっている。

表3 国際復興開発銀行（IBRD）の国別（上位5カ国）の累積出資比率（％）の推移

順位	2007〜2010年		2011年		2012〜2016年	
	国名	％	国名	％	国名	％
1	米国	16.8	米国	16.7	米国	16.7
2	日本	8.1	日本	7.2	日本	7.2
3	ドイツ	4.6	ドイツ	4.2	中国	4.6
4	英国	4.4	フランス	3.9	ドイツ	4.2
5	フランス（4位）	4.4	英国（4位）	3.9	フランス／英国	3.9
	合計	38.3		35.9		36.6

出典：外務省の情報を基に作成[14]

また、表4の国連工業開発機関（UNIDO）でも中国は2013年から5位になり2015年から3位となった。UNIDOは、米国や他の複数の先進国が1990年代や2010年代に脱退したため、相対的に中国の比率が増大したという背景もある[15]。またそのような要因もあり、日本は国連本体の両予算よりも多い2割前後を負担する1位となっている。

表4 国連工業開発機関（UNIDO）の国別（上位5カ国）拠出率（％）の推移

順位	2007年		2008年		2009年		2010年		2011年	
	国名	％	国名	％	国名	％	国名	％	国名	％
1	日本	22.00	日本	22.00	日本	22.00	日本	22.00	日本	22.0
2	ドイツ	12.61	ドイツ	11.92	ドイツ	11.92	ドイツ	11.92	ドイツ	11.9
3	英国	8.92	英国	9.23	英国	9.23	英国	9.23	英国	9.2
4	フランス	8.78	フランス	8.76	フランス	8.76	フランス	8.76	フランス	8.8
5	イタリア	7.11	イタリア	7.06	イタリア	7.06	イタリア	7.06	イタリア	7.1
	合計	59.42		58.97		58.97		58.97		59.0

順位	2012年		2013年		2014年		2015年		2016年	
	国名	％	国名	％	国名	％	国名	％	国名	％
1	日本	19.1	日本	19.1	日本	17.7	日本	17.7	日本	18.1
2	ドイツ	12.2	ドイツ	12.2	ドイツ	11.7	ドイツ	11.7	ドイツ	12.0
3	英国	10.4	フランス	9.3	フランス	9.9	中国	8.4	中国	8.6
4	フランス	9.3	イタリア	7.6	イタリア	7.3	イタリア	7.3	イタリア	7.4
5	イタリア	7.6	中国	4.9	中国	8.4	スペイン	4.9	スペイン	5.0
	合計	58.6		53.1		55.0		50.0		51.1

出典：外務省の情報（表3と同じ）を基に作成[16]

また、国連本体と同じく 2016 年から中国が主要な財政貢献国となった機関も複数存在する。表 5 の UNESCO では、中国は 2016 年に米日に次ぐ 3 位となった。なおこの表では、米国は 22％と記載されているが、実際には 2011 年以降未払いであったため、日中を含め 2 位以下の各国の実質的な負担の順位や比率はより高くなっている。

表 5　国連教育科学文化機関（UNESCO）の国別（上位 5 カ国）分担率（％）の推移

順位	2007 年		2008〜2009 年		2010〜2012 年		2013〜2015 年		2016 年	
	国名	％	国名	％	国名	％	国名	％	国名	％
1	米国	22.0	米国	22.0	米国	22.0	米国	22.0	米国	22.0
2	日本	16.7	日本	16.6	日本	12.5	日本	10.8	日本	9.7
3	ドイツ	8.6	ドイツ	8.6	ドイツ	8.0	ドイツ	7.1	中国	7.9
4	英国	6.7	英国	6.6	英国	6.6	フランス	5.6	ドイツ	6.4
5	フランス	6.3	フランス	6.3	フランス	6.1	英国	5.2	フランス	4.9
合計		60.3		60.1		55.2		50.7		50.9

出典：外務省の情報（表 3 と同じ）を基に作成

また、表 6 の IMF でも同じく 2016 年から出資比率の見直しにより、中国は米日に次ぐ 3 位となった。同じブレトンウッズ機関でも IBRD と異なり IMF では 2 位の日本と中国の比率の差は、0.1％だけになったことも注目される。

表 6　国際通貨基金（IMF）の国別（上位 5 カ国）の累積出資比率（％）の推移

順位	2007〜2010 年		2011〜2015 年		2016 年	
	国名	％	国名	％	国名	％
1	米国	17.1	米国	17.7	米国	17.5
2	日本	6.1	日本	6.6	日本	6.5
3	ドイツ	6.0	ドイツ	6.1	中国	6.4
4	フランス	4.9	フランス	4.5	ドイツ	5.6
5	英国（4 位）	4.9	英国（4 位）	4.5	フランス／英国	4.2
合計		39.0		39.4		40.2

出典：外務省の情報（表 3 と同じ）を基に作成

このように、国連本体だけではなく、複数の国連システム諸機関で、2016年までに既に中国が上位5位以内の主要な財政貢献国となったことが分かった[17]。今後もそのような機関が増えていくことは予想されるものの、少なくとも2016年まででは、本稿で参照した情報源からは、中国が上位5位以内に入る機関はそう多くはないことも同時に確認できた。実際、以下でみていく人道や開発等の分野の主な国連システム諸機関では、中国は2016年までは上位5位以内に入っていない。

3 国連システムの人道支援機関

国連システム諸機関の中で、主要な人道支援機関は財政規模の面でも極めて重要である。この点は、先に取り上げた国連通常予算案事務総長報告の中の国連システムの財政収入の概要についての図1をみても明らかである。そのような主要な人道支援機関（WFP・UNHCR・UNRWA・UNICEF）の任意拠出金の財政貢献上位5ヵ国についての表7〜表10を見ると、伝統的な米欧日をはじめとする先進諸国が依然として財政面で支えていることが分かる。そして上位5ヵ国の合計の比率は、前の2節や次の4節の表に掲載の諸機関に比べて高い傾向も特徴といえる。

先ず米国は、WFPには3〜4割台、UNHCRには3割台と、国連本体への分担率と比べても手厚い財政拠出による支援を実施しており、UNRWAには2〜3割台、UNICEFには1〜2割台の支援を実施しているが、米国のこれら主要な人道支援機関へのこれまでの継続的な財政支援自体は評価されてよいものである。逆に、米国の財政貢献比率の高さは、例えば最近のUNRWAへの財政支援の凍結表明など米国の財政拠出を巡る方針転換や揺さぶりが大きな財政・政治的な影響をもたらすことに繋がっているともいえる。

次にヨーロッパについては、欧州主要国以外に北欧諸国やオランダなども確認できること、また、個別の加盟国以外にEU（EC：欧州委員会）としても5位以内に入っていることが注目される。

また、中東での活動ということも反映してUNRWAの2013年から2016年と2011年（及びWFPの2008年）にはサウジアラビアが上位5位以内に入っていることも注目される。

なお、日本もUNHCRやWFPなど、全期間又は多くの期間、上位5位以内に入っている機関もあるが、米欧等に比べるとやや少ない傾向がある。

表7　国連世界食糧計画（WFP）の国別（上位5カ国）拠出率（％）の推移

	2007年		2008年		2009年		2010年		2011年	
順位	国名	％	国名	％	国名	％	国名	％	国名	％
1	米国	43.6	米国	40.98	米国	43.73	米国	41.09	米国	34.0
2	EC	9.2	サウジアラビア	9.99	EC	8.55	EC	7.58	カナダ	8.1
3	カナダ	6.0	EC	7.05	カナダ	5.60	カナダ	7.47	日本	7.7
4	日本	4.4	カナダ	5.46	スペイン	5.32	日本	5.61	EC	7.1
5	オランダ	2.8	日本	3.53	日本	5.04	英国	4.11	ドイツ	5.3
合計		66.0		67.01		68.24		65.86		62.2

	2012年		2013年		2014年		2015年		2016年	
順位	国名	％	国名	％	国名	％	国名	％	国名	％
1	米国	36.9	米国	34.4	米国	43.2	米国	39.9	米国	35.1
2	EC	9.8	英国	10.6	英国	7.9	英国	9.0	EC	15.1
3	カナダ	9.3	カナダ	8.6	EC	7.2	ドイツ	6.5	ドイツ	14.9
4	英国	5.1	EC	7.9	カナダ	6.7	カナダ	5.2	英国	6.0
5	日本	4.8	日本	5.6	ドイツ	5.8	EC	5.0	カナダ	3.6
合計		65.9		67.1		70.8		65.6		74.7

表8　国連難民高等弁務官事務所（UNHCR）の国別（上位5カ国）拠出率（％）の推移

	2007年		2008年		2009年		2010年		2011年	
順位	国名	％	国名	％	国名	％	国名	％	国名	％
1	米国	31.4	米国	34.5	米国	37.3	米国	37.4	米国	33.4
2	日本	7.7	EC	8.8	EC	7.4	日本	7.5	日本	10.8
3	スウェーデン	7.3	日本	7.5	日本	6.4	EC	6.2	EC	6.4
4	EC	7.3	スウェーデン	7.1	スウェーデン	6.3	スウェーデン	5.9	英国	5.8

4 国連システム諸機関の財政の変容 117

5	オランダ	6.4	オランダ	5.8	オランダ	4.7	ノルウェー	4.3	スウェーデン	5.7
合計		60.1		63.7		62.1		61.3		62.1

	2012年		2013年		2014年		2015年		2016年	
順位	国名	%	国名	%	国名	%	国名	%	国名	%
1	米国	35.1	米国	38.3	米国	38.3	米国	40.2	米国	39.9
2	日本	8.2	日本	9.3	EU	8.1	英国	7.8	EU	9.5
3	EC	7.3	EC	6.9	英国	6.0	EU	5.7	ドイツ	9.5
4	スウェーデン	5.2	英国	5.7	日本	5.4	日本	5.1	英国	5.8
5	オランダ	4.6	スウェーデン	4.1	ドイツ	4.1	ドイツ	4.2	日本	4.3
合計		60.4		64.3		61.9		63.0		69.0

表9 国連パレスチナ難民救済事業機関（UNRWA）の国別（上位5カ国）拠出率（%）の推移

	2007年		2008年		2009年		2010年		2011年	
順位	国名	%	国名	%	国名	%	国名	%	国名	%
1	米国	23.9	EC	23.8	米国	26.5	米国	29.5	米国	24.2
2	EC	20.7	米国	23.4	EC	22.5	EC	19.7	EC	19.4
3	スウェーデン	6.9	スウェーデン	6.5	英国	4.9	スウェーデン	5.6	サウジアラビア	7.8
4	ノルウェー	5.6	英国	4.7	スウェーデン	4.8	英国	5.4	英国	7.7
5	英国	4.8	ノルウェー	4.4	ノルウェー	3.9	ノルウェー	4.8	スウェーデン	5.7
合計		61.9		62.8		62.6		65.0		64.8

	2012年		2013年		2014年		2015年		2016年	
順位	国名	%	国名	%	国名	%	国名	%	国名	%
1	米国	26.2	米国	24.1	米国	31.79	米国	30.5	米国	30.5
2	EC	22.9	EC	17.8	EU	10.84	EU	10.9	EU	12.8
3	英国	7.8	サウジアラビア	12.4	サウジアラビア	8.05	英国	7.9	サウジアラビア	12.2
4	スウェーデン	6.1	英国	7.7	英国	7.41	サウジアラビア	7.7	ドイツ	6.1

| 5 | ノルウェー | 3.5 | スウェーデン | 4.5 | ドイツ | 4.23 | ドイツ | 7.4 | 英国 | 6.1 |
| 合計 | | 66.5 | | 66.5 | | 62.32 | | 64.4 | | 67.7 |

表 10　国連児童基金（UNICEF）の国別（上位 5 カ国）拠出率（％）の推移

順位	2007 年		2008 年		2009 年		2010 年		2011 年	
	国名	％	国名	％	国名	％	国名	％	国名	％
1	米国	23.4	米国	20.8	米国	16.6	米国	22.0	米国	16.9
2	スウェーデン	12.5	ノルウェー	11.9	ノルウェー	11.0	英国	13.3	英国	14.2
3	ノルウェー	11.1	スウェーデン	11.7	オランダ	10.6	ノルウェー	10.6	ノルウェー	11.1
4	英国	7.9	オランダ	8.7	英国	10.1	日本	9.0	EC	10.6
5	オランダ	7.1	英国	6.2	スウェーデン	9.5	オランダ	8.2	日本	9.4
合計		62.0		59.3		57.8		63.1		62.2

順位	2012 年		2013 年		2014 年		2015 年		2016 年	
	国名	％	国名	％	国名	％	国名	％	国名	％
1	英国	14.7	英国	18.5	米国	21.1	米国	28.7	米国	21.1
2	米国	14.7	EC	14.4	英国	15.4	英国	16.9	英国	12.8
3	ノルウェー	10.3	米国	10.9	EC	11.2	EC	9.4	EC	9.4
4	EC	10.0	日本	8.8	ノルウェー	6.2	ドイツ	7.3	ドイツ	7.3
5	日本	8.7	ノルウェー	8.1	ドイツ	6.1	スウェーデン	5.7	スウェーデン	7.3
合計		58.4		60.7		60.0		68.0		57.9

出典：以上の表 7 〜 10 は外務省の情報（表 3 と同じ）を基に作成

4　国連システムの開発・技術支援機関

　国連システム全体としては、2 節でみた国連 PKO のような安全保障分野や、3 節でみた人道援助分野だけでなく、開発・技術支援分野も、財政規模の面からも主要な分野といえる[18]。このような開発・技術支援機関[19]の財政収

入は、以下の通り機関ごとに程度の相違はあるものの、依然として先進国が上位にあり資金面を支えていることが分かる。ただ、3節の主要人道支援機関に比べると、上位5カ国の合計比率は、個別機関によっても異なるが、やや低い傾向も確認できる。

　先ず表11のUNDPは、北欧諸国や欧州主要国及び米日という先進国が上位で支えていることが分かる。もっとも、上位5カ国の比率は、過半から3割を切るようになってきており、全体としては財政貢献国の多様化が進んでいる。また、2015-2016年には、日本が1位になったことや、自国でのプロジェクトに関するコストシェアリングの多いアルゼンチンが上位5位以内に入っていることも注目される[20]。

表11　国連開発計画（UNDP）の国別（上位5カ国）拠出率（％）の推移

順位	2007年		2008年		2009年		2010年		2011年	
	国名	%	国名	%	国名	%	国名	%	国名	%
1	ノルウェー	11.8	ノルウェー	12.5	ノルウェー	12.1	オランダ	12.5	ノルウェー	13.6
2	オランダ	11.2	オランダ	10.6	オランダ	12.1	ノルウェー	12.1	スウェーデン	10.7
3	スウェーデン	10.7	スウェーデン	10.0	米国	10.1	米国	10.2	オランダ	9.7
4	英国	9.8	米国	8.9	英国	9.2	スウェーデン	9.0	英国	9.0
5	米国	9.6	英国	8.8	スウェーデン	9.0	英国	8.8	米国	8.6
合計		53.1		50.8		52.5		52.6		51.6

順位	2012年		2013年		2014年		2015年		2016年	
	国名	%	国名	%	国名	%	国名	%	国名	%
1	ノルウェー	16.3	ノルウェー	14.9	ノルウェー	14.2	日本	7.9	日本	7.9
2	スウェーデン	12.2	カナダ	10.4	英国	11.4	米国	5.9	米国	6.4
3	英国	10.3	英国	9.5	米国	10.2	英国	5.8	ドイツ	5.3
4	日本	9.5	スウェーデン	9.4	スウェーデン	9.2	アルゼンチン	5.5	英国	4.8

| 5 | 米国 | 9.3 | 日本 | 9.0 | 日本 | 8.6 | ノルウェー | 3.7 | アルゼンチン | 3.1 |
| 合計 | | 57.6 | | 53.2 | | 53.6 | | 28.8 | | 27.5 |

出典：外務省の情報（表3と同じ）を基に作成

次に表12の国際開発協会（IDA）は、米日及び欧州主要国が上位5カ国を独占しており、同じ世界銀行グループでも中国が3位になっているIBRDとは異なる。

表12　国際開発協会（IDA）の国別（上位5カ国）の累積出資比率（%）の推移

順位	2007年		2008～2010年		2011～2013年		2014年		2015年		2016年	
	国名	%	国名	%	国名	%	国名	%	国名	%	国名	%
1	米国	13.8	英国	14.1	米国	12.1	英国	13.00	米国	20.5	米国	20.5
2	英国	13.2	米国	12.2	英国	12.0	米国	11.13	日本	18.0	日本	17.7
3	日本	12.2	日本	10.0	日本	10.9	日本	10.01	英国	11.6	英国	11.5
4	ドイツ	8.2	ドイツ	7.1	ドイツ	6.5	ドイツ	6.05	ドイツ	10.4	ドイツ	10.4
5	フランス	7.1	フランス	6.5	フランス	5.0	フランス	4.91	フランス	7.0	フランス	7.0
合計		54.5		49.9		46.5		45.10		67.5		67.1

出典：外務省の情報（表3と同じ）を基に作成

そして表13の農業開発の国際農業開発基金（IFAD）は、米国と欧州諸国などが上位を占めており、逆に日本の比率は高くない。もっとも上位5カ国の合計比率は、3割強であり他の多くの国連システム諸機関と比べても低いことが分かる。

表13 国際農業開発基金（IFAD）の国別（上位5カ国）拠出率（%）の推移

順位	第8次増資 2010-2012年		第9次増資 2013-2015年		第10次増資 2016-2018年	
	国名	%	国名	%	国名	%
1	米国	8.9	米国	8.4	英国	7.1
2	イタリア	8.0	イタリア	7.7	米国	6.7
3	オランダ	7.5	英国	7.7	ドイツ	6.5
4	カナダ	7.3	カナダ	7.1	イタリア	6.3
5	ドイツ	6.8	日本／オランダ	7.0	オランダ	5.6
合計		38.5		37.9		32.2

出典：外務省の情報（表1と同じ）を基に作成[21]

表14の国連食糧農業機関（FAO）は、22％の負担上限の米国をはじめ、日本や欧州主要国が主な担い手となっている。ただ、国連本体と同じような分担金の構造となっているため、今後は中国もより多くの分担率を担うようになるものとみられる。

表14 国連食糧農業機関（FAO）の国別（上位5カ国）分担率（%）の推移

	2007年		2008～2011年		2012～2013年		2014～2015年		2016年	
順位	国名	%	国名	%	国名	%	国名	%	国名	%
1	米国	22.0	米国	22.0	米国	22.0	米国	22.0	米国	22.0
2	日本	19.9	日本	16.7	日本	12.6	日本	10.8	日本	10.8
3	ドイツ	8.8	ドイツ	8.6	ドイツ	8.1	ドイツ	7.1	ドイツ	7.2
4	英国	6.3	英国	6.7	英国	6.6	フランス	5.6	フランス	5.6
5	フランス	6.2	フランス	6.3	フランス	6.2	英国	5.2	英国	5.2
合計		63.2		60.3		55.5		50.7		50.8

出典：外務省の情報（表3と同じ）を基に作成

そして、表15の人口・保健関係の国連人口基金（UNFPA）では、上位で支えてきたのは主に北欧諸国などであり、米国は5位以内に入らない年もあり、日本はほとんど上位5位以内に入っていないことが注目される。

表15 国連人口基金(UNFPA)の国別(上位5カ国)拠出率(%)の推移

順位	2007年		2008年		2009年		2010年		2011年	
	国名	%	国名	%	国名	%	国名	%	国名	%
1	オランダ	19.1	オランダ	17.7	オランダ	17.2	オランダ	14.98	スウェーデン	15.4
2	スウェーデン	14.5	スウェーデン	14.2	スウェーデン	12.6	スウェーデン	12.33	オランダ	13.3
3	ノルウェー	14.0	デンマーク	11.2	ノルウェー	10.2	ノルウェー	11.02	ノルウェー	12.4
4	英国	9.6	ノルウェー	11.1	米国	9.8	米国	10.46	フィンランド	9.0
5	日本	7.9	英国	7.2	デンマーク	8.4	デンマーク	7.56	デンマーク	8.3
合計		65.1		61.4		58.2		56.35		58.4

順位	2012年		2013年		2014年		2015年		2016年	
	国名	%	国名	%	国名	%	国名	%	国名	%
1	スウェーデン	15.2	ノルウェー	15.3	スウェーデン	14.7	英国	20.4	英国	16.7
2	ノルウェー	13.6	スウェーデン	14.3	ノルウェー	14.5	スウェーデン	9.1	スウェーデン	9.1
3	オランダ	11.2	オランダ	11.4	フィンランド	12.7	米国	7.7	米国	7.5
4	デンマーク	10.1	フィンランド	10.2	オランダ	10.1	カナダ	7.1	カナダ	6.4
5	フィンランド	8.2	デンマーク	8.8	デンマーク	8.8	ノルウェー	6.1	ノルウェー	6.3
合計		58.3		60.0		60.8		50.4		46.0

出典:外務省の情報(表3と同じ)を基に作成

　これに対して同じ保健分野でも表16の国連合同エイズ計画(UNAIDS)は、米国の貢献の大きさがUNFPAとの顕著な差異といえる。他方で、北欧諸国の貢献が大きいことや日本の比率が小さいことはUNFPAと共通している。

表16 国連合同エイズ計画（UNAIDS）の国別（上位5カ国）拠出率（%）の推移

順位	2009年		2010年		2011年		2012年	
	国名	%	国名	%	国名	%	国名	%
1	オランダ	20.3	米国	20.0	米国	18.8	米国	21.1
2	米国	19.2	オランダ	17.4	スウェーデン	18.3	スウェーデン	19.2
3	スウェーデン	14.7	スウェーデン	16.9	オランダ	14.3	ノルウェー	13.8
4	ノルウェー	10.4	ノルウェー	12.0	ノルウェー	12.2	オランダ	11.6
5	英国	7.3	英国	6.9	英国	6.7	英国	7.3
合計		71.9		73.2		70.3		73.0

順位	2013年		2014年		2015年		2016年	
	国名	%	国名	%	国名	%	国名	%
1	米国	18.5	米国	19.7	米国	22.9	米国	24.9
2	スウェーデン	16.8	スウェーデン	15.2	スウェーデン	12.7	スウェーデン	17.5
3	ノルウェー	13.3	ノルウェー	12.9	オランダ	11.5	オランダ	12.4
4	オランダ	11.3	オランダ	11.9	英国	11.3	英国	10.4
5	英国	10.2	英国	10.7	ノルウェー	11.2	ノルウェー	9.4
合計		70.1		70.4		69.6		74.6

出典：外務省の情報（表1と同じ）を基に作成（但し2015年のデータは、金額のデータの計算が合う2016年版の102頁から引用）

　また、表17の世界保健機関（WHO）は、今回本稿が参照した情報源に掲載があった分担金をみると、国連の通常予算分担金や表14のFAOの分担金と同じように、22%の負担上限の米国をはじめ日本や欧州主要国が主な担い手となっている[22]。

表17 世界保健機関（WHO）の国別（上位5カ国）分担率（％）の推移

順位	2007年		2008～2010年		2011～2013年		2014～2016年	
	国名	%	国名	%	国名	%	国名	%
1	米国	22.0	米国	22.0	米国	22.0	米国	22.0
2	日本	19.5	日本	16.6	日本	12.5	日本	10.8
3	ドイツ	8.7	ドイツ	8.6	ドイツ	8.0	ドイツ	7.1
4	英国	6.1	英国	6.6	英国	6.6	フランス	5.6
5	フランス	6.0	フランス	6.3	フランス	6.1	英国	5.2
合計		62.3		60.1		55.2		50.7

出典：外務省の情報（表3と同じ）を基に作成[23]

最後に、1節で説明した国連通常予算案の事務総長報告にある国連システム全体の財政収入の図の中では開発・技術支援の分野に分類されている国連女性機関（UN Women）と国連薬物・犯罪事務所（UNODC）は、表18と表19の通りである。先ず、表18のUN Womenでは、北欧などの欧州や日本・オーストラリアなどが主要な拠出国であり、米国は5位までに入っていない。次に、表19のUNODCでは、EU・米国などに加えて、コロンビア・パナマ・カタールなどが上位5位以内に入っているのが特徴的である。

表18 ジェンダー平等と女性のエンパワーメントのための国連機関＝国連女性機関（UN Women）の国別（上位5カ国）拠出率（％）の推移

順位	2011年		2012年		2013年	
	国名	%	国名	%	国名	%
1	スペイン	14.7	ノルウェー	9.2	スウェーデン	14.7
2	ノルウェー	14.6	スウェーデン	7.2	ノルウェー	11.7
3	英国	9.2	英国	6.9	フィンランド	9.3
4	スウェーデン	8.9	オーストラリア	6.6	英国	8.3
5	カナダ	7.8	オランダ	5.2	オーストラリア	8.0
合計		55.2		35.1		52.0

順位	2014年		2015年		2016年	
	国名	%	国名	%	国名	%
1	スウェーデン	12.3	スウェーデン	12.7	スウェーデン	14.7
2	フィンランド	11.7	スイス	10.2	日本	11.4

3	ノルウェー	10.0	ノルウェー	9.6	英国	9.2
4	英国	8.7	英国	8.6	スイス	8.3
5	スイス	7.8	日本	7.8	オーストラリア	7.1
	合計	50.5		48.9		50.7

出典：外務省の情報（表1と同じ）を基に作成

表19　国連薬物・犯罪事務所（UNODC）の国別（上位5カ国）拠出率（％）の推移

順位	2014年		2015年		2016年	
	国名	％	国名	％	国名	％
1	コロンビア	24.08	EU	23.65	米国	28.27
2	EU	16.97	カタール	16.06	コロンビア	15.77
3	米国	15.35	米国	12.52	EU	13.40
4	オランダ	4.68	コロンビア	10.19	日本	11.47
5	スウェーデン	4.35	パナマ	8.40	パナマ	4.31
	合計	65.43		70.82		73.22

出典：外務省の情報（表1と同じ）を基に作成[24]

5　分析結果のまとめ—加盟国からの財政収入の変容と継続

　本稿では、国連システム諸機関への加盟国からの財政収入の変容と継続を研究課題に据え、国連本体以外の付属機関や専門機関等の他の国連システム諸機関にも分析対象を広げ、財政収入、とりわけ機関ごとの分担金・拠出金・出資金などの中で上位5位に入る主要な財政貢献国（及び機関）に、どのような変容と継続があるのかについて、2016年までの概ね10年間の推移を可能な範囲で抽出・分析した。

　その結果、先ず変容については、第一に、米欧日等の先進国で主に構成される上位5位に入る主要財政貢献国（及び機関）の合計の比率（％）が、多くの機関の分担金や拠出金などの資金区分の中で減少傾向にあることが分かった。この点、確かに余り変化が見られない機関やWFP、UNHCRのように増加している人道支援機関も一部にはあるが、例えば、UNDPの任意

拠出金では上位 5 位の合計比率が 5 割超から 3 割弱に、UNFPA の任意拠出金では 6 割台から 4 割台に、各々減少している。また、UNIDO、UNESCO、FAO、WHO などの分担金でも 6 割から 5 割に減少している。

　第二に、中国が財政貢献の比率で上位 5 位以内に入る国連システムの諸機関が、国連本体以外にも出現するようになってきていることである。その中で IBRD や IMF は、出資比率の増加が投票権に反映されるため、中国としては出資を増やしたいケースといえる。他方で、UNIDO は米国をはじめかなりの数の先進国が、また UNESCO は米国が、各々、脱退したため、財政的にも厳しい状況となったことも注目される。このような中国の財政貢献面でのプレゼンスの増大は、今後も続いていく変容であると考えられる。

　第三に、財政貢献の比率で上位 5 位以内に入るようになった国（及び一部は機関）には、中国だけでなく、UNICEF での EU、UNRWA でのサウジアラビア、UNDP でのアルゼンチン、UNODC でのパナマやコロンビアなど、様々な例があることが分かった。先進諸国の財政貢献の（金額ではなく全体に占める比率という意味での）比重が全体としては減少傾向にある中で、それらの個別機関ごとでは注目すべき主要な財政貢献国といえる。なお、本稿では分析対象を 5 位以内に設定したため現れていないが、中国だけでなくブラジルなどの新興国も順位を上げている機関もあるため、中長期的には新興国が 5 位以内に入る機関は今後も増えていくものとみられる。

　次に本稿の分析からは、以下のような継続も確認できる。

　第一に、一部機関での支払いへの難色・不払いや脱退などで物議を醸している米国だが、国連システム全体としてみると、多くの機関に対して財政面で多大な貢献を続けてきたことが分かる。例えば、パレスチナ問題を巡り人道支援機関である UNRWA への支払いに現政権が難色を示す米国は、UNRWA に 2 ～ 3 割の支援をしてきただけでなく、主要な人道支援機関である WFP には 3 ～ 4 割台、UNHCR には 3 割台、UNICEF にも 2 割前後の貢献比率を有してきた。そして、2007 ～ 2016 年の 10 年間では WFP と UNHCR に対しては一貫して、また UNICEF に対しても大部分の年でトッ

プドナーであり続けてきたことは特筆される。また、国連通常予算分担金の上限である 22％と同じ比率の財政負担が求められる UNESCO からは 2011 年以降未払いの上、最終的に脱退したが、FAO や WHO などへの分担金では、22％の分担率を負担するトップドナーであり続けている。

　第二に、米国だけでなく、欧日等の他の先進国も、依然としてかなりの数の機関で、主要な財政貢献国であり続けていることである。欧州については、ドイツ・フランス・英国などの主要な先進国だけでなく、北欧諸国やオランダなどが上位 5 位以内に入っている年が多い機関も例えば UNFPA、UNICEF、UNDP、UNHCR、UN Women など存在する。日本も、多くの機関で依然として上位 5 位以内に入っており、かなりの先進国が不在の UNIDO の分担金ではトップドナーであり、米国が不払いの上脱退した UNESCO の分担金でも米国の不払いの開始以降は事実上のトップドナーとなってきた。また、UNDP の拠出金でもトップドナーの年がある。更に日本は、分担金について UNESCO 以外にも国連・FAO、WHO などでも、また出資金について IBRD、IDA、IMF などのブレトンウッズ機関で、引き続き上位 5 位以内の主要財政貢献国であり続けている。

　第三に、中国の財政面でのプレゼンスの増大は、国連システム全体としてはまだ限定的であることも明らかになった。確かに変容の第二点目でも述べたように、国連本体以外にも中国が上位 5 位以内の財政貢献を行うようになってきた国連システムの諸機関は複数存在する。しかし、今回分析ができた範囲では、まだ 2016 年の時点でも国連本体、UNESCO、UNIDO、IBRD、IMF と限られた機関にとどまっている。国連本体での分担率・順位の向上が続く中、今後も他の国連システム諸機関でも特に分担金方式をとる予算の場合の財政貢献の順位は、上位 5 位以内に入るケースが増えていくであろうが、財政規模も大きく、主に任意拠出金によっている人道支援機関（及び開発援助機関）については、中国が早期に 5 位以内に入る機関が多くなることは現段階では想定しにくい。

おわりに

　以上、国連システム諸機関の加盟国からの財政収入の変容と継続を研究課題として考察を進めてきたが、最後に、5節で述べたその分析結果も踏まえて、国連システム諸機関の財政収入の課題及びありうる対応策等について、3点を以下に提示して本稿を終える。

　第一に、財政貢献比率が低下傾向にある先進諸国からどのように資金を確保しつつ、中国をはじめ新興国からより多くの資金を任意拠出金も含めて確保していくかである。しかしこれは容易なことではない。先ず先進国は、低成長で国内に様々な問題を抱えており各国の財政事情は芳しくない。また中国を含む新興国などの経済成長の程度が比較的高い途上国も、一人当たりGDPは先進国と比べると依然低く、自国内の経済発展や福祉の充実のためにも資金が必要である。特に中国は、アジアインフラ投資銀行（AIIB）や新開発銀行（いわゆるBRICS銀行）など独自の機関の設立を主導し、そちらに資金配分をし始めている。このように、国連システム諸機関が、先進国や新興国を含む途上国などの加盟国から、より多くの資金を継続的に確保し続けていくことは必ずしも容易ではない。分担率に基づく義務的支払いである分担金の大幅な拡大は、多くの加盟国の反対もあり難しいと考えられるため、基本的に、任意拠出金を如何に上手く（特に活動の自由度と幅を確保するためには使途に制限のない形態をできるだけ多く含む形で）加盟国から確保していくか、また、加盟国にサービスを提供することによる事業収入を如何に増やしていくか、なども重要と考えられる。今後は例えば、中東の産油・資源国から更に多くの任意拠出金の確保を目指すことも有益であろう。これらの点では、UNRWA、UNDP、UNODCなどで、中東の産油国や中南米の域内では相対的に発展した国も上位5位以内に入っていることは注目される。

　第二に、加盟国以外からの資金を如何により多く確保していくかである。

本稿では、加盟国からの財政収入を中心に検討したため、この点については基本的に分析対象にしなかったが、WFP、UNHCR、UNRWA、UNICEF、UNODC など人道支援を含む諸機関で EU が上位 5 位以内に確認できることからも、加盟国以外からの財政収入の重要性は一部窺い知れる。例えば、今回は分析対象としたデータの関係で拠出金ではなく分担金を取り上げたWHO は、加盟国からの資金確保以外に、民間国際 NGO のビル＆メリンダ・ゲイツ財団や政府・民間・国際機関等から構成されているワクチンと予防接種のためのグローバルアライアンス（GAVI）などからもまとまった規模の拠出を受けている。また例えば、UNICEF には、日本からを含めて、政府からの拠出金以外に、個人・企業・団体から各国内委員会を通して多くの寄付金が寄せられている。更に UNDP も、加盟国からだけでなく、EU、他の国連システムの機関、世界エイズ・結核・マラリア対策基金（GFATM）、地球環境ファシリティ（GEF）などからも多くの資金を得ている。また、世界銀行グループの IBRD などは、債券の発行による市場からの借り入れによる事業資金の確保も行ってきた[25]。これらは、加盟国以外からの資金確保の実例として参考になる。

　第三に、日本の関係では、日本は国連システムの多くの機関に対して依然として主要な財政貢献国となっているものの、その順位や比率が下がっている機関も散見され、経済成長の鈍化や膨大な公的累積債務及び毎年の財政赤字等々の問題をみても、また新興国をはじめとする途上国の経済成長の趨勢をみても、分担金だけでなく任意拠出金においても、中長期的には、これまでの財政貢献の比率を今後も維持していくのは難しいものと考えられる[26]。各機関への財政貢献は、その程度・内容共に、各々の機関や活動分野・目的との関係も踏まえて実施されているものであるが、個別機関・分野ごとの区分や ODA と非 ODA という区分・垣根を超えて、国連システム諸機関全体への財政貢献という見地から、今回検討したような自国の財政貢献の順位・比率の推移の機関横断的・時系列的比較検討も踏まえて、特に裁量的資金である任意拠出金を中心に、重点的支援機関・分野と財政貢献の目標設定等を

試みることは有益と考えられる[27]。また、国連システム全体や諸機関の行財政の監察という見地からは、国連合同監査団（JIU）の事務局を含めた機能強化の支援や人的貢献も有意義であろう[28]。そして、依然として主要な財政貢献国である、欧米等の他の先進諸国と、国連システム諸機関の財政面を含めた連携強化を、それら諸機関の外交実務の中で一層図っていくことも重要と考えられる[29]。

〈注〉

1 産経新聞「トランプ米政権、ＰＫＯ予算分担を一部拒否 国連予算、中国2位決定」2018年12月23日 https://www.sankei.com/world/news/181223/wor1812230021-n1.html 2019年3月18日に最終確認。

2 日本経済新聞 国連「かつてない現金不足」分担金81カ国が未払い 2018年7月27日 https://www.nikkei.com/article/DGXMZO33475830X20C18A7000000/ 2019年3月18日に最終確認。

3 米国は2011年にパレスチナの正式加盟を承認したUNESCOに分担金支払いを停止し、2017年末に脱退を通告の上2018年末に脱退した。この2017年末の脱退通告については、U.S. Department of State, The United States Withdraws From UNESCO (Press Statement, Heather Nauert, Department Spokesperson, Washington, DC), October 12, 2017 https://www.state.gov/r/pa/prs/ps/2017/10/274748.htm を参照（2019年3月9日に最終確認）。

4 他にも2018年の夏には、米国はパレスチナ難民支援を担う国連パレスチナ難民救済事業機関（UNRWA）に対して、米国の負担が突出しており、基本的なビジネスモデルや財務運営に問題があり、支援対象者が無限・急激に増えていく構造である等々と批判し、そのような状況のままで今後改善がなければ追加の拠出はしない、と表明した。U.S. Department of State, On U.S. Assistance to UNRWA (Press Statement, Heather Nauert, Department Spokesperson, Washington, DC), August 31, 2018 https://www.state.gov/r/pa/prs/ps/2018/08/285648.htm を参照（2019年3月18日に最終確認）。

5 つまり、各機関について分担金・任意拠出金・出資金などの掲載された財政区分による比較となるため、機関ごとの全体的・包括的な財政収入に関する統計や比較とはなっていない。また、例えば国連については、PKO予算分担金のよう

な政府開発援助に含まれない支払いは盛り込まれていない点も限界といえる。そこで、この国連PKO予算分担金については、別途国連文書に基づき表2に取り纏めた。なお、政府開発援助に含まれない支払いが他の国連システム諸機関にも存在する場合があるが、上記の国連PKO予算を入れ込むことで、国連システム全体としては、加盟国からの収入の傾向や概要を把握することができる。

6　例えば、田所昌幸『国連財政―予算から見た国連の実像―』有斐閣、1996年も、主な研究対象は、国連本体の財政である（同書の構成は、序、国連財政の史的展開、国連の通常予算、平和維持活動の予算過程、国連の予算外資金、国連財政の課題と改革、結論、となっている）。また、坂根徹「国連の財政」内田孟男編著『国際機構論』ミネルヴァ書房、2013年、62-82頁でも、国連システムの財政の基本構造を概説した後、国連の財政に焦点を当てて論じている。

7　城山英明「国連財政システムの現状と課題―多用な適応とマネジメント改革の試み」日本国際連合学会編『グローバルアクターとしての国連事務局』国連研究第3号、2002年、197-213頁。また例えば、自身も以前リサーチアシスタントとして参画したNIRA（総合研究開発機構）の国際機関研究会の成果である田所昌幸・城山英明編『国際機関と日本』日本経済評論社、2004年は、国連本体（安全保障と人権）以外に、世界銀行、UNDP、UNHCR、UNICEF、ITU、WHO、UNESCOという複数の国連システムの重要な機関を多面的に分析する中で、各機関の財政分析も行っている。なお、田所・前掲書1996年でも、国連本体に加えて、UNDPとUNHCRが第4章の国連の予算外資金として取り上げられている。

8　但し、国連の通常とPKOの各分担金分担率については、田所・城山編著・前掲書2004年（昇亜美子「国際連合（安全保障分野）」67頁）でも、冷戦後の十数年間について国別の比率の変化が盛り込まれており、また例えば則武輝幸「国際機構の財政」渡部茂己・望月康恵編著『国際機構論[総合編]』国際書院、2015年、174頁にも通常予算分担金について2001年から15年間の上位5カ国の推移が盛り込まれている。

9　この点具体的には、開発・技術支援は156.5億ドル、人道支援は148.3億ドルとある。United Nations, *Proposed Programme Budget for the Biennium 2018-2019 Foreword and Introduction*, UN Document, A/72/6 (Introduction), 2018, p. 5, Figure Ⅰ.

10　なお、規範的・条約関連・知識創造（normative/treaty-related/knowledge creation）の分野も、国連本体とそれ以外の様々な機関を合わせると国連PKOに近い財政規模（PKOが90.2億ドルに対して、規範的・条約関連・知識創造の

分野は 81.3 億ドルとある）となっており重要であるが、紙幅の関係で個別機関の分析は割愛した。

11　表 1 及び以下の表の出典に表 1 と同じと記載のある表は各々、外務省『開発協力参考資料集』2017 年版、2018 年、75-125 頁、2015 年版、2016 年、68-112 頁及び、外務省『政府開発援助（ODA）参考資料集』2013 年版、2014 年、76-117 頁、2011 年版、2012 年、75-111 頁、2009 年版、2010 年、77-117 頁（「主な国際機関の概要」）から、該当部分を抜粋・整備した（2018 年版は、まだ脱稿時点まで公表されていない）。なお小数点以下の桁は統一せずにそのまま掲載した。その他、本稿の各表の詳細は原典を参照されたい。外務省「開発協力白書・ODA 白書，参考資料集，年次報告」https://www.mofa.go.jp/mofaj/gaiko/oda/shiryo/hakusyo.html 2019 年 3 月 22 日に最終確認。加えて、表 1 の 2019-2021 年については、外務省「日本の国連分担金支払」https://www.mofa.go.jp/mofaj/fp/unp_a/page22_001258.html も別途参照。

12　United Nations, *Implementation of General Assembly Resolutions 55/235 and 55/236: Report of the Secretary-General: Addendum*, UN Document, A/61/139/Add.1, 2006, Annex; A/64/220/Add.1, 2009, Annex; A/67/224/Add.1, 2012, Annex; and A/70/331/Add.1, 2015, Annex. 及び、外務省「2017 〜 2019 年国連平和維持活動（PKO）予算分担率」https://www.mofa.go.jp/mofaj/gaiko/jp_un/pko_yosan.html を参照（2019 年 3 月 9 日に最終確認）。

13　日本の国連予算の分担率の比率の低下により、安保理改革常任理事国入りを目指す改革の主張として財政的負担の大きさを有力な論拠の一つとしてきた従来の姿勢から、財政貢献以外の様々な形態も含めて貢献や発言力の強化を進めていくように変化が求められている、という趣旨の指摘は参考になる（神余隆博『国際危機と日本外交―国益外交を超えて』信山社、2005 年、95-98 頁及び、神余隆博『多極化世界の日本外交戦略』朝日新聞出版、2010 年、200-203 頁）。

14　表 3 及び表 4 以降の表の出典に表 3 と同じと記載のある表は各々、外務省『開発協力白書』2017 年版、2018 年、200-202 頁、2015 年版、2016 年、227-229 頁及び、外務省『政府開発援助（ODA）白書』2013 年版、2014 年、199-201 頁、2011 年版、2012 年、190-192 頁、2009 年版、2010 年、148-150 頁（「主要国際機関に対する拠出・出資実績（上位 5 か国）」）から、該当部分を抜粋・整備した（2018 年版も公表されたがこの統計は掲載されていない）。外務省「開発協力白書・ODA 白書，参考資料集，年次報告」https://www.mofa.go.jp/mofaj/gaiko/oda/shiryo/hakusyo.html 2019 年 3 月 22 日に最終確認。

4　国連システム諸機関の財政の変容　133

15　UNIDO からは、カナダが1993年、米国が1996年、オーストラリア1997年、イギリスとリトアニアが2012年、ニュージーランドが2013年、フランスとポルトガルが2014年、ベルギーが2015年、デンマークとギリシアが2016年、スロバキアが2017年の各年末に脱退しており、財政面でも状況は厳しいといえる。UNIDO, Member States List https://www.unido.org/member_states を参照（2019年3月9日に最終確認）。

16　2012年の英国の数値は、外務省『ODA 参考資料集』2014年版、2015年、74頁を参照し、2014年のフランスの数値は、（実際に支払いがなされていることを踏まえて）外務省『開発協力参考資料集』2015年版、2016年、75頁を基に算出。

17　特に、表3と表6のIBRDとIMFは加重投票制を持つため、それらの出資比率の見直しは、パワーとポジションの乖離に対応し、国際秩序の平和的変更を導く仕組み、という位置付けや理解もある。この点、大芝亮「戦後70年と日本の国連外交」日本国際連合学会編『国連：戦後70年の歩み、課題、展望』国連研究第17号、2016年、79頁を参照。

18　以下で取り上げる諸機関は、基本的に、1節で取り上げた、2018-2019年国連通常予算案に関する事務総長報告の図の中で、主に開発・技術協力活動を担う機関として分類できる諸機関で、本稿の3節までに掲載していないものを盛り込んだ。

19　国連システムの開発・技術支援機関には様々なものがあるが、以下では、1節で示した図1と本稿で用いた表1と表3の注に記載した情報源を基に、取り上げる機関を選定した。

20　UNDP のプロジェクトにおける受入国側のコストシェアリング上位国について、UNDP, *Status of Regular Resources Funding Commitments to the United Nations Development Programme and Its Associated Funds and Programmes for 2018 and Onward*, DP/2018/20, 2018, p. 9, Figure 5 を参照。なお、多様化も含めた近年のUNDPの財政収入の特徴については、例えば、坂根徹「国際機構の財政」横田洋三監修・滝澤美佐子・富田麻理・望月康恵・吉村祥子編著『国際機構入門』法律文化社、2016年、62頁も参照されたい。

21　このIFADの第9次増資については、外務省『開発協力参考資料集』2016年版、2017年、100頁、2015年版、2016年、100頁と外務省『政府開発援助（ODA）参考資料集』2014年版、2015年、96頁の数値を参照・掲載。

22　WHOは、前述の事務総長報告書では、開発・技術支援よりも規範的・条約関連・知識創造（normative/treaty-related/knowledge creation）との関連が深い機関

となっている。しかし、財政規模が大きいことと、UNFPA や UNAIDS などは開発・技術支援に含まれているため、WHO も同じくこの4節に含めることにした。

23　WHO は、任意拠出金も増加しているため、この分担率は、必ずしも WHO 全体の財政貢献の順位が反映されたものではない。

24　UNODC の2011年から2013年の3カ年は、参照資料の版により数値が異なっていたため、2014年以降の数値のみを掲載した。

25　この第二の WHO、UNICEF、UNDP、世界銀行グループについての記述は、坂根・前掲共著2016年、57-59、62頁による。

26　分担率が減少することの影響や評価については、国連予算の分担率に関しての、「発言権が同じなら、分担率は低い方がいい。アメリカなど、そのケースである。しかし、普通は、分担率が下がれば発言力も低下する。日本にとって、分担率の低下は痛しかゆし、なのである。」(北岡伸一『グローバルプレイヤーとしての日本』NTT 出版、2010年、126頁)が参考になる。

27　行財政の中の特に財政拠出に関しては、日本の国連外交実務において、国連企画調整を国連システム諸機関全体への財政貢献に関する政策の企画調整、と位置付け実際に推進していくことは有意義と思われる。なおこれまで、日本の国連システム内外の様々な国際機関に対する分担金・拠出金等の支払いの取り纏めと公表は実施されてきた。外務省「日本の国際機関に対する分担金・拠出金」https://www.mofa.go.jp/mofaj/fp/unp_a/page22_001258.html (2019年3月9日に最終確認)。

28　JIU は、11名以内の国連総会が選任(任期は5年で一度再任可能)した専門的識見を有する監査官が個人的な資格で職務に当たっている。日本からは本学会会員でもある久山純弘氏と猪又忠徳氏が以前(各々1995-2004年と2004-2014年の2期)その任に就き、2018年からは上岡恵子氏がその任にある。JIU, Inspectorshttps://www.unjiu.org/content/inspectors-joint-inspection-unit 以下の JIU の関連サイトを参照 (2019年3月9日に最終確認)。

29　この点、中国を含む途上国側が77カ国グループ (the Group of 77 and China) という枠組みで、国連本体だけでなく国連システムの他の機関においても財政面を含めて連携していることは参考になる。

III

政策レビュー

5　グローバル・ガバナンスにおける適者生存：
経済協力開発機構（OECD）が国連との協力で図る機能進化

安　部　憲　明

はじめに

　経済協力開発機構（Organization for Economic Cooperation and Development: OECD）は、1961年の創設以来、公共政策の幅広い専門分野における実証分析とそれに基づく政策提言、先進国基準の質の高い国際協調を使命としてきた。そのOECDが、自らが主唱してきた多国間主義やグローバリズムが世論の反発やシニシズムに晒されている現在、国連との協力にかつてないほど意欲的である[1]。OECDは、これまでも、経済社会理事会（1971年～）及び総会（98年～）でのオブザーバー資格を享受してきたが、今後は、より幅広い分野で国連との連携を実質化していく方針を明確に打ち出している[2]。国連の「持続可能な開発目標（SDGs）」や気候変動パリ協定は、政府のみならず市民社会の様々なステークホルダーが責任ある形で参画しなければ、およそ達成不可能である。OECDの積極路線の背景には、これらの国際的合意の着実な実施の成否が、自らが旗印としてきた多国間主義の消長を決しかねないとの深刻な危機感がある。今こそグローバル・ガバナンスにおける自身の存在意義を証明する好機到来、というわけだ。

　筆者は、2015年夏から3年間、OECDの日本政府代表部で勤務する機会を得た。OECDは、学力調査や勤務環境などの身近なテーマに関する各国比較などで、日本国内でも最も馴染みのある国際機関の一つであろう。ところが、グローバル化などに伴う新たな問題を解決するために一層緊密な国際

協調が求められる昨今の時代環境において、OECDが果たすべき国際ガバナンス上の役割に関する包括的検証、主権国家や他の国際機関及び市民社会の様々な利害関係者との協力等に関する考察は、必ずしも多いとは言えない[3]。本稿は、OECDの活動に直接携わった実務経験に基づき、先ず、国連との連携強化を図るOECDの積極路線の背景や目的を洞察する。次に、今後、両者が協力の重点を置くことが予想される政策分野を3つに整理した上で、協力の制度や態様を比較対照する観点から有益と思われる現行事業を取り上げ、事例研究する。最後に、以上の考察に基づき、両者の協力を一層効果的に拡充していくための若干の課題を提起する。

　国際機関・主体の関係を論考の趣旨とする場合、本来ならば、OECDと国連双方を取り巻く背景事情、各々の認識や課題等を、あたかも「蝶つがい」のように相互に対応させることが望ましいが、本稿では、筆者がOECDで実際に参画した各種事業、右準備・実施過程で接する機会があった作業文書及び人脈等を通じて得られた知見に独自の価値を見出すがゆえに、OECDの組織論及び国連側に対するOECD側からの働きかけや作用に関する考察に思い切って力点を置くこととした。その結果、本来それに呼応すべき国連側からの視座が不十分である点をあらかじめお断りしておく。

　以下、特に断らない限り、統計数値や活動状況は、2018年12月現在で入手可能なOECDの理事会決議や作業文書、公刊物を含む各種資料に基づく。また、OECDが策定する各種規範は、名称（宣言（declaration）、決定（decision）、勧告（recommendation）及び指針（guideline）等）や法的拘束力ともに様々であり、一般に「ソフト・ロー」と称されるものがほとんどであるが、本稿ではその詳細には立ち入らず、以下、それらを単に「国際基準」と総称する[4]。

1　背景及び OECD 側の思惑

（1）　OECD を取り巻く環境と戦略的課題（三重苦と３つの至上命題）

なぜ、今、OECD は国連との協力強化に前向きなのか。

多国間主義の危機が叫ばれ、国際機関が存在意義を競い合う適者生存の時代にあって、OECD を突き動かしているのは強い焦燥感である。OECD は、国連と比べ、加盟国の規模も、設立目的や活動分野も格段に限定されている[5]。自らのアイデンティティを時代の変化や国際社会の要請に応じて再定義してきたのは、90 年代の冷戦終結期を含め今に始まったことではない[6]。しかし、2010 年代以降、自らの存在意義をより強烈に自問自答せざるを得なくなったのは、特に、次の三重苦による。すなわち、加盟国数は増えたにもかかわらず、2000 年に世界 GDP の６割を占めた OECD 加盟国の GDP の合計が、2030 年には４割に低落するという趨勢的な地盤沈下が一つ[7]。また、他の専門国際機関と異なり、OECD が公共政策の森羅万象を対象とする守備範囲の広さゆえの「器用貧乏」の悩みが二つ。三つ目は、昨今の欧米各国の主要選挙で噴出した反グローバリズム、反多国間主義、反知性主義の嵐である[8]。現在、OECD にとり、グローバル・ガバナンスにおける、①「有用性（relevance）」（目的実現や問題解決の役に立つこと）、②政府の政策立案や企業経営等に対する「影響力（impact）」（方針や行動を変える能力）、③OECD が提供する各種国際基準の「正統性（legitimacy）」（ここでは、多くの主体が公正で透明性の高いやり方で同意した以上は、その決め事に従おうと思わせること、と定義する）の３点セットを向上させることが至上命題となっている。

（2）　OECD の基本方針（難局打開の３本柱）

OECD はこの戦略的岐路に立ち、３本柱で難局打開に取り組んでいる。すなわち、①「世界最大のシンクタンク」や「グローバル・スタンダード・セッ

ター」と呼ばれてきた本来任務の機能の向上、②より力量のある国の新規加盟及びアウトリーチ活動の拡充、③国連、20か国・地域（G20）やアジア太平洋経済協力（Asia Pacific Economic Cooperation: APEC）等の他の国際機関及びフォーラムとの連携の強化、である。

　第1の柱に関し、「世界最大のシンクタンク」とは、幅広い専門分野における豊富な統計データに基づく分析とそれに基づく政策提言を行う機能を指す。特に、OECDが毎年初夏にパリの本部で開催する閣僚理事会にあわせて紡ぎ出す、その時々の主要課題に関する最先端の研究成果に基づく総合的な論理（ナラティブ）は、その真骨頂である[9]。また、「グローバル・スタンダード・セッター」とは、先進国水準の質の高い国際基準の策定と普及、加入国政府の国内実施と相互監視（ピア・レビュー）という国際協調サイクルを通じて、成長と分配の調和を保ちながら公平な競争環境を整えるというユニークな役割を指す[10]。

　難局打開の2本目の柱は、加盟拡大と非加盟国へのアウトリーチの強化である。OECDは、いまや、かつて揶揄された「金持ちクラブ」を脱し、地理的にはアジア大洋州や中南米にも広がり、経済規模も生活水準も異なる36か国を擁する組織に増大した。しかし、上述したとおり、皮肉にも、経済的な比重は低下の一途だ。今後は、近年続いた小国ではなく、例えば、G20メンバーであるアルゼンチンやブラジル等、より力量のある国との関与強化及び加盟承認が、上述の3点セットに応える近道だ、とOECDは判断している。この関連で、かつて毎年先進7か国（G7）首脳会議に先行して閣僚理事会を開催し、政策調整のお膳立てを行った黒子役を任じていたが、G20が首脳プロセスに格上げされた2008年頃からは、世界経済の重心移動を如実に反映するG20の合意形成過程を通じ、国際基準を含む各種業績の名宛人をOECD加盟国以外にも拡大する傾向を強めている。ただし、民主主義や市場経済という共通価値に支えられた加盟国間の同質性（like-mindedness）や、経済発展の先行経験に基づく質の高い、なおかつ、国際社会の時々の要請に機敏に対応出来る国際協調を引き続き維持していく観点

から、2017年6月の理事会が将来の加盟国数を50か国程度と見通したように、メンバーを無制限に拡大するような「ミニ国連」化は避けるべし、との判断も同時に働いていることには留意が必要である[11]。

3本目の柱は、他の国際機関やフォーラムとの協力である。この関連で、OECDは、国連が主導する多国間協力への支援を、国連の専売特許ではなく、自らの任務と認識する。SDGs合意の翌年には、早々と「SDGsのレンズ」を通じてすべての業務を総点検し、個別目標を既往の各種取組に取り込む形で、「OECDのSDGs行動計画」を体系化し、精力的に実施している[12]。

ここで、OECDが、その有用性、影響力及び正統性を高めるための3本柱を、連立方程式のように相互に連関させ、国連との協力強化という「解」が導き出されている点は興味深い。すなわち、OECDは、第1の柱で、妥協せずに追求するとした本来任務に係る業績の質の高さを保つために、第2の柱では、任務の実施主体の数を適正規模に抑えると決定した上で、第3の柱において、その成果の客体（協力相手及び業績の受益者）を途上国にも広く拡大していく、というパッケージでの戦略的決断に至っているのである。

（3） OECD側の3つの思惑

急速なグローバル化や技術革新に伴う情勢変化を受け、雨後の筍のように生起する新たな利得行為に、当局の規制や監視は到底追いつけていない──。これは、現代の公共政策に携わる者すべての実感であろう。OECD側には、途上国が大半の非加盟国も国際協調に足並みを揃えて参画する意思と能力を持たなければ、OECDが張り巡らせているつもりの国際基準の網はザルでしかない、というグローバル・ガバナンスの一翼を担う国際機関としての強い問題意識がある。以下に若干紹介するようなAPEC及びG20との緊密な連携は、OECD加盟国を中心とする国際基準の名宛人が一義的には欧米先進国に限られるがゆえOECDが掌る国際協調の「抜け穴」を積極的に補完する実効的取組として認識されるに至っている。そこに来て、国連が有するメンバーシップの普遍性と包摂性、各種規範の拘束力や政治的コミットメ

ントの強さ、それらが生み出す高い正統性は、OECD にはない大きな魅力である。

　この点を若干敷衍し、国連との協力を強化する OECD の目的を会社経営に譬えれば、優れた先端技術に基づき部品を開発・製造する中堅企業が、自らの市場価値を高めるための活路を、大企業との業務提携に求める経営判断に擬せられなくもない。中堅企業側の目的は、さしずめ、①大企業の経営ノウハウの習得、②広い供給網を通じた製品の販路拡大やブランド力の向上、③それを通じた株主配当増や顧客満足度の向上などであろう。このような OECD 側の思惑を読み解けば、国連との協力拡充の狙いは、次の3点に集約される。

　第1は、需要側の狙い、すなわち、国連に蓄積された情報や政策ノウハウの吸収だ。OECD の世界規模の経済社会分析にとり必要不可欠な非加盟国（新興国や途上国）の最新統計は、垂涎の的である。また、OECD の知見が浅い、移民や天然資源管理などの分野の政策的知見もこれに含まれる。この点、移民問題に関し、労働力としての経済合理性に焦点を絞りがちな OECD の政策提言の現実適用性に、移民問題が国内選挙の帰結を左右しかねない中東欧やトルコなどの OECD 加盟国が、「政治的困難や実務上の問題点を考慮しないナイーブな結論だ」、「社会文化的考慮を捨象し、バランスに欠ける」などと異議を唱える光景は、日常の一部になっている。客観中立性を犠牲にしない範囲で、OECD の経済社会分析に国連の場で展開される各国の生々しい政治的視点や実務的考慮を加えることは、OECD の実証主義・知性主義を強靱にする上でも有益である。

　第2は、供給側の狙い、すなわち、国連の幅広い販路を通じて、OECD の分析や提言、国際基準等の業績を普及する目的だ。背景には、近年の G20 や APEC との連携強化の成功体験がある。例えば、「付加価値貿易指標（Trade in Value-Added：TiVA）」という OECD の革新的な統計手法は、APEC の貿易投資の自由化に係る政策協調に不可欠の根拠を与える「ヒット商品」として、APEC 域内の東南アジアや中南米諸国で重宝されてい

る[13]。また、パナマ文書問題で露見した、多国籍企業などによる税源浸食と利益移転（Base-Erosion and Profit-Shifting: BEPS）を防止するための国際協調は、OECD・G20間の協力の好例である[14]。近年、BEPS事業のように、G20の成果文書にはOECDとの連名が散見されるが、これは、常設の事務局を持たず毎年交替するG20の議長国が、「事実上の事務局（de-facto secretariat）」機能を果たすOECDに事業委託するほか、逆に、G20が、OECDの先駆的取組に、後から政治的お墨付きを与える実態を表している。これは、「意思決定の効率と業績の質の高さ」というOECDの利点と、中国やブラジルなど新興国とそれに列伍する参加国の多さ・規模の大きさが生む「政治的正統性と取組の普遍性」というG20の利点を相互に活かし合う工夫の結晶に他ならない。OECDは、APECやG20の前例にならい、次は、いわば「OECD発→国連経由→多数国着」のビジネス・モデルを定着させたい考えだ。

第3の狙いは、身内であるOECD加盟国の国連関連業務の支援である。いわば、株主の周辺ニーズへの対面サービスだ。かくして、OECDの各種業績は、パリの各国代表部から本国経由ではなく、2019年から新設されたOECDニューヨーク常駐事務所から、加盟国の国連代表部に直配され、国連の作業の文脈でより効果的に活用されることが期待される。

2　協力の重点3分野と事例研究

以上、戦略的岐路にあるOECDが、その有用性、影響力及び正統性を高めるために、国連との協力に活路を求めている背景を概説した。

本節では、両者が政策目標を共有し、各々の比較優位を発揮しつつ、相互補完的に協力が進展することが強く期待されるテーマを3つの重点政策分野に整理した上で、各分野で既に協力が行われている具体的事業を取り上げ、協力の制度枠組や態様等を事例研究する。重点3分野とは、(1) 途上国の統治機能の強化、(2) 市場環境の整備及び (3) 多国間合意の実施支援、であ

表　本稿で例示する OECD と国連の協力事業の比較

	OECD-UNDP「国境なき税務調査官」	OECD「責任ある企業行動」と国連「ビジネスと人権に関する指導原則」	OECD「SGDs 実施状況の測定評価事業」（パイロット段階）
政策目的	統治機能の強化	市場環境の整備	国連の各種国際約束の履行支援
態様	提携・共同事業	基本的に別々の制度	比較優位に基づく分担
アプローチ	税務当局者の調査能力を向上させるための技術協力・専門家派遣による人材育成	政府や企業が順守すべき国際基準の策定、各国の定期報告と相互監視	統計分析による国別 SDGs 目標の実施状況の可視化、各国比較、各国が取り組むべき重点分野の特定
両者の関係	OECD と UNDP が事業実施で協働	各々の制度は、対等、相互補完、非排他的。棲み分けと緩やかな連携	国連の普遍的取組を OECD が専門技術的ノウハウ面で支援

出典：OECD の作業文書及び脚注の資料等に基づき筆者作成

り、ケーススタディを行う各事業について、(1) では「国境なき税務調査官」、(2) では OECD の「責任ある企業行動」[15]と国連の「ビジネスと人権に関する指導原則」[16]及び (3) では SDGs の目標到達状況の測定・評価事業[17]、を事例として取り上げる。

各事業の枠組や態様の特徴は上に掲げる表のとおりである。(1) は、途上国の税務当局の能力構築を目的に、OECD と国連開発計画（UNDP）が専門家を派遣する、いわば共同事業実施型の取組である。(2) の例は、市場環境の整備を共通目的としつつも、棲み分けに基づく相互補完を特質とし、双方が異なる経緯、対象及び救済方法等を有する自己完結した制度を発展させてきた。これに対し、(3) は、SDGs という普遍的な国際約束を受けた各国の国内履行を政策技術的に支援するために、両者が有機的な役割分担をあらかじめ志向する協力である。なお、これらの例示は、あくまでも現在進行中の協力の態様を対照するにとどまり、現行及び将来の協力の類型化を試みるものではない。

（1） 途上国の統治機能の強化（事例：「国境なき税務調査官」）

政府の財政基盤を支える租税分野では、近年、経済のグローバル化やデジタル化に伴う電子商取引などの新たな環境において多国籍企業などの租税回避行為が日進月歩であり、税務当局の監視・規制との「いたちごっこ」の様相を呈して久しい。多国籍企業の税逃れや搾取への不公平感や「取りっぱぐれ」を許している政府への不信感は、保護主義的風潮を台頭させ、多国間協調への反発や無力感を助長しており、国際機関側にとっても放置できない問題であり、特に、途上国の当局は、先進国水準の高度な租税政策と徴税技術を必要としている。

a　目的及び経緯

「国境なき税務調査官（Tax Inspector Without Borders: TIWB）」は、いわば、途上国の「マルサ」養成制度である[18]。途上国の税務調査能力の構築・強化を通じた国内歳入増を支援する目的で、2013年にOECDのパイロット事業として始動した。早速、同年のG20首脳会議（サンクトペテルブルグ）のコミュニケでその取組が歓迎されると、2年間の実施可能性調査と試行運用を経て、2015年7月のアディスアベバ第3回開発資金国際会議において、OECDとUNDPとの正式な提携プログラムとして発足した。SDGsとの関連では、ターゲット17.1の「課税及び徴税能力の向上のため、開発途上国への国際的な支援なども通じて、国内資源の動員を強化する」取組に直結する[19]。TIWBの活動は、比較的能力のある国が、支援受入国側のニーズに応じて標的を絞り、専門家を派遣し、途上国税務当局の地元職員と一緒に実地に業務に従事することで、税務調査の補助業務を促進し、技能格差を埋める協力だ。国際通貨基金（IMF）やUNDPを含む国連の開発関連諸機関は、従前から、途上国の体制整備や運用改善を財政的に支援してきたが、国際機関が各国当局に専門家を派遣し、現場の担当官の能力を構築する技術協力は初めての試みとして意義深い。

b　制度枠組

　協力の基本的枠組は、以下のとおりである。

　まず、特定の事項に関する税務調査に係る知見や技能の提供を要望する途上国は、要請の定型書式を記入し、TIWB事務局に提出する。同事務局は、OECD本部内にある。事務局は、既に登録された専門家ロースターの中から、途上国の要請に合致する専門家を特定し、専門家は、受入国との間で、活動期間中の法的権利義務（給与等の権利、守秘義務や利益相反回避義務など）を規定する約款に同意する。専門家は、派遣国の税務当局の現役職員が基本であるが、退職者もTIWBのホームページで意図表明書式を記入し、事務局のマッチングを経て、受入国当局等が日当・旅費を支給し、活動に参加できるようになった[20]。事務局は、受入国側の要請の詳細を踏まえ、柔軟かつターゲットを絞った形で専門家、人数、派遣期間等のプログラムを編成する。TIWB事務局から聴取したところでは、受入国側の要請は、捜査技術、課税に係るリスク評価の方法、租税回避に対処するための規制策定といった徴税技能の訓練や、天然資源や電子商取引、金融サービスや通信等の業界情報の共有などの実に多様とのことである。特に、伝統的な租税原則が課税対象とする恒久的拠点（Permanent Establishment）を置かずに業務展開する多国籍企業の新しい投資実態や電子商取引の増大を反映し、投資やライセンス契約に係る金融の越境取引を介する法人税に関する技術支援への要望が多い。受入期間は、目前の実務を処理する短期の場合もあれば、中期的な人材養成に重点が置かれる場合もある[21]。以上のように、共同事業の中で、TIWB事務局が受入国と派遣国をマッチングするクリアリング・ハウスの機能を果たす中で、OECDは、租税委員会の活動を通じて蓄積された税務調査に関する知見を提供する一方[22]、UNDPは、途上国内に拠点及び現地職員を持つ強みを活かし、受入国当局のニーズや現地の実情を実施計画の編成や運営に取り込むといった形で業務を分掌している。

c　実績

　制度が2015年7月に発足してから18年12月までに13件の事業を終了し、現在、39件を実施中である。英国とエチオピア、フランスとセネガル、オランダとガーナの間でのプログラムのほか、技能格差が比較的小さいケニアとボツワナの当局間での南南協力も行われている。これまでのところ、受入国当局の知見や技能の向上により、合計278百万ドルの税収増が計上されている。地域的別内訳は、アフリカが192.7百万ドルと圧倒的に多い。個別事例については、コロンビアにおける価格移転に関する税務調査に係る協力の成果は顕著であり、2011年に3.3百万ドルだった法人利得税が、3年後（2014年）には10倍の33.2百万ドルに急増した[23]。

　TIWBの活動は、途上国における税務当局の能力向上や歳入増加といった直接的な効果のみならず、多国間の税務協力の促進、納税意識の向上、課税の安定性及び透明性の向上による投資環境の改善と投資誘致等に資する副次的効果も有する。

（2）　市場環境の整備（事例：企業の責任）

　市場環境整備のための国際協調の目的は、一般的に次の3つと認識される。第1は、途上国における企業活動による環境被害や労働力搾取等の防止という弱者保護である。第2は、その裏返しとして、企業自身が、直接投資先におけるトラブルを防止し、持続可能な事業を確保するという企業の自己防御である。この視点からは、監査などの企業統治（コーポレート・ガバナンス）やコンプライアンスの側面が強調されることになる。第3は、企業間に共通のルールを適用することによる、競争環境の公平化（いわゆる"level playing field"の実現）である。国有企業や補助金などの市場歪曲的効果を有する公的支援の制限・廃止のほか、環境保全や労働者保護、贈収賄などの対策を講じる企業が、そうでない企業との関係で競争力を失わないよう共通のルールを課す。この政策領域におけるOECDと国連の相互補完的な協力には、既にOECD外国公務員反贈賄条約（1999年2月発効）と国連

腐敗防止条約（2005年12月発効）等の例がある。

a 「国連ビジネスと人権の指導原則」

　国連での市場環境を整備する取組は、1976年に、国連経済社会理事会の決議に基づき共通規則乃至原則を策定するための交渉が開始されたが、自国企業への過度の負担を忌避する先進国と、住民や労働者の権利保護を重視する途上国の対立により、経済社会分野を射程に入れることを断念し、1993年の経済社会理事会の決議で事実上中止された。その後、2005年、人権委員会の要請を受け、事務総長が任命したジョン・ラギー（John G. Ruggie）特別報告者の報告をもとに、2011年、宣言的内容の本原則が人権理事会で承認された。「国連原則」は、人権を保護する国家の義務、人権を尊重する企業の責任、救済手段の3部で構成され、国連加盟国すべてを名宛人とする。人権理事会が、毎年開かれる「国連ビジネスと人権フォーラム」で各国の履行状況を監視し、改善措置を検討する。「国連ビジネスと人権作業グループ」は、国連総会に提出した報告書（2014年）で、各国政府に「国連原則」を実施するための「国別行動計画」の作成を勧告した[24]。他方、国家の人権保護義務については、司法、行政、立法、その他しかるべき手段を通じて、被害者が「苦情メカニズム」を含む実効的な救済を利用できるようしなければならないと定めるに留まり（原則25）、運用は各国の裁量に大きく委ねられている。

b　OECD「責任ある企業行動（Responsible Business Conduct: RBC）」

　これに対し、OECDは、ビジネス環境の改善を、関税及び貿易に関する一般協定（GATT）・世界貿易機関（WTO）や二国間の自由化交渉でも、また、最初から法的拘束力や普遍的な国家管轄権を巻き込む国際約束を念頭に置く担保方式でもなく、いわゆる「ソフト・ロー」という比較的緩やかなコミットメントを媒介とする各国の構造改革を通じて図ってきた。特に、競争政策や消費者保護、企業統治は、OECD以外に扱っている国際機関はほと

んどなく、途上国からも政策ノウハウに対する需要は高い。そこに物事を決められない国連に対する、OECDの実務主義的アプローチが途上国に対しても浸透する素地が見いだされる。

「国連原則」の交渉開始と時期を同じくして、1976年にOECD理事会が採択した「国際投資及び多国籍企業に関する宣言」及びその一部である「多国籍企業行動指針」は、こうしたOECDの強みを活かし、加入国政府の管轄権下に、労使関係、環境、情報開示、贈賄の禁止、消費者利益、科学・技術、競争等について、多国籍企業が順守すべき基本原則を提示するものであった。その後、OECDの投資委員会の下部組織のRBC作業部会は、同宣言及び同指針をいわば「親約束」とし、鉱物、繊維及び農業等の個別の業界の事情に応じた各種手引書（ガイダンス）を創設的に策定してきた[25]。2018年5月、OECD閣僚理事会は、業界別の手引書に共通する要素を抽出した一般的な手引書を承認し、今後は、これを雛形として他の業界への効率的展開及び加入国の一層の拡大を図っていく考えである[26]。履行担保の仕組みとして、加入国は、国内連絡窓口（National Contact Point: NCP）を設置する義務を負い、国内で活動する外国企業及び自国企業に係る紛争が発生した場合の「駆け込み寺」として当事者間の問題解決を斡旋する権限を与えている点に特徴がある[27]。連絡窓口は、2000年以降、100か国400件余りの事案を処理してきた。また、斡旋手続の迅速化や各国毎の運用の差違を埋める努力として、RBCに加入する48か国すべての実施状況に関する相互監視を、今後、2023年までに完了する方針を了承した[28]。「ソフト・ロー」は一般的に法的拘束力がないと観念されるが、このように、国内法令の整備・実施、定期報告及び相互監視、実施結果の公表等の一連のプロセスを通じ、様々な利害関係を有する市民社会・団体やマスコミが関与することで実施における透明性や説明責任が強化される効果として、加入国には当該基準を誠実に順守する強い道義的圧力が生じ、実質的な「ハード・ロー」として機能している点は、OECDの国際法形成機能の観点からも見逃されるべきではない。

OECDの枠を越えたRBCの国際的展開について、G20は、2017年ハンブ

ルグ会合の首脳宣言において、RBC の取組を支持した[29]。また、OECD は、世界食糧機関（FAO）と共同で「農業のサプライチェーンの RBC ガイダンス」を策定し、実施している。さらに、中国は RBC には正式に加入していないが、意外にも、官民を挙げて RBC の活動に積極的に参加しており、2015 年、中国国内の鉱業業団体は、RBC 作業部会の指南を仰ぎつつ中国固有の事情を踏まえ、自国企業が順守すべき独自の手引書を任意で策定した[30]。中国の国際システムの「つまみ食い」を許さず、規範志向性をいかに高めるべきかという課題を考える上で、中国の RBC に対する意欲的取組は、中国が、近年重視する自国企業の安定的な海外投資（「走出去」）や、持続可能な成長を図る「新常態」移行期の構造改革・自由化に係る措置にとって役に立つか否か、との実利判断が鍵となり得る点を示唆しており、政策実務上も有益な視座であるが、ここでは詳しく論じない[31]。

c　OECD と国連各々の取組の関係

　以上の通り、市場環境の整備という目的を共有しつつも、双方の取組は、アプローチや重点の違いから別々に発展してきた。ここで、両者の関係を整理すれば、第 1 に、両者はあくまでも対等であり、上下・主従関係にない。仮に双方が抵触する場合には、個別の事案に応じ、一義的には、各国政府が調整することが想定されている。第 2 に、両者は、普遍性（名宛人の数）と規範の専門性（個別具体性）をほぼトレード・オフとして、相互に補完し合う関係にある。すなわち、「国連原則」が、一義的に人権保護の観点から、すべての加盟国の義務として商業活動を規制するのに対し、RBC は、前述のとおり、企業のリスク管理の観点から、業界別の手引書（ガイタンス）に各国政府が任意に加入するアプローチをとってきた。第 3 に、2011 年、OECD が多国籍企業行動指針の 5 度目の改訂時に「国連原則」の内容を人権の章として追加したように、両者の間には意識的に一貫性が保たれている。このように、双方の取組には、異なる経緯の延長線上における棲み分けと緩やかな連携という相互補完的な関係が観察される。

（3） 多国間合意の実施支援（事例：各国の SDGs 実施状況の測定・評価）

　2015 年は、SGDs、アディスアベバ開発資金合意及びパリ協定など、国際的合意の豊作年だったが、その国内履行及び国際協力の道筋については必ずしも明確ではなく、グローバル・ガバナンスの一貫性及び効率性の観点から、国連を中心に、体系的かつ各国の能力に応じた柔軟な実施体制を構築する努力が現在も続けられている。アンヘル・グリア（Ángel Gurría）OECD 事務総長は、積極的に貢献する決意を、OECD は、国連が主役を務める舞台の助演俳優賞を目指すのだと度々喝破する[32]。SDGs の目標・分野の包括性及び参画主体の包摂性は、軍事と文化以外何でも、と言われる OECD の「器用貧乏」を強みに変える福音と認識されているためである。次の事例は、上記（2）の事例とは対照的に、国連加盟国が国連の新たな合意を履行し始める段階で、両者が各々の比較優位に基づき、あらかじめ有機的連携や役割分担を図る点に特徴がある。

a　SDGs の実施支援

　OECD は、「SGDs 行動計画」（2016 年）を策定し、主に次の 3 分野で SDGs 達成に向けた各方面の努力を支援していく考えだ。第 1 は、包括的な専門事項に係る統計データ及び実証分析、グッド・プラクティス等を国連諸機関及び加盟国に惜しみなく提供することである。OECD 統計局は、2016 年に、国連「SDGs 指標に関する機関間専門家グループ（Inter-Agency Expert Group: IAEG）」に統計的知見を提供し始めた。また、OECD 開発センターは各国の実施状況の測定・評価事業を試行したが、これについては，以下で事例研究する。第 2 は、OECD 公共ガバナンス委員会を中心に蓄積された組織管理ノウハウを援用し、各国の政府中枢が多岐に亘る部局を指揮統括し、政策一貫性を保つための体制整備を技術的に支援することである[33]。第 3 は、年間約 2.5 兆ドルが必要とも試算される SDGs 実施に係る資金調達方式の確立だ。開発センターは、新興ドナーや財団の台頭、混合資金などの資金動員の多様化、今後数年間で 25 か国が ODA 対象国から卒業す

るという情勢変化を敏感にとらえ、ODA の現代化に関する議論を主導している[34]。「施す側」と「施される側」という旧来の政治的構造に囚われない OECD の実証的かつ政策実務的な政策論が、グループ対立が先鋭化しがちな国連で、「持続可能な開発のための公的総資金（Total Official Support for Sustainable Development: TOSSD）」や PARIS21 等の途上国の統計能力向上のための取組に有益なインプットを与えるだろう。

b　測定・評価事業

　幅広い専門分野における豊富な統計に基づく実証分析能力を活用し、各国の SGDs の進捗状況を測定・評価し、重点的に取り組むべき課題を特定する取組を、造語に長けたグリア事務総長は好んで「SGDs の GPS（地理特定システム）機能」と表現する。その嚆矢として、開発センターは、2016 年 6 月から約 1 年間、希望する加盟 13 か国を対象に、測定・評価のパイロット事業を実施した[35]。この結果や問題点を踏まえ手法を精緻化し、他の OECD 加盟国及び途上国にも適用していく考えである。

　事業の具体的内容を見てみよう。同事業は、SDGs の 17 の目標（goals）を構成する 169 のターゲット及び 230 の指標のうち、OECD の統計データが活用可能な 98 のターゲット及び 131 の指標について、各国の目標達成状況を、到達すべき地点からの距離（"distance from individual targets"）としてマッピングするものである。計測指標（indicator）については、①データの信頼性（face validity）、②対象国間で有意な差異が現れるか（discriminatory power）、③データ収集範囲の広範さ（broad coverage）及び④統計の質（high statistical quality）の 4 点を考慮して選択すると決めた[36]。また、マッピングについては、2010 年の統計に基づき、2015 年時点で OECD 加盟国下位 10％ にある国（上から数えて 31 乃至 32 番目の国）の数値をスタート地点とし、ゴール地点は、① 2030 年アジェンダで規定されている数値、②国際的な合意事項・基準で設定されている数値、③ OECD 加盟国の中での最良値、のいずれかを対象国が選択する形で設定した。

事業報告書は、対象13か国について、66件のターゲットに関し、計90個の計測指標を用いて実施状況を測定し、その結果を他国との比較可能な形で、共通のテンプレート上に可視化している[37]。

この中から、2016年に加盟したラトビアを例示する。同国は、1990年、旧ソ連邦から独立を宣言し、ソ連国家評議会によるバルト三共和国の国家独立に関する決定採択（1991年）後、諸改革を断行し、2004年に欧州連合（EU）に加盟した。EU加盟の段階で、マクロ経済運営及び市場化、民主的統治機構、労働・環境条件等の厳しい条件を既に充足していたため、OECDの加盟審査手続は極めて円滑に完了した「優等生」である。

図1において、SGDsの17の目標が円周に配置されたテンプレートは、各項目に対し、中央から放射状に伸びる棒が長いほど、達成度合いが高い（2030年の目標地点までに進むべき距離が短い）ことを示す。ラトビアは、既に11のターゲットが達成済と評価されたが、他のOECD対象国と比べ放射円が小さく、全体的に達成状況の遅れは一目瞭然である（図1）[38]。具体的には、貧困、保健、水及び持続可能な生産の目標の達成状況が、OECD平

図1　SDGsの実施状況の可視化
目標及びターゲットへの到達地点までの距離（ラトビア）

出典：OECD, *Measuring Distance to the SDG Targets: An Assessment of where OECD countries stand*, OECD Publishing, 18 June 2017, p.44.

図2 統計データの存在状況

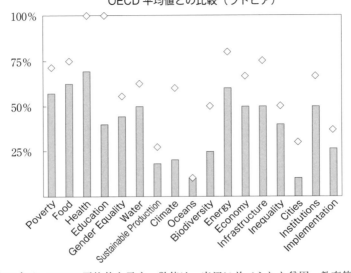

※図中の◇は、OECD 平均値を示す。数値は、底辺に並べられた貧困、教育等 SGDs の各目標に関し、計測に活用できる指標（indicator）が少なくとも１つは存在している割合。棒線が長いほど、その目標について OECD の計測方法に基づく作業に必要な統計データが揃っていることを示す。

出典：OECD, *Measuring Distance to the SDG Targets: An Assessment of where OECD countries stand*, OECD Publishing, 18 June 2017, p.44.

均に及んでいない。また、持続可能な生産、気候、海洋、生物多様性、都市及び履行の６目標の計測に必要な統計が３割未満でしか入手できていない深刻な状況も、OECD 加盟国平均との比較で示された（図2）[39]。

本パイロット事業を主管する OECD 開発センターは、事業実施後の検証で、①各国の統計制度の違いや収集能力不足に起因する、データの均質性を確保することの限界[40]、②国連総会が高度に政治的な交渉の結果として採択したにも関わらず、統計データの欠如を理由にいくつかの指標が計測対象から除外されているという手法の不完全性、③国連統計局によるモニタリングとの非整合、等の問題点を指摘した。目下、測定・評価事業の本格実施に向け、パイロット段階で検証された手法の改善努力が続けられている。

3　今後の課題

　以上、国連との協力強化を通じてグローバル・ガバナンスにおける存在意義の向上と機能進化を図る OECD の狙いや背景を概説した上で、国際機関間の協力の目的や態様といっても必ずしも一様ではなく、双方の得手不得手に基づき、共同事業、異なる制度の棲み分けと連携、比較優位に基づく役割分担といった具合に状況対応的に連携が図られている状況を具体的事業ベースで分析した。

　本稿の最後に、改めて OECD 側の実務上の視点に立ち戻り、OECD が克服すべき当面の実務上の課題として、①国連との協力に対する OECD 加盟国側の一部にある懸念や慎重論を踏まえた OECD 内の合意形成、②国連との間での作業・調整メカニズムの確立、③国連以外の国際機関との間でのグローバル・ガバナンス上の動的均衡の追求、の3点を指摘したい。

　第1は、国連と追求すべき協力の取捨選択に係る OECD 内の意見集約という足元の課題である。OECD 加盟国内には、依然として、途上国側のニーズに予算人員が配分されることへの反対、途上国の参加を前提とすることで国際基準の質が下がることへの警戒、当初の狙いに反して国連の「下請け子会社」化と国際社会における周縁化への不安、さらなる「器用貧乏」の懸念も根強い。国連との協力で「何をどこまでやるか」という問いは、煎じ詰めれば、OECD が固有の存在意義を発揮し続けるための課題設定（agenda setting）という自身の問題に他ならない。36か国に膨らんだ加盟国代表と事務総長が構成する OECD の最高意思決定機関である理事会が、朝野の要請に即応する迅速さと中長期的な視座からの戦略的熟慮を止揚し、費用対効果も十分に衡量しつつ、国連との協力分野・事項を決断していくことが重要である。

　第2の課題は、国連と、政策目標をすり合わせ、取組の重複や齟齬を回避し、相乗効果を最大化するための作業方法と調整メカニズムを可及的速やか

に確立することである。そのためには、異なる「企業文化」を相互に理解することが不可欠となる。ここで、国連に比べ馴染みが薄いOECDの最近の作業方法の特徴は、以下の3点に要約できるだろう。第1は、組織内における事務総長の主導性である。「強い事務総長」は、36加盟国の全会一致による迅速な意思決定が極めて困難であるという構造的要因に、グリア氏の「成果重視・手続軽視」という属人的要因が拍車をかけており、加盟国からの批判も少なくない。第2は、OECDの「ソフト・ロー方式」のたゆみない進化という特徴である。SDGsの測定事業で取り上げたような目標の可視化や評価方法の精緻化、RBCの取組における規範の一般化、国内連絡窓口の強化や相互監視の厳格化など、国際基準の実施担保方法の確度を高める努力が、国連の普遍的かつ「ハード」な取決めと相互に連動し補完し合うことは、多国間協調全体の実効性を高める上で有意義と考えられる。第3は、「分析」と同じぐらい「統合」を重視するグリア執行部の指導方針だ。デジタル化、移民、生産性革命や包摂的成長といった複雑な課題は、各々が垂直に掘り下げるだけでは不十分であるのみならず、OECD事務局が擁する約1700人の専門家の「集団視野狭窄」が生じれば、世の中に有害ですらある。官僚化と蛸壺化の悩みは国連も同様であり、両者が、分野横断的に政策一貫性を高める手法を切磋琢磨することが期待される。

　第3の課題は、OECDと国連との協力が、グローバル・ガバナンス全体の中で一定の外部効果を生むことに留意し、世銀、IMF、国際労働機関（ILO）やWTO、APEC等の地域機関などとの間で、各々の取組の重複や欠落等の非効率が生じないよう、随時、役割分担や連携の動的均衡を探求していくことが益々必要である。OECDは取り扱う政策領域の間口が広いがゆえに他の各方面との協働或いは競合いずれの関係にも立たされ易い。自らも一翼を担うグローバル・ガバナンス全体を効率的かつ効果的に機能させる観点から、国連との協力推進と並行しつつ、他の国際機関との意思疎通や調整をこれまで以上に意識的かつ入念に行っていくべきである。

おわりに

　本稿は、実務家の視点から、OECD がグローバル・ガバナンスにおける適者生存に活路を国連との協力拡充に求め、固有の存在価値を発揮しつつ、技術革新やグローバル化する国際社会の要請に応じ、その任務及び取組を進化させている現状と課題を論じた。第二次大戦後、独特の目的や経緯、構成国や機能の発展を辿ってきた OECD と、最も普遍的な機関である国連との協力は、現在危殆に瀕している多国間主義の強化と刷新にとり、極めて重要な意義があると考えられる。

　ところで、国際機関も煎じ詰めれば、人である。OECD が、職員の国籍、性別等の構成などを毎年纏める「多様性報告書」は、OECD と国連全体の間の勤務は互いにつぶしが効かない、との一般的な現状認識を裏書きする[41]。すなわち、2016 年の OECD の管理・専門職ポストへの外部応募者の所属元は、欧州委員会（358 人）を筆頭に世銀グループ（290 人）、UNDP、国連科学教育文化機関（UNESCO）等が続くが、10 位までの国連諸機関からの応募総数約 700 名に対する OECD 側の採用人数は、わずかに 22 名に留まるのが現状だ。しかし、今後は、両者の協力拡充の結果、OECD と国連の間で人材の融通度が高まる可能性がある。本稿が、OECD と国連の協力強化の現状に関する諸考察と合わせ、日本人の有志の方々が、OECD と国連での勤務を通じ、多国間協調の新たな地平を拡げるという、途方もなく骨が折れるが意義のある事業に参画される上での一助にもなれば幸いである。

　付記：本稿で述べられた意見や見解は全て筆者個人によるものであり、筆者が所属する組織の立場を示すものではない。

〈注〉

1　国際関係論における多国間主義（multilateralism）との用語は、この概念が特

定の議論の文脈において受け持つ意義や目的により多義的であると言えるが、本稿では、単に「3又はそれ以上の国のグループにおける国家政策の調整の実行」(Robert O. Keohane, "Multilateralism: An Agenda for Research," *International Journal*, vol. 45, Issue 4（1990）, pp. 731-64.）という最も代表的な定義の一つによることとする。
2　OECDの国連との協力に関する経緯や現状等の概要は、次の冊子が参考になる。OECD, *Active with the United Nations*, OECD Publishing, 14 September, 2017, accessed 24 May 2018, http://www.oecd.org/global-relations/Active-with-UN.pdf.
3　OECDの概要並びに日本の加盟及び活動状況等に関する一般向けの概説書として、村田良平『OECD（経済協力開発機構）：世界最大のシンクタンク』中央公論新社、2000 年；国連との関係強化の動向について、安部憲明「多国間主義の再建と刷新に参加しよう─OECDと国連の協力強化で広がる好機─」日本国際連合協会『国連ジャーナル』2018 年春号（2018 年 3 月）、14-20 頁；OECD の対外関係、特にアジア非加盟国との関係強化の現状について、藤田輔「OECD によるグローバルガバナンス機能に関する諸考察─アジア非加盟国との関係強化の重要性」『上武大学ビジネス情報学部紀要』第 17 巻（2018 年 4 月）、49-72 頁、が参考になる。
4　国際経済法の発展における OECD の役割について、複数の事例研究に基づき、OECD に固有の各種規範の生成過程や履行の態様及び効果等を論じる研究成果として、『日本国際経済法学会年報』第 24 号（2015 年）が参考になる。
5　OECD は、1961 年、第二次大戦後の欧州復興計画（マーシャル・プラン）の実施機関だった欧州経済協力機構（Organization for European Economic Cooperation: OEEC）を発展解消し、経済成長、途上国の経済開発及び貿易の拡大に貢献することを目的として設立された（OECD 条約第 1 条）。原加盟 20 か国（英国、フランス、ドイツ、ベルギー、オランダ、ルクセンブルグ、オーストリア、デンマーク、ギリシャ、アイスランド、アイルランド、イタリア、ノルウェー、ポルトガル、スペイン、スウェーデン、スイス、トルコ、米国、カナダ）に加え、日本（64 年）、フィンランド（69 年）、豪州（71 年）、ニュージーランド（73 年）、メキシコ（94 年）、チェコ（95 年）、ハンガリー、ポーランド、韓国（いずれも 96 年）、スロバキア（2000年）、チリ、スロベニア、イスラエル、エストニア（いずれも 10 年）、ラトビア（16 年）及びリトアニア（18 年）が加盟した。2018 年 12 月現在、コロンビアが、OECD 理事会が加盟承認した後の国内手続を行っており、コスタリカは加盟審査中にある。また、アルゼンチン、ブ

ラジル、ブルガリア、クロアチア、ペルー及びルーマニアの6か国が正式に加盟申請している。なお、欧州連合（EU）は、OECDの正式メンバーではないため、理事会での投票権を有さないが、議論に参加し、決議案の修正等を提案することができる。

6 　村田良平氏（元外務事務次官、駐米大使）は、冷戦終了後の環境に対するOECDの機能適応に関し、新たな要因として、①西側の機構からの脱皮と旧ソ連圏諸国の市場経済体制への移行支援という新たな任務、②中国、インド及びブラジル等のOECD加盟国以外の重要プレーヤーの登場、③EU及び米州の統合の進展、④グローバリゼーションの進展の4点を挙げた上で、1999年の閣僚理事会で興味深く感じた目新しい点として、①日本経済の速やかな回復への期待が表明されたこと、②新たに開始されるWTOの自由化交渉について途上国や市場経済への移行国が参加する必要性で一致し、3年間で新ラウンド交渉をとりまとめるとの方針で一致したこと、③コソボ紛争終了後の南東欧の復興問題を取り上げるなど、伝統的に謙抑的だった政治分野にも関与する姿勢を示したこと、④OECD創設以降はじめての試みとして、ロシア、中国、インドネシア、ブラジル、アルゼンチン、南ア及びスロバキア（当時加盟審査中）の閣僚と会合開催前に対話を行ったことを指摘し、国際社会の変化に応じて新たな使命を模索する動きを洞察している（村田、前掲、176-196頁）。

7 　OECD加盟国の世界のGDP総額に占める割合は、2000年の60％から2010年には51％に減少し、加盟国が現在のままだと仮定すると、2030年には43％に低下すると予想されている（OECD, *Perspectives on Global Development: Shifting Wealth*, OECD Publishing, June, 2010, p.2）。

8 　安部憲明「戦略的岐路に立つOECD、グローバリズムの苦悩と挑戦：2017年閣僚理事会の概要と意義（前編）」財務省『ファイナンス』第53巻4号（2017年7月）、24頁、accessed 11 November 2017, http://www.mof.go.jp/public_relations/finance/backnumber.htm.

9 　2017年の閣僚理事会は、デンマークが議長国を務め、「すべての人のためにグローバル化を機能させる」とのテーマを掲げ、近年、格差拡大や成長低迷の「主犯」とされているグローバル化の負の側面を克服、緩和するための政策を提示した（安部、同上論文、23-27頁及び「同題（後編）」財務省『ファイナンス』第53巻5号（2017年8月）、23-27頁）。2018年の閣僚理事会は、フランスが議長国を務め、「多国間主義のテコ入れ」をテーマとし、デジタル化経済における格差是正及び包摂的成長に向けた貿易投資、租税、競争政策等に係る政策協調に関

する基本的論理を提示した。(安部憲明「疾走するOECD、デジタル化時代の国際協調：2018年閣僚理事会の概要と意義」国際貿易投資研究所（ITI）『フラッシュ』374及び377（2018年6月）、accessed 15 July 2018, http://www.iti.or.jp/flash374.htm, http://www.iti.or.jp/flash377.htm.

10　OECDは、1961年の創設以来、OECD投資自由化規約や外国公務員贈賄防止条約を代表格に、実に450件もの国際基準を定めてきた。2016年夏から約2年間、現在も形式的に失効していない260件の国際基準の「棚卸し」を行い、陳腐化ないし新たな基準に代替されるなどした32件を廃止し、148件を改訂・見直すこととした（OECD, *Enhancing Productivity For Inclusive Growth*, OECD Ministerial Council Statement, C/MIN（2016）8, 2 June, 2016, para 25.）。これは、大木の枝打ち作業に似て、「基準設定者」としての持続力や再生力を保つ上で極めて重要な点検作業である。なお、本稿脚注で度々引用されるOECDの理事会決議は、文書作成・管理の便宜上、通し番号が付されることになっている。上記決議は、決の文書番号「C/MIN（2016）8」は、2016年の閣僚理事会（「C/MIN」は、Ministerial Councilの頭文字）において起草された8番目の決議であることを示す。文書番号の頭文字が、単に「C」の場合、通常の理事会（Council）の決議を示す。

11　OECDの将来の規模と構成（future size and composition）に関する「戦略的熟考（strategic reflection）」と銘打った議論は、前身のOEEC設立70周年に当たる2017年に、自らの今日的な存在意義を再定義する機会となった。すなわち、2016年の閣僚理事会は、決議で、加盟国常駐代表及び事務総長から成る、最高意思決定機関である理事会に対し、OECDの将来の規模及びメンバーシップに関する「戦略的熟考」を行うための権限を付託した（C/MIN（2016）8, 2 June, 2016, para.25.）。このマンデートに基づき、「将来の規模及びメンバーシップに関する作業部会」が設置され、2016年11月以降12回にわたり会合を開いた。その結論は2017年6月の閣僚理事会に報告された（OECD, *Report of the Chair of the Working Group on the Future Size and Membership of the Organization to Council: Framework for the Consideration of Prospective Members*, OECD, C/MIN（2017）13, 8 June, 2017）。その中で、加盟を申請した国について、①「同質性」、②世界経済に占める重要性、③投資自由化規約などOECDの主要な国際基準への加入状況などのベンチマークに照らし、個別に加盟審査開始の是非を決定していくこととし、その上で、将来の加盟国の適正規模を50か国程度と見込んだ（Ibid., para. 13.）。

12　OECD, *Better Policies for 2016: An OECD Action Plan on the Sustainable Development Goals*, June 2, 2016, OECD, C/MIN（2016）6, accessed 24 April 2018,

https://www.oecd.org/dac/Better%20Policies%20for%202030.pdf
13 OECD は、各国から貿易に関する統計データを包括的に収集し、自らが開発した革新的な枠組に入力した結果を広く提供し、各国の国内規制改革や自由化交渉の促進に役立てている。このうち「付加価値貿易指標（TiVA）」は、中国を含む 61 か国の 34 業種を分析し、輸出入額の単純比較ではなく、国際的な分業過程で、ある加工製造地点が付加した価値の額に着目し、中間財の輸入障壁が輸出に悪影響を及ぼす可能性等を可視化する分析枠組である。2014 年に、APEC 議長国の中国が、OECD の全面的支援を得て策定を主導した「グローバル・バリュー・チェーン（GVC）の発展と協力のための APEC 戦略ブループリント」を含め、OECD に加盟しない途上国を含む各国の貿易実態分析や政策立案、貿易交渉に有益な根拠を提供している。
14 BEPS 事業は、グーグルやアマゾン等の多国籍企業などの租税回避を防止すべく、OECD 租税委員会が長年検討してきた地道な取組が基礎となり、パナマ文書問題を契機に、G20 首脳の後押しを得て、2017 年には 113 の国・法域が参加する枠組に発展した。また、同年の OECD 閣僚理事会の機会に、67 の国・法域の代表が一堂に会し署名した多国間条約にも結実した。OECD のデジタル税制に係る国際協調の現況について、安部憲明「見えないものを視る力：OECD が牽引するデジタル税制」財務省『ファイナンス』第 53 巻 3 号（2018 年 6 月）35-37 頁；BEPS 事業の経緯や概要については、財務省 HP（http://www.mof.go.jp/tax_policy/summary/international/press_release/20170608mli.htm）を参照。
15 「責任ある企業行動（RBC）」の最新の活動状況や窓口が処理した事例等について、安部憲明「責任ある企業行動：国際社会の動向と課題」『会社法務 A2Z』第一法規、2018 年 12 月、24-29 頁を参照。
16 「国連原則」の交渉経緯や概要、欧米の動向・事例及び日本への提言については、例えば、山田美和「『ビジネスと人権に関する国連指導原則』をいかに実行するか─日本の行動計画（NAP）策定に向けての報告書」日本貿易振興機構アジア研究所（2017 年 4 月）；「ビジネスと人権に関する国連指導原則にもとづく日本の行動計画策定に当たって─政府・企業・市民社会は何を求めるのか、何を求められているのか」『アジ研ワールド・トレンド』No.263（2017 年 9 月）を参照。
17 事業の概要は、安部憲明「OECD の『GPS』機能が導く世界は」『国際開発ジャーナル』2018 年新春合併号（2018 年 1 月）38-39 頁を参照。
18 TIWB の概要は、TIWB 事務局 HP（http://www.tiwb.org）を参照。
19 SDGs 目標 17.1："Strengthen domestic resource mobilization, including through

international support to developing countries, to improve domestic capacity for tax and other revenue collection."

20 　TIWB 事務局によれば、2017 年 4 月までの 1 年間に、登録される専門家として 200 件以上の応募があり、厳しい選考の結果、2017 年 4 月現在で 38 名の専門家がロースターに登録されている。うち各国の税務当局職員の退職者が大半を占める。また、11 名が途上国政府出身、4 名は女性である。

21 　事業の実施期間に関し、カンボジア（2016 年）及びジャマイカ（2017 年）の 1 週間が最短で、最長は、アルバニア（2015 年）の 47 週間の例がある。

22 　OECD 租税委員会は、類似の取組として、例えば、「アフリカ税務行政フォーラム（African Tax Administration Forum）」など、途上国の地域機関、開発コミュニティの関係者、当事者である企業や労働組合、消費者団体等の市民社会のステークホルダーを対象としたセミナー等を開催し、意識醸成及びネットワーキングのための触媒として働き、途上国政府の税務能力向上の取組に厚みと広がりを加えている。

23 　コロンビアは、長年にわたる内戦終結に後続する国内融和と並行し、OECD への加盟承認（2018 年）をテコに国内構造改革を断行している。中南米地域と OECD との協力の現状と課題については、安部憲明「OECD の改革道標で目指す『坂の上の雲』：ラテンアメリカからの新規加盟と地域プログラムの意義」『ラテンアメリカ時報』No. 1423、（2018 年 7 月）、33-36 頁を参照。

24 　UN Human Rights Council, *Report of the Working Group on the issue of human rights and transnational corporations and other business enterprises*, A/HRC/23/32, 14 March, 2013, p.21.

25 　「宣言」及び「指針」は、経済情勢や企業行動の変化にあわせ、これまで 5 回（1979 年、1984 年、1991 年、2000 年及び 2011 年）改訂された。これらの本文（和訳）、各国連絡窓口を含む実施手続、日本の窓口が手続終了した 5 件の概要を含む運営状況などは、外務省 HP（https://www.mofa.go.jp/mofaj/gaiko/csr/housin.html）に整理されている。業界別の国際基準には、「紛争地域及び高リスク地域からの鉱物の責任あるサプライチェーンのためのデューディリジェンス・ガイダンス」、「採鉱産業において重要なステークホルダーが関与するためのデューディリジェンス・ガイダンス」等がある。

26 　「RBC のための OECD デュー・ディリジェンス・ガイドライン」（http://mneguidelines.oecd.org）は、100 頁余りの一般的手引書である。1976 年「指針」の章立てに対応し、Q&A 方式で具体例や経営者が考慮すべき点が基準化され、

各国の先行事例などの情報とあわせ分かり易く解説されている。
27　日本の国内連絡窓口は、外務省、経済産業省及び厚生労働省で構成される。
28　OECD, *Making Globalization Work: Better Lives For All*, OECD Ministerial Council Statement, C/MIN（2017）9, June 8, 2017, para. 17.3.
29　G20 ハンブルグ首脳宣言「相互に連結された世界の形成」（2017 年 7 月 7、8 日）の該当箇所（抜粋）「持続可能で包摂的なサプライチェーンを達成するため、我々は、労働、社会及び環境上の基準の実施の促進並びに国連ビジネスと人権に関する指導原則や国際労働機関（ILO）の多国籍企業及び社会政策に関する原則の三者宣言のような国際的に認識された枠組みに沿った人権の促進にコミットする。OECD 多国籍企業行動指針を遵守している国は、同指針を促進することにもコミットし、他国が後に続くことを歓迎する。我々は、自国において、ビジネスと人権に関する国別行動計画のような適切な政策枠組みを構築するよう取り組むとともに、企業がデュー・ディリジェンスを払う責任を強調する」、「我々は、公正で、ディーセントな賃金及び社会的対話が、持続可能で包摂的なグローバル・サプライチェーンの他の重要な要素であることを強調する。我々は、救済や、適切な場合には、OECD 多国籍企業行動指針のための国内連絡窓口（NCPs）のような非司法的な異議申立てのメカニズムへのアクセスを支持する。我々は、多国籍企業に対し、適切に国際枠組み協約を締結するよう奨励する」全文仮訳は、外務省 HP（https://www.mofa.go.jp/mofaj/files/000271331.pdf）を参照。
30　中国五鉱化工進出口商会（China Chamber of Commerce of Metals, Minerals and Chemicals Importers and Exporters: CCCMC）のガイドラインは、工業製品の生産に不可欠な、すず、タングステン等の資源開発を行う中国企業が、現地での摩擦防止策や問題発生時の対応策を OECD の国際基準や各国の先行事例に求め、国内業界の事情を加味した上で、企業統治・危機管理に主体的に取り込む例である。CCCMC, *Chinese Due Diligence Guidelines for Responsible Mineral Supply Chains*, OECD Publishing. 2015, accessed 10 May 2018, http://mneguidelines.oecd.org/chinese-due-diligence-guidelines-for-responsible-mineral-supply-chains.htm1.
31　OECD と中国との関係の現状及び課題について、安部憲明「経済協力開発機構（OECD）と中国の協力強化：居心地の良い現状均衡とグローバル・ガバナンス上の課題」北海道大学公共政策大学院『2018 年度　年報公共政策学』（2019 年 3 月）を参照。
32　グリア事務総長は類似の発言を再三行っているが、一例として、2017 年 4 月 5

164　Ⅲ　政策レビュー

日「開発に関するグローバル・フォーラム」の歓迎挨拶で次のように述べている。"The OECD is here to help. As I have often said before, in the Oscars of the SDGs, we aspire to win the prize for best performing actor. No more, no less."

33　日本の場合は、2016年5月、内閣に総理大臣を本部長とし、すべての国務大臣を構成員とする「SDGs推進本部」を設置し、関連する施策の実施について、関係行政機関相互の緊密な連携野下で推進している。概要は、総理官邸HP（http://www.kantei.go.jp/jp/singi/sdgs/）を参照。

34　OECD開発センターは、ケネディ（John F. Kennedy）米国大統領の構想に基づき、1962年に設立された、OECDの関連機関である。途上国の開発問題に関する調査・研究、非加盟国への開発問題に関する加盟国の知識、経験の普及・活用、加盟国に対する途上国のニーズに適応した有効な援助をするための必要な情報の提供を目的とする。機構上、OECD本体とは別の意思決定、加盟手続及び予算等を有する。メンバー54か国のうち、OECD加盟国は27か国（開発センターに入っていない加盟国は、米国、カナダ、オーストリア、豪州、ニュージーランド、エストニア、ラトビア、リトアニア及びハンガリーの9か国）、非加盟国は27か国である。1990年前後から2000年代前半にかけて、開発センターの業務内容及び運営への不満から、米国及びカナダ等複数国が相次いで脱退した。中国が2015年に新規加盟した。日本は2000年に脱退し、2016年に復帰した。

35　事業の対象国は、ベルギー、チェコ、デンマーク、フィンランド、イタリア、韓国、ラトビア、ルクセンブルク、オランダ、ノルウェー、スロバキア、スロベニア、スウェーデンの13か国。

36　SDGsの記述に基づき選択された指標の中には、各国毎の統計制度の違いによりすべての国が有するとは限らない指標、すべての国に共通して適用すべきでない指標などがあり、例えば、「乳幼児死亡率」を、先進国では「低体重出生率」で代替するなどの修正を施している。

37　OECD, *Measuring Distance to the SDG Targets: An Assessment of where OECD countries stand*, OECD Publishing, 8 June, 2017.

38　*Ibid*, p.44

39　*Ibid*, p.45

40　統計不足や不備という問題点については、本事業を通じ、現状においてOECDの13加盟国ですら、SGDsが掲げるターゲットの57%（169のうち98）についてしか適切な統計が存在しないという構造的制約も浮き彫りにされた（*Ibid*, p.11）。

41　OECD多様性年次報告書（OECD, *2017 Diversity Annual Report*, OECD Publishing, 2017）は、加盟国向けの資料であり、一般には公表されていない。

IV

独立論文

6　国連の民主主義促進と国連民主主義基金：
国連の内なる変容の一例

澤 西 三 貴 子

はじめに

　本稿では、国連の内なる変容の一例として、国連事務局内に創設され、予算規模・活動範囲ともに増加している「一般信託基金」(General Trust Fund) に焦点を当て、その実態の紹介と増大の背景と要因を国際政治・関係論の理論も用いながら検討することを目的としている。特に冷戦終了後の国際情勢の変化と内部環境の変化に伴って、国連は加盟国が共同で合意して行動する原則と一定程度離れて、限定的な数の加盟国からの任意拠出金によって特定課題に取組むことにシフトしてきた。その流れの中で創設され現存する一定規模以上の一般信託基金は、通常予算外の任意拠出金を受け取り、新たに登場した重要課題について規範形成及び規範適合を示すための事業を実施する、単なる資金の受け口としての役割を超えた、自律性を持ったメカニズムとして機能している。本稿では、この一般信託基金増加の背景と現状を紹介するとともに、一般信託基金が存在し続け、規模・活動内容ともに拡大している要因を、プリンシパル－エージェント理論と国際関係論の構成主義という二つの理論に依拠して分析し説明を試みる。あわせて、一般信託基金の一つである国連民主主義基金（United Nations Democracy Fund）をケーススタディとして取扱い、その設立の背景とこれまでの活動を紹介し、民主主義基金の創設と継続的な存続の理由を二つの理論的説明を用いて論ずる。最後に、創設から10年以上を経た現在までの国連民主主義基金の

成果と政策課題を検討する。

　これまで、国連一般信託基金に関しては、国連内外に存在する個々の信託基金に関する活動の紹介及び分析を行う論文は存在するものの、その数は多くなく[1]、また、信託基金の横断的、理論的な説明を試みたものもほとんど存在しない。本稿でケーススタディとして扱う国連民主主義基金に関しては、その草創期の分析は存在するが[2]、創設後10年以上を経た段階でその活動及び成果と課題を紹介したもの、またその継続的な活動を理論的に説明した論文はほとんどないことから、本稿が、国連一般信託基金全般及び特に国連民主主義基金に関する学術的研究のための一助になればと考える。

1　国連を取り巻く環境の変化

（1）　加盟国の量的・質的変化，非国家アクターの重要性の増大

　国連は設立後70年以上を経て、その設立時に比して、その取り巻く環境が大きく変化してきた。まず、加盟国は設立当初の51カ国から193カ国（2019年4月現在）と4倍近くに増え、その構成も、第二次世界大戦の戦勝国及び同盟国を中心としたものから、旧植民地からの独立国・新興国が増え、開発途上国が多数を占めている。国連には、安全保障理事会の常任理事国に象徴される大国主義と、総会においては主権平等原則（国連憲章2条1項）に基づき、基本的に共同で意思決定をし、能力に応じて費用を共同で負担をして、共同で実施するという共同的行動原則が共存している。加盟国の増加とその質的な変化により、多数のかつ利益及び関心が異なる国々の合意形成には時間と労力がかかり、国連が共同行動原則を貫くことを困難にしてきた。1990年以降の冷戦終結後においても、東西の明白なイデオロギー対立はなくなったものの、対立ブロックによる合意形成から、より多様なグループによる合意形成となり一層複雑かつ困難になってきた。また、地球温暖化などの地球的課題の顕在化、さらに平和構築など新たな国際的な規範の出現などにより、国連が取り組む問題は増え続けているが、課題の複雑さと概念の不

明確性、また、多数の加盟国間の利益対立等があいまって、合意形成及び共同行動が益々容易ではなくなってきている。更に、市民社会団体、企業、個人など非国家アクターの重要性も増している。

（2）通常予算の抑制と任意拠出資金の増大

さらに、近年、国連の全加盟国により合意され義務的に全加盟国によって負担される通常予算（regular budget）の増加が抑制されているという事情もある。直近2会計年度の国連の通常予算は、54億米ドル（2018-2019年）であり、2会計年度連続で、伸びが抑制されている[3]。それは、国連への通常予算への義務的分担金の負担を多く求められる経済大国が、現在長期間の経済の停滞に直面していること、また、通常予算による活動をそれらの国が直接コントロールすることは困難で、加盟国の多数を占める極めて少ない負担率の国の利益に資することに対する反発から、通常予算の上昇の抑制又は削減を主張していることが要因と考えられる。これに対して、加盟国の任意拠出金は増加しており、例えば、2017年には国連本部に対する義務的負担による拠出金が25億米ドルであるのに対して、任意拠出金は23億米ドルと同規模に近くなっている[4]。これは、後述のように、通常予算の高負担国が直接コントロールのきかない通常予算の負担の増加を嫌う反面、特定の政策課題に対しては国連への支出を任意で行っていることと、北欧諸国など通常予算の分担義務は多くはないが、任意拠出によって国連に対しての貢献を続けている国があることの反映であるといえる。

2　国連一般信託基金

（1）一般信託基金増加の背景

国連事務局では、増大する通常予算外の任意拠出金による資金の受入れ口として、一般的に信託基金を開設する。信託基金には、通常予算による事業に付加して必要な会議開催や調査、機材の提供や専門家派遣などを短期的一

時的に行うためのいわゆる「技術協力のための信託基金（Technical Cooperation Trust Fund）」[5]と、特定の目的のために設立され、長期間（例えば10年以上）にわたり自律的に事業を実施するいわゆる「一般信託基金（General Trust Fund）」[6]がある。国連会計部（Accounts Division）の信託基金部（Trust Fund Section）によれば、2017年12月31日現在、134の信託基金があるが[7]、そのほとんどは、特定の国に対するものもしくは一時的な事業のための比較的小規模の信託基金である。しかし、後述するように、信託基金の中には、約10程度と数は少ないが、規模が大きく（最低でも年間の事業予算1千万米ドル以上）、独自の理事会や事務局を持ち、10年以上の長期にわたって特定の政策目的のために自律的に活動を続けているものがある。それらの信託基金は、冷戦の終結等の国際関係のパラダイムシフトがあった1990年以降に発足している。これは、冷戦終了後、環境や人道問題など地球規模の課題に国際社会全体で対応したり、平和構築や人間の安全保障など新しい概念の国際社会に対する提示と実践をする必要が出てきたことと、また、大口の拠出国によって通常予算の増加が抑制される反面、関心のある課題や事業を直接支援できる通常予算外の任意拠出金が増加してきたこととの両方の要因があると考えられる。

　国連本部を含む国連システム全体における信託基金の増大、特に大規模信託基金の増加については、早くから国連内部の監査機関によって、信託基金の有効性を認めつつ、国連システムの運営上の主権平等・共同原則に対して長期的に問題を投げかけるのではないかという指摘がされてきた。例えば、1972年の国連合同監査団（Joint Inspection Unit: JIU）の『国連信託基金の報告』[8]によると、1970年には国連システム内には既に約250程度の信託基金が存在し、総額規模は6千万米ドルだが、これは1965年に比して倍増しており、その増加分の87％は、12程度の規模の大きい信託基金が占めるという状況であった。報告書は、信託基金がその柔軟性により迅速な事業実施を可能にするという魅力と、加盟国が自身の利益と優先事項を追求でき、かつ信託基金を直接的にコントロールできるという実益があることが、信託基

金が人気を集める理由としている。反面、信託基金の活動報告の欠如や透明性に欠ける事、特定加盟国の利益追求になること、また共同責任の減退や事業の分散などのリスクなども既に指摘している。これらの指摘については、現在においてもあてはまるといえる。例えば、2010年の同監査団の報告書『国連システム機関における信託基金の管理に関する政策と手続き』[9]においても、国連システム内における信託基金が引き続き増大し（2008-2009年会計年度で168億米ドル）、既に通常予算総額を上回っており、それに基づく様々なリスクが存在するが、国連システムの多くが独自の政策と手続きを有しており、それが国連本部のように20年以上も前に策定され状況の変化に合わせて変更されていないことや、国連システムとして明確でかつ調整された政策指針がないことが問題であると指摘されている。

（2） 現存する大規模な国連一般信託基金の例

　国連システムの中でも、開発や人道目的の機関は、任意拠出によってその活動の多くが支えられてきた。それらの機関に対しては、任意拠出に対してのアレルギーが少なく、支えられる財力のある国が追加的な支援をすることについて加盟国は比較的寛容である。それに比して、国連本部は、193カ国の加盟国が参加し協議し合意する場であり、かつ安全保障理事会もあり特別に政治的な存在であるといえる。そのような政治性の強い機関においても、通常予算外資金は増加し続け、一般信託基金の創設も量・質とともに拡大してきた。そのような状況に対応するため、国連事務局では、1980年代には信託基金に関わる財政規則を整備し[10]、信託基金の創設及び管理のガイドラインを作成し[11]拡大する信託基金に対応してきた。表1は、1990年代以降に設立され2019年3月現在も引き続き存在する一定規模の一般信託基金の例をまとめたものである。

表 1 国連本部（ニューヨーク）における規模の大きい信託基金の例

基金名	設立年及び総会決議	総拠出額	目的・活動分野	拠出国（総拠出国数及び総額上位5か国）
国別プール基金 (Country-Based Pooled Funds (CBPF))	1991年 A/46/182 (1991) 2005年にCBPFとして改組 (A/60/1)	5.4億ドル (1997-2018)	紛争後の復興	34カ国（2017） 英国 ドイツ スウェーデン オランダ ベルギー
国連中央対策緊急基金 (Central Emergency Response Fund) (CERF))	1991年 A/46/182 (1991) 2005年に無償援助を中心とする基金として再構 (A/60/124)	5.6億ドル (2005-2018)	自然災害対象。借款、緊急対応、資金が足りない危機対応の3本柱の支援	126カ国（2018） 英国 スウェーデン ノルウェー オランダ カナダ
国連地雷活動任意信託基金 (UN Voluntary Trust Fund for Assistance in Mine Action (UN VTF))	1994年 (A/49/2015)	78千万ドル (1994-2014)	地雷によるリスクへの人道的対応（平和維持活動予算に組み込まれているものを除く）	（2018） 英国 EU デンマーク 日本 ドイツ
国連国際パートナーシップ基金 (UN Funds for International Partnership (UNFIP))	1998年（テッドターナーによる1 billionの寄付の受け皿。特定の総会決議なし）	1.41億ドル (1998-2015)	社会分野（医療、母子保健、感染症など）	個人 (Ted Turner基金と国連財団を通じた個人・団体による寄付)
人間の安全保障信託基金 (UN Trust Fund for Human Security (UNTFHS))	1999年（特定の総会決議なし）2010年及び2012年に再定義の決議 (A/RES/64/291, A/RES/66/290)	46.9千万ドル (1999-2017)	人間の安全保障概念の普及と実践	（2017） 日本 ノルウェー スイス スウェーデン チェコ共和国
国連民主主義基金 (United Nations Democracy Fund (UNDEF))	2005年 (A/RES/60/180, para.136)	19千万ドル (2005-2018)	草の根民主主義の普及	46カ国（2018） 米国 インド スウェーデン ドイツ カナダ
平和構築基金 (Peacebuilding Fund (PBF))	2005年 (A/RES 60/180, para.103)	82.2千万ドル (2006-2017)	平和構築（緊急対応及び平和構築・復興ファシリティ）	60カ国（2017） 英国 スウェーデン オランダ ドイツ ノルウェー

統治形態及び理事会構成	事務組織	実施機関	年間予算/拠出額	総受益対象国
全体は人道援助局（OCHA）の幹部が監督、国別には人道調整官の議長の下で理事会を発足し調整	OCHA 内の Funding Coordination Section（FCS）が全体調整を担当 国別は人道調整官が調整	国連機関及び国際・ローカル NGO（後者が60%以上）	95 千万ドル（2018）	18 カ国（2016）（これまでハイチを含む19か国）
理事会（拠出国を含む18か国出身の個人資格の理事による構成）	OCHA 内に CERF 事務局	国連機関及び国際移住機関（IOM）	49.14 千万ドル（2018）	94 カ国（2015）
理事会組織はなし。UNMAS 部長に運営監督権限あり。	平和維持局内の国連地雷対策部（UNMAS/DPKO）	国連機関と平和維持ミッション	6.62 千万ドル（2016）	18 カ国（2017）
理事会（9 名―国連幹部（4）、国代表（2）、学界及び NGO 代表（3）	国連パートナーシップオフィス	国連機関	3.7 千万ドル（2016）	124 カ国（2015）
理事会（個人の資格による10名により構成）	人間の安全保障ユニット（国連財務官の直轄）	20 国連機関（主として UNDP UNICEF, FAO）	0.7 千万ドル（2017）	94 カ国（2017）
理事会（18 メンバー拠出国（7）、地域配慮（6）、3 個人、2NGO）	事務局（7 名）国連パートナーシップオフィス内	市民社会団体（CSO）	1 千万ドル（2017）	130 カ国（2016）
PBF 諮問委員会（10名の賢人により構成）	政治局・平和構築支援オフィス（PBSO）財務面は UNDP の Multi Donor Trust Fund Office が担当）	国連機関・NGO	15.7 千万ドル（2017）	48 カ国（2018）

各基金のウェブサイト等より著者が作成（ドルの単位はすべて米ドル）

これらに共通する性格として、1) 1990年以降に設立され現在も継続している、2) 人道援助、平和構築、民主主義など特定の政策目的を有し、時代に即した重要課題を取り扱っている、3) 基本的に設立に関して総会による承認を受けている、4) 最低年間1千万ドル以上の活動規模、5) 資金のほぼ全てが任意拠出によりまかなわれている、そして、6) 一定の自律し独立した意思決定機関、事務局、手続きを備えていることが挙げられる。

3　国連一般信託基金の理論的説明の試み

このように国連事務局内でその存在の重要性が増している一般信託基金であるが、大規模な一般信託基金が設立され継続している要因について政治学・マネジメント論のプリンシパル－エージェント理論、国際関係論の構成主義を用いて説明を試みたいと思う。

（1）　ドナー国と一般信託基金の関係—プリンシパル－エージェント関係

まず、一般信託基金のドナー国と信託基金事務局の関係性に基づく、信託基金の効率性が挙げられる。プリンシパル－エージェント理論[12]によると、プリンシパル（依頼人）が、自らの利益のための労務の実施をエージェント（代理人）に委任する関係であり、弁護士が依頼人を代理して交渉・訴訟に当たる、または、経営者が株主の利益のために企業経営にあたる等はその典型的な例であるが、一般信託基金の理事国特にドナー国と基金事務局の関係にも適用される。

国連のプリンシパルは193加盟国と多数であるが、信託基金においては、国連加盟国に比して少数かつ基本的に基金の目的に同意しているグループであるので、プリンシパル間の合意形成が容易で、その意思をエージェントに明確かつ直接的に伝えることが可能である。また、プリンシパルとエージェントのより近い関係は、プリンシパルが基金への情報開示要求や情報へのアクセスも容易となり、情報の非対称性の問題も減少させ、利益相反やエー

ジェントが必ずしもプリンシパルの意志に沿った行動をとらないという問題（いわゆるエージェンシースラック（Agency Slack））も回避しやすい。また、インセンティブの点では、信託基金への拠出は100%任意であるから、信託基金側はドナー国の意に沿うように、効率的で機動的な基金運営を心がけるし、ドナー国側にとっては、毎年拠出額を決定できるという自由度も高いので、長期かつ義務的なコミットメントを要求されずに基金のプリンシパルとして参加できる。官僚的で運営が非効率であると批判される国連にとって、小さな組織で比較的短期間で効率を挙げることが要求される一般信託基金は新たな組織運営の方法である。もちろん、基金にとっては、この点は持続性の観点から好ましいとはいえないし、ドナー国と基金の密接な関係により、場合によっては加盟国全体というよりも一部の国の利益を優先することになり、必ずしも国連全体の利益にならないのではないかという反発も想定できる。更に、国連内に自律性を持った独立の一般信託基金が多く存在することは、それぞれの活動領域を守ることに汲々とし、国連全体としての調整や共同行動が難しくなる可能性もある。

（2） 一般信託基金の規範創造・規範適合力――構成主義理論

次に、一般信託基金の機能性及び効率性のみでなく、独自の規範創造及び適合能力があることが、加盟国や国連事務総長による信託基金設立及び継続のインセンティブにつながる。構成主義理論（Constructivism）[13]によると、国際関係の重要な側面は、歴史的及び社会的に決定され、その過程で、規範やアイデンティティが大きな役割を果たす。フィネモア（M. Finnemore）らの国際関係論における構成主義に基づく理論的アプローチによると、国際機関が独立して自律した行動をとるいわゆる「規範適合を行う主体」として国際的規範を創造し、加盟国が必ずしもそれぞれの利益や優先事項にあわないとしてもそれらの規範を受け入れるような存在であるとする。また、国際機関の法律的な地位や専門知識は、機関が規範的価値の創造やその規範を独自の実際の行動によって具現化するということを可能にしているとする。

国連一般信託基金全てがこのような構成主義の国際機関に対する理論にあてはまるかは、各信託基金の目的及び実践の詳細な分析をした上での横断的な考察が必要になるが、多くの一般信託基金が、平和構築、人道支援などの、加盟国を中心とした議論と総会での決議の積み重ねを経て国連内で提唱された概念を事業として実践することによって定着又は発展させるという役割を担っており、また、新たな又は付加的な価値創造をする役割を担っている場合もある。いずれにしても、これらの理論の一般信託基金への適用の検討に関しては、各信託基金に関して精査する必要があるが、本稿では「民主主義」という価値・規範を、市民及び市民社会による実践によって発展させ、国連の行動規範として定着させる役割の一翼を担うと考えられる国連民主主義基金について、以下にケーススタディとして、二つの理論に基づいた機能性と規範創造・適合力があてはまるのかを検討する。

4　ケーススタディ―国連民主主義基金

　ここでは、国連の民主主義基金について、その創設の経緯と現在に至るまでの経緯を紹介するとともに、構成主義とプリンシパル－エージェント理論に基づく、規範創造・適合機能、機能性・効率性について論じる。さらに、これまでの成果と今後の課題を紹介し、民主主義基金が継続的に国連の使命に貢献できる可能性を検討したいと思う。

（1）　民主主義基金の規範創造・規範適合機能

　国連民主主義基金が規範創造・適合という機能に対して果たしてきた役割としては、第一には、国連内部おいて民主主義促進という規範を顕在化させ定着させてきたことが挙げられる。第二には、国連機関と市民社会団体との直接の連携を通じて、市民、市民社会の民主主義促進に果たす重要な役割に対する認識を国際社会に浸透させ、かつ、国連が市民及び市民社会との直接的な連携を強化させるという規範形成及び適合に貢献したことである。それ

はもちろん民主主義基金単体で可能にしたわけではなく、長い間の国連の内外での民主主義促進の試みが結実した一つの形が国連民主主義基金であるといえる。

a 国連による規範創造—民主主義の促進

国連憲章においては、民主主義の促進という規範は国連の主たる目的としては明示されていない。民主主義は政治的な理念であり、国連が創設された 1945 年当時は、国連創設の中心となった五大国（＝安全保障理事会の常任理事国）の中でも大きく異なる政治理念と社会経済政治体制に分かれており、特定の政治理念を組織として推進することは相応しくなかったであろうし、また、国家主権（national sovereignty）との関係でも困難であったであろう。このことからも、国連では、民主主義は 1948 年の世界人権宣言（第 21 条）や 1966 年採択 1976 年発効の市民的政治的権利に関する国際規約の中で、個人の政治参加や自己決定権という人権の尊重という観点で捉えられてきた。そして、1990 年代までは、国連の中で民主主義は表立った議題となるのではなく、主として国連の外で規範形成が行われていた。

1988 年には「新しい又は回復された民主主義の国際会議」（International Conference on New or Restored Democracies：ICNRD）が直前に民主革命のあったフィリピンのマニラにおいて、近年、独裁から開放され民主化された中南米・ヨーロッパの 13 カ国が参加して開催され、2006 年の第 6 回のカタールまで続いた[14]。この間に冷戦が終了し政治体制に関してのイデオロギー的な対立は沈静化し、国連はより積極的に民主主義を総会の議題として取り扱うようになる。ICNRD 会議への参加国は国連が民主主義を総会の議題として扱うように要請し、それに呼応して 1994 年より 2007 年までそれらの国への国連システムの支援に関する事務総長報告書の提出と総会決議がほぼ毎年採択された[15]。

国連事務局内においては、1992 年の政務局内の選挙支援部（Division of Electoral Assistance）の発足により、民主主義の根幹に関わる選挙を支援

することが国連の正式な業務となった。また、ブトロス＝ガリ（Boutros Boutros-Ghali）事務総長は離任直前の1996年に「民主化のための課題」（Agenda for Democratization）を発表し[16]、変化する国際社会の中で市民社会などの新たなアクターと共に国連が民主化に果たす役割を提案した。

そのような流れの中で2000年に入ると、国連外での民主化促進の動きの拡大として、106ヵ国による「民主主義諸国コミュニティ」（Community of Democracies: CoD）が発足した[17]。同時に国連内においても、2000年のミレニアム宣言[18]において、「民主主義の促進と法の支配の強化、及び人権と基本的自由の尊重のために最大限の努力をすること」（パラグラフ24）を誓い、また「全ての国家において、市民的、政治的、経済的、社会的及び文化的権利の完全な保護と促進を行うこと、また、民主主義の原則と実践、人権の尊重を実現するためにすべての国のキャパシティを強化すること」（パラグラフ25）を約束している。更に、2005年の世界サミットに先立って提出されたコフィ・アナン（Kofi Annan）事務総長の「より大きな自由を求めて」（In Larger Freedom）の中では、人々が尊厳を持って生きる自由を享受するために、民主主義を優先課題と位置づけ、これまでに発展してきた規範を実現するために、国連の中に民主主義基金を設立することを支援した[19]。そして2005年の世界サミット成果文書（2005 World Summit Outcome）の第135パラグラフにおいて[20]、「民主主義は、人々の自由意思による、自国の政治、経済、社会及び文化的なシステムを決定し、生活の全ての側面において全面的に参加するための、普遍的な価値である。」として民主主義の広範な定義を提示している。さらに、「民主主義、開発、人権と基本的自由の尊重は相互に依存しており、お互いに強化しあっている」と相互依存関係を明確にしている。しかしながら、同時に、「民主主義は共通の特徴を持っているが、唯一の民主主義のモデルというものは存在しないといえる。」として民主主義の多様性、多元性を認めている。

このように国連において民主主義の定義とその促進という規範が漸進的に発展してくるとともに、国連システム内での実践を通じて民主化支援・民主

主義促進が行われてきた。特に政府間機関である国連の性格を生かして、主に「グッドガバナンス」の視点から主として政府に対する民主化及び政府改革支援を行ってきた。ほぼすべての国連機関が、直接又は間接に、テーマ別の開発目標達成のために民主主義の発展を支援してきている。特に、ICNRD プロセス以来徐々に政府・議会という政治機関だけではなく、市民を積極的に民主化のプロセスに組み込んでいこうという動きも出てきた。国連民主主義基金は、そのような冷戦後の国連による民主化支援の、大きな流れの中で、国連における民主主義促進の象徴的な結実の一つとして、国連一般信託基金として 2005 年の世界サミットにおいて設立されることになる。

b 国連民主主義基金による規範創造と規範適合—草の根民主主義促進

国連民主主義基金は、国連システムの中で唯一「民主主義」をそのタイトルに持つ機関であり、草の根の民主主義の促進、自律した個人によって構成された市民社会（Civil Society）及び組織化された市民社会団体（Civil Society Organization）との直接連携を行う点で、国連機関の中でユニークな存在である。まず、2004 年国連総会において、米国のジョージ・W・ブッシュ（George W. Bush）大統領が設立を提案し、その時点では「法の支配、裁判所の独立、自由な報道、政党や組合などを根付かせることによって民主主義の基礎を築くこと、選挙区や投票場を設定し選挙監視人の仕事を支援する」等政府側への支援を念頭に置きつつ一般的な方向性を示していた[21]。それに呼応して、世界最大の民主主義国と自認するインドを中心に複数の加盟国が賛同し、総会決議による発足の前後に資金供与を行うことを表明した。（日本政府も 2006 年に 1 千万米ドルを拠出している。）それにより、翌 2005 年の世界サミットにおいて、民主主義基金が事務総長の一般信託基金として提案され、世界サミット成果文書において承認された。その際、第 136 パラグラフで加盟国の国家のキャパシティを強化することによって民主主義の原則と実践を行うことを支援することを約束すること、そして民主主義基金の設立を歓迎し、諮問理事国に地理的配分に配慮し事務総長に現在行われてい

る支援との整合性をつけるようにすることを要請し、最後の第137パラグラフで加盟国に民主主義基金に対して拠出するように求めている。その後、事務総長・事務局と主たるドナー国の協議の上、基金の概要（諮問理事会、事務局、具体的な目的、事業、プロセス等）が決定され、2006年に事務総長の一般信託基金として船出することになる。

　世界サミット成果文書における広範な民主主義の定義と設立の精神に則って、当初は民主主義基金の目的も、「世界中の民主主義の促進」であり、基金が「民主的な機構の設立と強化、人権の促進、全てのグループの民主的プロセスへの完全な参加のプロジェクトへの支援を行う」としている。また、支援の対象として「政府及び非政府、国内、地域的、又は国際的な主体を支援していく」としていた[22]。しかし、この設立当初の広範な目的と支援対象は、基金創設後早い時点より、途上国の非政府の市民社会団体による草の根の民主主義促進に特化していくことになる。基金の定款によると、民主主義基金の目的と支援の実施主体として、市民社会の声（Voice）の強化、人権尊重、全ての人の民主的プロセスへの参加を通じて世界中で民主主義を促進すること、そのために主として市民社会団体による事業を競争的なプロセスを通じて選択するとしている[23]。民主主義基金の目的と支援対象主体の限定は、市民社会が民主主義促進に大きな役割を果たすことが認められてきたこと、また、従来の国連機関が主として政府を通じての支援を行うことが中心であったことに対して、民主主義の促進が市民と政府との健全な（healthy）緊張関係の中から生まれるという観点からも、政府を直接通じない支援をすることによって、国連本部やその他の国連機関、特に支援国に常駐し主にホスト政府を通じた支援を行う国連カントリーチームとの補完を図るということからも合理的な選択であったといえる。このことは、国連が国家以外のアクターとの連携を強化してきた流れにも沿い、国連として直接市民社会団体と協力しボトムアップの民主主義の促進を図るという規範が形成され、それが10年以上の基金の活動の中で、基金の内外で認知されることに貢献したといえる。

最初の２年間は、他の多くの一般信託基金同様、主として国連常駐事務所を通じての国連機関に対する事業計画招聘という形で案件発掘をし、事業実施も国連機関を通じて行っていたが、第３次供与よりインターネットを通じた案件公募により、広く草の根の市民団体より事業プロポーサルを集められるようになった。毎年、約2,000件から3,000件の応募があり、草の根民主主義支援に対する高い需要があることの表れである。また、支援対象団体についても、現在でも定款上は政府や国際機関や地域機関、人権委員会などの国内の独立行政機関等も可能になっているが、実際はほぼ100％が市民社会団体、その約90％が途上国の国内市民社会団体となっている。

　民主主義基金の2018年の事業募集ガイドライン[24]の中では、具体的な支援対象事業として、ジェンダー平等、コミュニティ・アクティビズム、法の支配と人権、若者の参加、市民社会と政府の相互関与の強化、メディアと情報の自由、知識共有のためのツール、及び選挙プロセスを掲げている。この文脈で多様なトピックのプロジェクトが実施されている。以下は支援事業の一例である。

　a　ミャンマー―民主化前のミャンマーにおける若者による村の意思決定プロセスの改革（第２次供与）（Deepening democratization processes through youth leadership）[25]

　アクションエイドミャンマーにより、18歳から28歳位までの若者を訓練し、出身以外の縁のない村に派遣して１年滞在させ、村の人々との相談及び協力の下に、村で必要とされるミニ開発プロジェクト（移動式巡回クリニックの招致、デイケアセンター設置運営、灌漑システムの開発など住民が合意で選択したもの）を完成させた。主眼はそれまでの上意下達の意思決定システムを変え、住民参加による意思決定プロセスの経験を村に起こすことにあった。その中で、将来の民主化を担う人材として若者のエンパワーメントも行われた。

　b　ナイジェリア―市民団体による政府調達モニタリングによる腐敗防止（第２次供与）（Nigeria procurement monitoring program）[26]

政府調達における汚職が頻発していることに着目した市民団体が、市民参加による政府調達のモニタリングを行い、調達を可視化することにより、腐敗を防止することを可能にした。調達価格1,000米ドル以上の全ての調達に関して、案件の概要、応募、最終調達結果の情報を、ポータルに開示し、市民団体のコンソーシアムにより、調達プロセスと結果に不正がないかを調査、確認した。

　c　インド—創造的職業教育訓練を通しての女性のエンパワーメント（第5次供与）(Empowerment of women in India through innovative vocational education and training)[27]

インドの南部において、女性の経済力及び発言力を高め、女性のエンパワーメントとコミュニティの意思決定に参加できることを目的とした。アムリタ大学の研究所が、バーチャル技術を使って、低コストで効率的な職業訓練（ジュエリー製作、配管、刺繍等）を行い、参加女性の相互扶助グループを作り経済的な自立を図るとともに、グループごとに地域の問題点を議論し問題解決のための行動をとることを促進した。

　d　コソボ—市民の関与による地方議会の透明性とアカウンタビリティ確保（第6次供与）(Civic Involvement for Transparency and Accountability)[28]

コソボの市民社会団体であるコソボデモクラティックインスチチュート（KDI）が、コソボの14の地方自治体において、市民社会団体による地方議会の議論に関するモニタリングと地方自治体の重要政策の分析と市民への情報提供、直接対話会議開催による市民と地方公共団体の双方向のコミュニケーションの促進、さらに市民の参加による特定政策・事業の実施を支援した。

　e　ドミニカ共和国—ハイチ系住民のための国籍、在留資格取得支援（第9次供与）(Towards a rights-based political culture for the political participation of the Dominican population of Haitian origin)[29]

ドミニカ共和国で移民政策が変更され、ハイチ出身者もしくはハイチ出身の親を持つ住民が、一定期限までに必要な手続きをとらなければ国外退去に

なることになった。このため、オクスファムインテルモン（OXFAM INTERMON）のドミニカ共和国オフィスとハイチ系住民の多く住む地域の地元市民団体が共同で、ハイチ系住民の中でのリーダー特に若者をトレーニングして、必要な手続きが取れるような支援や法的な扶助が必要な場合のアレンジなどを行った。その結果、多くの住民が要求される手続きをとって、ドミニカ共和国に今までどおり滞在できるようになった。また、政策レベルで移民排除のような政策をとらないように、他の市民社会団体と協力して、政府への働きかけの大規模な国内運動を展開した。

　事業例を通じて言えることは、市民又は市民社会団体の強化を通じて、それらの声をあげる支援を、途上国の市民社会団体との直接連携することを通じて実施している。これがまさに民主主義基金の形成する規範であり、国家中心、政府を通じての行動が主である国連にとってまさに新たな規範形成であり規範適合機能であるといえる。

（２）　国連民主主義基金の機能的メリット―プリンシパル―エージェント関係

　国連民主主義基金のガバナンスに関しては、民主主義基金はあくまで国連本部の内部組織の位置づけであるので、他の信託基金同様国連財務規則に従い、国連の内部の手続きに則った運営をすることになる。財務上は国連の財務官の監督下に置かれており、人事採用などの際も国連人事規則及び手続きに沿うことが求められる。国連の管理財務諮問委員会（ACABQ）や国連総会（第5委員会）に年に一度の報告をすることも求められ、内部及び外部監査を受けている。しかし、信託基金設立のガバナンスは、諮問理事会（Advisory Board）が第一義的責任を負っている。諮問理事会は、8大口拠出国と地理的配慮による6カ国の代表と、個人代表3名と市民社会代表の2団体の19名による構成であるが、基金の運営に特に関心と熱意を示すのはもちろん大口拠出国の諮問委員会メンバー（現在は米国、スウェーデン、ド

イツ、カナダ、ポーランド、インド、アルジェリア、韓国）であり、年2回開催の諮問理事会にほぼ必ず出席する。理事会の他のメンバーの出席率や議論への参加が低いことを考えるとこれらの代表が事実上プリンシパルであるといえる。理事会の開催は年2回のみであることからも、理事会が実際の基金の運営をどこまで監督できるかという疑問は残るが、一旦事務局に対して基金運営を委託して信頼すると、基金の運営に特に問題が起こらない限り、基金の細かいマネジメントに口を挟むことはない。

　事務局との距離の近さから、国連本部の既存の事務組織に比して、その監督指導は容易であり利益相反等のプリンシパル－エージェントスラックは起こりにくい。基金事務局にとっては、プリンシパルはライフラインである拠出金を提供してくれる大切な存在であり、プリンシパルの信頼を得て継続的な拠出を受けられるよう、設立当初より、数人という極めて少ない事務局人数で効率的な基金運営に努めるインセンティブが働く。反対にドナー国と基金の直接的な関係は、国連加盟国全体でなく限定的な加盟国の意向に沿うことになり、また、民主主義基金も国連全体の中での他の部局との調整と協力に努めるよりは、基金の活動のみに集中することになり、国連が目指す「一つの国連」とは反対に向かう問題も起こる。また短期志向のプロジェクトアプローチは国連が常に重要視する「持続可能性」とも必ずしも両立しない可能性もある。

（3）　国連民主主義基金の成果と課題

　これまで、民主主義基金が国連内での草の根レベルの民主主義促進及び市民社会団体と国連が直接連携するという漸進的な規範の形成・適合能力を発揮してきたこと、その効率性から特定の加盟国の支援を受けて10年以上も継続的に活動してきたことを述べた。しかし、加盟国の支援を引続き受けて今後も存続していくためには、目的と支援対象の特化と、その成果をより可視化する必要がある。事業の成果に関しては、外部の評価会社・コンサルタントによる事業評価書が200以上あり第9次供与までの事業に関してはある

程度の評価がなされおり、成果の可視化に向けた努力も行われている[30]。また、基金設立10年の節目ということで2016年には、主要拠出国であり理事会メンバーでもあるスウェーデンの依頼で、民主主義基金の10年間の成果と組織運営に関する外部評価書[31]が出されている。その中には民主主義基金の成果と課題が凝縮されている。

評価書は、360の受益団体へのアンケート、20事業の現地訪問ケーススタディと在ニューヨークのドナーや国際機関などのステークホルダーに対するインタビューによって実施された。まず、評価書は、民主主義基金を国連内の「隠れた宝石」(hidden jam)とし、特に近年の市民社会団体と政府の緊張関係の中で、その妥当性(relevance)がより高まり、毎年の2,000件以上の応募は民主主義基金への需要が高いことを物語っていると述べた。また、調査対象受益団体のほぼ全て(99%)が民主主義基金の実効性(effectiveness)、特に資金提供、技術支援、ローカルオーナーシップを評価しており、また、国連本部における民主主義基金のステークホルダーは、その効率性と静かな外交としての民主主義基金のアプローチや、通常の国連システムでは困難であった市民社会の国連との直接の連携を可能にしていることを高く評価している。また、効率性(efficiency)ついて、事業選択のプロセスが非常に堅牢で、プロジェクトの管理費はモニタリング及び評価コストも含めて16.2%と非常に低くなっている。民主主義基金のインパクトに関しては、受益団体の98%が民主主義基金の支援が肯定的な効果をもたらしたこと、94%が実施した事業が国の民主化に対して貢献したと答えており、フィールド調査の結果もこれを肯定するものであった。

反面、今後の課題としては、民主主義基金の顕在性が国連システムの中で極めて低いことは問題であり、現行の国連パートナーシップオフィスではなく、より政治性の高い部署への配置換えも必要としている。また、実効性に関しては、短期的なプロジェクトアプローチは長期的な民主主義基金の哲学と相容れないものであり、プロジェクトアプローチを変更できないのであれば、現在の2年の事業期間を4年のサイクルに検討すべきではないかと提言

している。また、プロジェクトの効果を正確に測るためにはより良い「結果フレームワーク」が必要だが、民主主義基金にはそれが欠けているため、効果に関しては適切な評価ができず、これに対処するためには、フレームワークの改善とプロジェクト終了後のフォローアップが必要であるとしている。効率性（efficiency）についても、7人しかいない事務局は過剰負担になっており4人しかいないプロジェクト担当官は常時50以上のプロジェクトを抱えるなど民主主義基金の効果とインパクトを最大化させるための可能性を低くしている。半面、理事会などの民主主義基金のガバナンスメカニズムはあまり活用されておらず、事務局とのより頻繁で効果的な関係の構築が望まれる。更に、民主主義基金の印象的なインパクトをより高めるために、国レベルでの受益団体のネットワークや、国を超えた市民社会団体の学び（Learning）への貢献を行うことなどが必要であるとしている。民主主義基金による支援の持続可能性（sustainability）については、約3分の2のプロジェクトが2年の資金援助が終了した時点で持続していないと考えられるが、受益者団体に対する正のインパクトは長期的なものである。拠出金が年々減っていく中で、民主主義基金自体の持続可能性も課題であり、資金調達と強力なコミュニケーション戦略を持つ必要がある。

最後に、一貫性（coherence）に関しては、市民社会団体と直接事業実施を行うことと、プロジェクト諮問グループ（PCG）を経て国連システムと協調していくというやり方は、国を中心とした国連システムを補完していくという点で適切なアプローチであるが、市民社会団体の現場での活動に関するフィードバックメカニズムが国連内になく、もっと国連の様々な機関と協力できる可能性を活かし切れていない。また、国連システムが、限定的なマイルストーン活動実施報告以上の役割を果たせるのではないかと述べている。

おわりに

本稿では、国連事務局における一般信託基金の増加の背景と要因を、理論

的な説明も試みながら分析した。一般信託基金は国連内において、新たな国連が取り組むべき新たな課題について、その活動を通じて、国連内で規範を創造し又は適合していく役割を果たしている。また、限定的な数のドナーと信託基金の直接的な関係は、基金がドナーの意向に沿うように運営されることを可能にしている。

　その中でも、国連民主主義基金は、国連内では長い間明示的な形では取り組むことのできなかった民主主義促進という課題を、1990年以降の外部環境の変化とともに、明確な形で促進できることになったことの結実である。すなわち、1990年以降の総会や加盟国による理念的な規範の策定と並行して、様々な国連機関が、それらの規範を実際の支援を行う中で、少しずつ創造し適合させてきたという積み重ねの中で、いわばシンボリックな存在として誕生した。政府間機関である国連の性格に鑑みて、「良い統治」を行うための政府への支援が従来は中心になっていたが、民主主義基金が草の根の民主主義と市民社会団体と直接連携するという他の機関があまり行ってこなかった分野に特化するという戦略を全面に出したことは、継続的な活動を続けるという点では功を奏したといえる。また、国連と市民社会団体の直接的な連携という新しい規範を創設し定着させた。また、近年、多くの国で市民社会団体への統制が強まり、市民社会のスペースの縮小に対する警鐘が出される中で、ますます市民社会を支援していく必要が高まっているが、その点においても、国連民主主義基金の妥当性は高まりこそすれ低下することはないであろう。ただし、信託基金が継続して存在し活動を続けていくためには、たゆみない革新と改善が求められる。その点では、創設10年以上を迎えた国連民主主義基金も、草の根民主主義の促進を継続していくためには、2016年の外部評価書の勧告に基づき、新たな支援国の確保、国連システム内外の連携の強化や、民主主義促進の成果をより可視化するための試み、多くの事業からの教訓を国連内外の民主化支援に生かすなど、その戦略を練り直す必要があるといえる。

　最後に、信託基金は、限られた資金を巡っての他の信託基金との競争のた

め、個別の信託基金の運営しか考えないという縄張り指向から抜けれないことがデメリットとも考えられる。そのために、信託基金の存在と活動は、国連が本来維持すべき加盟国の共同行動原則と、国連全体が大きな一つの機関として行動するという「一つの国連」のモットーとは、反対方向へ向かう作用を起こしているとも言える。国連の本来の共同的行動原則を維持し国連全体のために調整を行いながら活動していくことと、国連に長年求められてきた効率性、機能性の追求の両方の要請のバランスを図っていくことが、信託基金の創設、運営に際して今後求められていくであろう。

〈付記〉本稿は執筆者の責任によって作成されたものであり、国際連合の公式な見解を表すものではない。

〈注〉

1 Bernhard Reinsberg, "Trust Funds as a Lever of Influence at International Development Organizations," *Global Policy*, vol.8, supplement 5（2017）, pp.85-95, Oscar A. Gómez S, "What is a human security project? The experience of the UN Trust Fund for Human Security," *Global Change, Peace & Security*, vol.24,（2012）, pp.385-403 など。

2 Freedom House, "UN Democracy Fund: A First-Year Analysis," New York: Freedom House, 22 December 2006, accessed 22 March 2019, https://freedomhouse.org/report/special-reports/un-democracy-fund-first-year-analysis, 杉浦功一「国連の民主化支援とその課題―国連民主主義基金（UNDEF）の活動を中心に」『和洋女子大学紀要（人文系編）』第49集（2009年）、127-142頁など。

3 UN Document, GA/AB/4270, 23 December 2017, GA/AB/4185, 23 December 2015.

4 UN Document, Budgetary and financial situation of the organizations of the United Nations system, A/73/460, 29 October 2018, p.13.

5 UN Document, Technical Co-operation Trust Funds, ST/AI/285, 1 March 1982.

6 UN Document, General Trust Funds, ST/AI/284, 1 March 1982.

7 UN Document, Financial Statements for the year ended 31 December 2017, Schedule of Individual Trust Funds, the United Nations.

8 UN Document, Robert M. Macy, "Report on Trust Funds of the United Nations," Joint Inspection Unit (JIU/REP/72/1), Geneva, February 1972, accessed 22 April 2019, https://www.unjiu.org/sites/www.unjiu.org/files/jiu_document_files/products/en/reports-notes/JIU%20Products/JIU_REP_72_1_English.pdf.

9 UN Document, Istvan Posta, Cihan Terzi , "Policies and Procedures for the Administration of Trust Funds in the United Nations System Organizations," Joint Inspection Unit (JIU/REP/2010/7), Geneva, 2010.

10 UN Document, Financial Regulations and Rules of the United Nations, ST/SGB/2013/4, 1 July 2013, and United Nations Finance and Budget Manual Version 1.0, October 2012, pp.86.

11 UN Document, ST/SGB/146/Rev.1, 19 October 1978, ST/SGB/188, 1 March 1982.

12 Daniel L. Nielson, and Tierney Michael J., "Delegation to international organizations: Agency theory and World Bank environmental reform," *International Organization*, vol.57, no.2 (2003), pp.241-276.

13 Martha Finnemore and Michael N Barnett, "The Politics, Power, and Pathologies of International Organizations," *International Organization*, vol.53, no.4 (1999), pp. 699-732.

14 第1回会議1988年於マニラ、第2回1994年於マナグア、第3回1997年於ブカレスト、第4回2000年於コトヌー、第5回2003年於ウランバートル、第6回2006年於ドーハ。

15 UN Documents, A/RES/49/30, 22 December 1994, A/RES/50/133, 16 February 1996, A/RES/51/31, 10 January 1997, A/RES/52/18, 2 March 1998, A/RES/53/31, 5 January 1999, A/RES/54/36, 20 January 2000, A/RES/55/43, 18 January 2001, A/RES/56/96, 30 January 2002, A/RES/58/13, 24 November 2003, A/RES/58/281, 11 January 2006, A/RES/60/253, 24 May 2006, and A/RES/61/226, 14 March 2007.

16 Boutros Boutros-Ghali, *An Agenda for Democratization*, United Nations, New York, 1996.

17 See Community of Democracies, About the CoD, accessed 19 November 2018, https://community-democracies.org/?page_id=32.

18 UN Document, A/RES/55/2, 18 September 2000.

19 UN Document, A/59/2005/Add.3, *In larger freedom: towards development, security and human rights for all*, Report of the Secretary-General, Addendum, para.151, 26 May 2005.
20 UN Document, A/RES/60/1, 2005 World Summit Outcome, 24 September 2005.
21 UN Document, A/59/PV.3, 21 September 2004.
22 Original Terms of Reference of the United Nations Democracy Fund in 2006, paras 5 and 6, UNDEF Board Document.
23 Revised Terms of Reference of the United Nations Democracy Fund, paras 5 and 6, accessed 26 January 2019,https://www.un.org/democracyfund/sites/www.un.org.democracyfund/files/undef_terms_of_reference.pdf.
24 United Nations Democracy Fund Project Proposal Guidelines 13th Round of Funding, accessed 22 April 2019,https://www.un.org/democracyfund/sites/www.un.org.democracyfund/files/r13_project_proposal_guidelines_english_1_0.pdf, accessed 22 April 2019.
25 https://www.un.org/democracyfund/sites/www.un.org.democracyfund/files/myanmar_-_udf-07-180-mya_-_evaluation_report.pdf,, accessed 22 April 2019.
26 https://www.un.org/democracyfund/sites/www.un.org.democracyfund/files/nigeria_-_udf-08-233-nir_-_evaluation_report.pdf, accessed 22 April 2019.
27 https://www.un.org/democracyfund/sites/www.un.org.democracyfund/files/india_-_udf-10-383-ind_-_evaluation_report.pdf accessed 22 April 2019.
28 https://www.un.org/democracyfund/sites/www.un.org.democracyfund/files/kosovo_-_udf-11-468-kos_-_evaluation_report.pdf, accessed 22 April 2019.
29 https://www.un.org/democracyfund/sites/www.un.org.democracyfund/files/dominican_republic_-_udf-14-631-dom_-_evaluation_report.pdf, accessed 22 April 2019.
30 UNDEF project evaluation reports, accessed 22 April 2019, https://www.un.org/democracyfund/evaluations.
31 Andrea Calvaruso and Josie Lianna Kaye, Evaluation of the United Nations Democracy Fund (UNDEF) 2006-2016, September 2016, accessed 23 March 2019. https://www.un.org/democracyfund/sites/www.un.org.democracyfund/files/evaluation_of_the_united_nations_democracy_fund_2006-2016.pdf.

7 変動する人道と開発の間：
紛争中のシリア向け支援からの考察

武 藤 亜 子

はじめに

　いわゆる「アラブの春」[1]が 2010 年末より中東諸国に伝播して以降、世界の紛争件数は増加傾向に転じた。近年の紛争の特徴として、一つには、国家間ではなく政府と反政府勢力との争いや、複数の勢力同士による紛争の増加が挙げられる。もう一つの特徴として、社会・経済基盤や統治機構がある程度整った国で発生していることが挙げられる[2]。こうした国では一般に、平時には国レベルの開発が支援されている。しかし、紛争に入ると開発支援は中断ないしは規模を縮小し、整備されてきたインフラは破壊される。難民や国内避難民になるなど安全を脅かされた人々には、人道支援が提供される。そして停戦の見通しが立つと、開発支援は紛争後の復興を想定して規模を拡大ないしは再開し、人道支援と交代する。この開発と人道の連続的な実施という考え方は、紛争前・中・後という直線的な推移を前提として成立してきた。

　一方で、実際の紛争は平均で数年続き、停戦が発効して 5 年以内の再発率も 60％を超える[3]。その間、人道支援に注力して開発を停滞・中断させることは、支援してきた開発の逆戻りや援助への依存を生み出すのではないか。人々の命を救ったとしても暮らしや尊厳を守れないのではないか。こうした現場の問題意識は、紛争前と後には開発、紛争中には人道という区分を超えて、紛争中の「開発と人道の間の支援」をもたらしてきた。しかし、この支

援はどのようなメカニズムで実施されているのか。紛争前の社会・経済基盤や統治機構を活用するのか新しく構築するのか。政府や複数の紛争当事者が争う場合、国家主権との関係はどうなるのかなど、その実態解明や概念整理は、進んでいるとは言えない。

ここでいう開発支援とは「貧困撲滅や経済成長を目指し、発展途上にある国家を対象として社会・経済的なシステムを長期的に改善する取組」[4]であり、人道支援とは「一人一人の救援に主眼を置く緊急対応」を指す。開発支援や人道支援に従事するのは国際機関、地域機構、二国間援助機関、国際NGO等の外部アクターであり、支援受入国の政府や反政府勢力（武装／非武装）、市民団体や現地NGO等の内部アクターと協働する。開発と人道の間にある支援は「人々の生活やその環境、施設を修復したりコミュニティを回復させ、自立した生計を営んでいく基盤を作る取組」とされ、本稿ではこれを「開発的人道支援（developmental humanitarian assistance）」と呼ぶ[5]。

開発的人道支援の概念が国際場裏に登場したのは1991年に採択された国連総会決議46/182号[6]においてであり、第二次世界大戦以降から行われてきた開発支援やその前から行われてきた人道支援に比べて、概念整理のための議論が十分に尽くされたとは言えない。実務面でも、開発的人道支援は紛争という不安定な状況の中で適切なタイミングを見極め、国家主権に配慮しつつ支援可能な範囲を紛争当事者と調整し、外部アクターと内部アクターが安全を確保しながら協働して実施することが求められる。その実態には紛争ごとに異なるコンテキストがあると言っても過言ではなく、そのメカニズムの解明はまだまだ途上である。

本稿は、近年の特徴を有す紛争の中から、アメリカとロシア双方が紛争の局面にかかわってきたシリアを事例とし、国内向け支援の考察を通じて、開発的人道支援の課題と現状を明らかにすることを目的とする。第1節では、開発的人道支援の実施メカニズムが概念上どのように整理されてきたのかを、実施のタイミング、実施の目的、実施にかかわるアクターの3つの論点

から明らかにする。第 2 節では、紛争以降のシリアを 3 つの期間に区分し、第 1 節で示した 3 つの論点に即し、主に国連や経済協力開発機構開発援助委員会（Organization for Economic Co-operation and Development, Development Assistance Committee: OECD DAC）加盟国と一部の国際 NGO が実施する開発的人道支援の現状と課題を考察する。第 1 期（2011 年～ 2012 年）は、デモ行進が全国的な紛争に拡大して主要な反政府勢力が誕生するまでを扱う。第 2 期（2013 年）は、反政府勢力が結集しないまま支配地域を拡大した時期を扱う。第 3 期（2014 年～ 2015 年 9 月）はイラクとレバントのイスラム国（Islamic State in Iraq and Levant：ISIL [7]）が勢力を伸ばし、ロシアが空爆を開始するまでを扱う。それ以降は政府の優位が続いているので、本稿で扱う期間は、紛争に入ってから紛争収束の方向性が見えてこない時期に相当する。国内の状況はそれまでの間にも変動しており、これを 3 つの期間に分けて論じる。最後に、シリアでは統治機構や社会・経済基盤が紛争前から一定程度整っていたことが、同時複合的な開発的人道支援の実施を可能にしたことを主張し、紛争中の開発的人道支援が果たしうる役割と限界に触れ、結びとする。本稿の一部は、筆者が 2018 年 10 月にトルコおよびヨルダンで実施したインタビュー調査をもとにしている。

1 紛争中の開発的人道支援とは何か

（1） 実施のタイミング

　紛争や自然災害などの人道危機に際しては人道支援が行われるが、総会決議 46/182 号は、人道危機に際し、国家主権を尊重しつつ救援・復興・開発を連続的に支援すべきと整理した[8]。この決議以降、国際場裏で人道と開発、その間の開発的人道支援についての議論が進んできた。主な論点の一つは、連続的な実施か同時実施か、という点である。人道と開発的人道を連続的に支援するとは、人道だけ、開発的人道だけが支援される時期があるということである。同時実施とは、実際の支援は連続ではなく重なり合う、つま

り二つの支援が同時に行われる場合もあるのではないか、という主張である。川口は、20世紀においては、紛争が発生・悪化・収束・停戦という直線的なプロセスを経ることを前提とし、人道・開発的人道・開発は停戦後の復興を見据え、それぞれのフェーズで異なるアクターが交代で連続的に支援するように想定されてきたという。しかし、こうした考えが常に実態を反映しているとは限らないとして、21世紀に入り、世銀や国連、欧州連合（European Union: EU）といった国際組織も、同時複合的な開発的人道支援を想定するようになったと整理する[9]。

　そもそもOECD DACが1997年に発表した『紛争、平和、開発協力についてのガイドライン』では、人道・開発的人道・開発の連続的実施という考えが常に実態に即しているとは限らず、共存しつつかかわりあう場合があると主張する[10]。欧州共同体委員会（Commission of the European Communities: CEC）も1996年のコミュニケ「救援・復興・開発のリンケージ」[11]で、開発への道のりは直線的とは限らず、同時に異なる活動が発生する場合があるとし、同コミュニケ以降、同時実施と連続実施について議論してきた[12]。2005年に成立した国連人道支援の調整メカニズムであるクラスター・アプローチ[13]には、標準クラスターとして早期復興が設置され、国連開発計画（United Nations Development Programme：UNDP）がリード機関となった。開発支援機関であるUNDPが人道支援の調整メカニズムでリードを取ること自体に、現場の実践における同時実施の必要性がうかがえる。2018年に世銀が国連と共同発表した『平和への道』では、紛争前・中・後の区別を取り払って人道と開発、さらには政治や安全保障にかかわるアクターが協同する必要性を謳う[14]。人道・開発的人道・開発が同時に実施されることがあるという認識が国際社会に共通にありながら、連続実施モデルが先行し、四半世紀以上をかけて、国際場裏で同時実施モデルが整理されてきたことになる。

(2) 実施の目的

　同時実施モデルの整理にここまで時間を要したのはなぜか。一つの背景を、開発的人道支援を取り巻く二つ目の論点、目的に見ることができる。1991年の総会決議、1996年のCECコミュニケや1997年のOECD DACガイドラインはいずれも、基本的には主権国家を実施主体とし、国家レベルの開発への準備段階としての開発的人道支援を想定する。早期復興支援クラスター・ワーキンググループが2008年に発表した『早期復興ガイダンス・ノート』も、国家による開発的人道を支援することに主眼を置く[15]。しかし、近年の紛争では、政府と反政府勢力や反政府勢力同士の紛争、つまり政府が国民を守れない／守らないケースが増加している。

　実際に、一人一人を対象とし、不偏性や平等性、独立性といった原則に基づく人道支援であっても、物資の配布が妨害されたり、支援に従事するNGOなどの安全が確保されなかったり、特定の紛争当事者に肩入れしているとの批判を受ける可能性があることが、多くの研究や調査から指摘されている[16]。国家レベルの開発を想定した開発的人道支援を、紛争収束の目途が経たない段階で実施する難易度は、さらに高い。連続実施モデルは、国家主権の侵害といった批判を避け、妨害やリスクがあっても紛争に苦しむ人々に支援を届けることを最優先に、現場の実情に即した形で構築されてきたと言える。しかし、このモデルが常に実態に即しているわけではないことも、前項で述べたように明らかである。

　2010年代に入り、自然災害や飢饉等のショックに対応し、そこから回復し、転換するという被災地復興の3つのステップを現すレジリエンス概念が、紛争の影響を受けた社会の再建にも援用されるようになってきた[17]。国家レベルのみではなくコミュニティ・レベルの復興も視野に入れていることが、レジリエンス概念の大きな特徴と言える。『早期復興ガイダンス・ノート』は2016年に改訂され、NGOや市民社会が参画するコミュニティのレジリエンスも視野に入れている[18]。開発的人道支援はコミュニティ・レベルのレジリエンス概念を加味することで、人道・開発を繋ぐのみならず、同時実

施というモデルをも抱合しうる概念になった。

（3） 実施にかかわるアクター

　3つ目の論点として、開発的人道支援にかかわるアクターがある。平時の開発支援は外部アクターと内部アクターが協働し、国家やコミュニティなど様々なレベルで行われる。紛争中の人道支援は、主に国連機関や NGO が紛争当事者から距離を置き、直接、人々を支援する。この間を繋ぐには、連続実施モデルが特に外部アクターの理解を得やすい。たとえば 1992 年の国連安全保障理事会報告『平和への課題』では、国連が政治的・社会的・経済的な面で、紛争の予防、発生から終結、終結後の復興までの一連のサイクルを支援することが提唱されている[19]。2000 年の国連平和活動検討パネル報告書は、紛争の予防と紛争終結後の復興に力点を置く[20]。これらの報告やガイドラインは、外部アクター主導で紛争後の民主的な国家建設を進めるという、リベラルな平和構築論[21]を踏まえている。

　これに対し、2001 年に改訂された CEC のコミュニケでは、国家と個人の間をつなぐ非国家アクターが国家の能力を補完しうるとして、市民社会のリーダーや NGO などの能力強化の必要性に言及している[22]。こうした非国家アクターが紛争後の民主的な国家建設に積極的な役割を果たしうるとの議論は、レデラック（John Paul Lederach）やリッチモンド（Oliver P. Richmond）、マクギンティ（Roger Mac Ginty）などにより、下からの平和構築やハイブリッドな平和構築などの理論として、精緻化が進められてきた[23]。国連は 2015 年に『持続的な平和への課題』を発表し、この中で、持続的な平和を実現させるのは一義的には主権を有す国家であるとしつつも、一部エリートや権威主義政府のみではなく、包括的な国民の当事者意識（inclusive national ownership）が重要であると謳う[24]。

　本節で整理してきた 21 世紀型の開発的人道支援実施モデルは、20 世紀型の連続実施モデルに必ずしも適合しない実態があることに対応して可視化されてきた。それは人道支援と同時に実施するもので、コミュニティ・レベル

のレジリエンス構築を目的とし、市民社会のリーダーやNGOなどの非国家アクターと協働する。次節では、このように整理された3つの論点に即し、紛争中かつ内部アクターを取り巻く状況が変動するシリア国内で、21世紀型の開発的人道支援がどのように実施されているのか／されていないのか、また実施に際してどういった困難があり、その克服にいかなる努力がなされたか、といった現状と課題を考察する。

2　シリア国内向け支援事例を通じた考察

（1）　第1期（2011年〜2012年）：紛争の始まりと主要な反政府勢力の成立

　シリア紛争は、2011年3月、南部の都市ダラアで発生した民主化要求のデモとその鎮圧に端を発する。騒動は全土へ拡大し、2012年にはトルコと国境を接する北部およびヨルダンと国境を接する南部で、反政府勢力が支配を拡大していく。この年、国際社会は政治・安全保障の面から和平合意を支援した。国連及びアラブ連盟の共同特使にコフィ・アナン元国連事務総長が就任し、同特使は2012年4月の国連停戦監視団派遣に尽力し、6月に和平協議のための第1回ジュネーブ会議を開催し、停戦合意を実現させた。しかし停戦合意は数時間で破綻し、停戦監視団は8月には撤退した。同年、欧米や湾岸諸国は亡命者を中心とした反政府勢力「国民連合」を支持し、12月の第4回「シリア・フレンズ会合」（日本を含む130か国以上が参加）で国民連合を「シリアの人々の正当な代表」であり、シリア反体制諸派の上部組織と認めた[25]。

　シリア国内向けには2012年、政府の承認を経て人道支援計画（後のSyria Humanitarian Assistance Response Plan：SHARP）が初めて作成されたが、人道支援クラスターは成立していなかった。この年から、OECD DACの公式統計（Creditor Reporting System：CRS）では、シリア向け支援額は急増する。最大の割合を占めていたのは人道支援であり、次に多いのは教育

（約10％）であった。後に人道支援に次ぐセクターとなる市民の平和構築・紛争予防と解決（Civilian peace-building, conflict prevention and resolution：CPB）支援は、2％程度に過ぎない。教育は紛争前からシリア向け開発支援の上位セクターである。つまりこの時期は、紛争に入って人道支援が急増し、紛争前から一部なりとも継続した開発支援と共存していたと考えることができる。共存の背景として、紛争前のシリアでは、一定のインフラや住民サービスが整っていたことが挙げられよう。電気や水道の普及率は90％以上であった。初等教育修了率は男女とも100％、出生100,000人当たりの妊産婦死亡率も100名を切り、出生時平均余命は男性70歳超、女性75歳超であった[26]。このように国家主権が行使され、一定レベルの統治機構があったため、紛争の中で開発支援を継続しつつ、人道支援を受け入れることが可能であった。

　こうした支援は主に政府支配地域向けであり、反政府勢力支配地域では実施されなくなる。この時期、反政府勢力支配地域向け支援としてCRSでコミットを確認できるのは、ほとんどがCPB支援であるが、その割合はコミット額の1％に満たない。人道支援がどの程度反政府勢力支配地域に提供されていたのかは、安全のため詳細情報が秘匿される活動も多く、判然としない。サウジアラビアやカタールなど湾岸諸国や、トルコに拠点を置く国際NGOの人道救援基金（Humanitarian Relief Foundation: IHH）は、反政府勢力支配地域での支援を行っている[27]が、その詳細は、CRSや人道支援にかかる公式統計（Financial tracking service：FTS）といった統計からは確認できない。

　この時期、CRSによると、政府支配地域では開発・人道の同時実施が見られる。反政府勢力支配地域では、政府支配地域向けに比べて微々たる額であるがCPB・人道支援の同時実施が確認でき、非DAC諸国による支援も行われているが、その全容は確認できない。以上から、シリアの主権は政府により維持され、反政府勢力支配地域への支援活動は細々と行われていたと考えられる。2013年に入ると、反政府勢力支配地域の内部アクターの様態が

複雑化していく。

（2） 第2期（2013年）：膠着する紛争と地方委員会の出現

　国民連合はトルコに拠点を置き、第4回シリア・フレンズ会合以降はシリアの友人コア国[28]に支えられていた。2013年3月にトルコで暫定政府を立ち上げたが、シリア国内の支持や基盤は弱く、1,200とも3,000とも言われる反政府勢力の統合はできなかった[29]。シリアの支配勢力の分布図は、反政府勢力が結束して北西部や南部を中心に戦略的に領土を拡大していくというより、地域によって政府軍が撤退したり、一つの地域の支配者がすぐ別の反政府勢力に変わるような、流動的な状態が続くことになる。紛争は2013年には膠着状態に陥り、国民連合を支援するシリアの友人コア国と、政府を支援するロシアやイランが対立していた。化学兵器使用疑惑も紛争終結に向けた契機とはならず、和平のための政治・安全保障面の努力は頓挫した。紛争に伴う人道状況の悪化を受けて、2013年1月にシリア人道支援会合がクウェートで開かれ、国連による資金アピールに対し、OECD DAC諸国や湾岸諸国がプレッジを行った。

　シリアではこの年、早期復興を含む人道支援クラスターが成立し、SHARPは政府の承認を経て2013年に2度作成され、2度目から支援目標の一つに、コミュニティのレジリエンス増進が含まれるようになった。開発支援予算の最大セクターは食料や緊急援助物資などの人道支援であり、わずかではあるが、農業再開のための種や農機具、就労支援、ごみ収集コンテナの供給など、コミュニティ・レベルのレジリエンス構築が開発的人道支援として行われていた。政府支配地域向けの各種支援はシリア赤新月社が実態上、独占的に実施していたが、政府登録NGOも少しずつ増加した。このように、政府支配地域では、既存の統治機構と政府登録NGOを介した人道と開発的人道支援の共存がみられる。

　反政府勢力支配地域では、既存の統治機構が撤退した後、現実的なニーズから、県レベルや地区レベルで地方委員会（local council: LC）が出現する。

出自はばらばらで、各戸の代表から選挙でメンバーを決めた LC や武装グループと市民グループの合意により成立した LC、EU 諸国やサウジアラビア、カタールの支援を受けて成立した LC[30] もあった。CRS に見る限り、この時期、人道支援に次いで盛んに行われていたのは、CPB 支援である。LCのメンバーを市民社会のリーダーに育成すべく、民主主義、人権、市民防衛、メディアといった分野での支援が研修を中心として行われ、こうした支援は欧米諸国が直接行っていた。政府との関係上、反政府勢力支配地域への物資の搬入は難易度が高く、同地域の人道支援クラスターはまだ機能していなかった。主要な国際 NGO は、反政府勢力支配地域への支援は政府支配地域に比べて著しく少ないとして、反政府勢力支配地域の人道状況を懸念している[31]。こうした状況で、多くの LC は、コミュニティのレジリエンスを構築するために CPB 研修を受けながら、人道支援物資の配布に注力していた。人道支援物資の配布は目に見えやすい成果であり、LC はこの活動を通じて、地域に基盤があることに加え、統治機構としての正当性を確保しようとした[32]。さらに、首都に近く、政府に包囲されて孤立度も高く、地域内で活動を完結させる必要に迫られて、開発的人道を実施した LC もある。資金源は不明であるが、ごみ収集、下水や電力システムの修理、小麦の生産などのレジリエンス構築のための開発的人道を実施していた。そこまで孤立していない LC では、このような活動はさほど実施されていなかったという[33]。

国民連合や暫定政府はシリア国内の基盤が薄いため、LC を暫定政府地方自治省 LC ユニットの傘下に置き、自身の正当性を確保しようとした。LCにとり、より多くの支援を諸外国から引き出すために、国民連合や暫定政府との関係は重要であった。しかし、LC を取り巻く紛争の状況は不安定で、支配勢力が頻繁に交代する可能性も高い。暫定政府は 760 の LC が傘下にあったとする[34]が、実際の LC の対応はまちまちだったと推察される[35]。LC は武装勢力との関係にも腐心していた。地域内の各種調停に従事した伝統的なイスラム法廷の関係者の多くは、武装勢力との強いパイプを有していた。武装勢力にとって LC を取り込むことは、地域とのパイプを確保して支

配を正当化することであり、人道支援物資の配分や住民サービスの恩恵を得られることを意味した。LC にとって武装勢力と適切な関係を保つことは、彼らの警護を治安維持につなげ、他の武装勢力の襲撃を受ける確率を下げ、車両などの装備を人道支援物資の配送その他の活動に使えるメリットもあった[36]。

さらに、LC が最も腐心したのは政府との関係であろう。ファビエ（Agnès Favier）は「多くの LC は、2011 年 8 月にバッシャール・アル・アサドにより公布された政令 107 号による行政部門に従って形成された[37]」と、LC が既存の統治機構に位置づけられていたことを示唆する。たとえば、多くの LC は教師の給与を捻出できず、政府が払う場合があった。政府も反政府勢力支配地域の奪還後に備えていたことがうかがえる[38]。また電気や水などの確保に際し、反政府勢力が発電所や浄水場から各戸への給電や給水までの全体を管理できるほど勢力を伸ばしているわけではないので、政府との配分交渉が必要であった。これら設備の修理も、LC にたまたま技術者がいれば可能かもしれないが、いない場合には政府を頼らざるを得ない[39]。このように、LC は外部アクターを通じて紛争後の民主的な国家建設を前提とした CPB 支援を受け、自身では主に人道支援物資の配布に注力し、一部ではコミュニティのレジリエンス構築のための活動を実施していた。一方で、紛争前から一定のインフラや統治機構が整っていたことで、LC は結局、政府の既存の仕組みや制度を頼りとしていた。

この時期、政府支配地域では人道支援クラスター・システムが成立し、既存の統治機構や国連、政府登録 NGO を介して人道と開発的人道が同時に実施されていた。反政府勢力支配地域では、既存の統治機構の代替として LC が、諸外国や国際 NGO 等を介し、人道と開発的人道、さらには紛争後の民主的な国家建設、開発に繋がるとすら考えられる CPB 支援も同時に受けていた。しかし、CRS や FTS から確認する限り、LC は結局のところ、政府の統治の仕組みの範囲内で機能していた。シリアという国の主権は弱まったかもしれないが、反政府勢力に主権が移ったとは言えない状況のまま、ISIL

が北東部で拡大し始めるのである。

（3） 第3期（2014年～2015年9月）：国連安保理決議2165号からシリア全体アプローチへ

　2014年6月末、ISILが「イスラム国」の樹立をシリア北東部で宣言し、紛争当事者に加わった。諸外国はそれぞれの思惑から政府ないしは反政府勢力を支援してきたが、ここに、ISILという共通の敵を見出したのである。2014年夏からの、アメリカと湾岸諸国で構成される有志連合の空爆は、大勢に影響を与えなかったが、2015年9月にロシアが空爆を始めて以降、紛争における政府の優位性が増していく。この時期、紛争終結のための政治・安全保障の面からの努力はISILとの闘いにすり替えられ、国際社会は人道支援の拡大を通じてシリア支援にかかわろうとした。2014年1月、資金調達のため、クウェートで第2回シリア人道支援会合が開催され、3月には第3回会合が開催される。また、国連安保理ではすべての紛争当事者に対し、人道支援のアクセスを確保するよう促す決議を再三採択していたが、功を奏していなかったため、政府への通知をもって国境を越える支援を可能にする決議2165号を、2014年7月に採択した[40]。以降、トルコを拠点とする反政府勢力支配地域向けの人道支援クラスター・アプローチが成立し、個別の人道支援計画も作成された。2015年から国連機関による支援はシリア全体アプローチ（Whole of Syria: WoS）を採用し、人道支援計画も一本化されたが、実際のオペレーションはシリア国内とトルコ、ヨルダンの3拠点に分かれて行われている。なお、ヨルダンを拠点とする人道支援計画は作成されなかったので、本稿ではトルコからの支援を取り上げている。

　政府支配地域では統治機構が保たれ、生計向上、基礎的社会インフラの復旧、ごみ処理などの開発的人道支援が継続した。人道及び開発的人道支援に従事する政府登録NGOの数は、2014年初めに74、2014年末に107、2015年末に131に増加した[41]。SHARPではNGOの能力強化も謳われている。反政府勢力支配地域への人道支援実績も、安保理決議2165号以降、増加し

た[42]。IHH は仮設テントに加えて仮設住宅、さらに庭付き戸建て住宅の供給も行っている。また、基礎教育支援のみならず大学を設置したり、マイクロファイナンス事業を展開した[43]。しかし、国境を超える支援実績は政府支配地域向けに遠く及ばず、様々な困難を抱えていたことも明らかにされている[44]。

　LC の支援に従事するのは、トルコに拠点を置き、反政府勢力支配地域へ国境を越えて活動する NGO であり、シリア人主体の（シリア政府未登録）NGO と外国人主体の（国際）NGO に分かれる。ISIL が勢力を伸ばして以降、国境を超える支援を管理してきた国際 NGO のトルコ赤新月社の活動が滞るようになり、危険を冒して国境を超えるシリア人の役割がさらに大きくなった[45]。これらのシリア人は、国際 NGO で働いたり自ら NGO を立ち上げるなどしてその能力を強化し、2014 年と 2015 年にはトルコ人道資金の 80％を受け取った[46]。

　さらに、政府側・反政府勢力支配地域を問わず、シリアで活動するのは NGO だけではない。任意団体シリアのための市民（Citizen for Syria）によると、活動実績を確認できない団体や LC、武装勢力を除く調査の結果、少なくとも NGO を含む 748 の市民社会団体が存在し、市民権、人権と自由、社会サービス、開発と住居といった領域で活動しているという。調査は全国を対象とし、回答した団体にはシリア政府登録団体もそうでない団体も含まれる[47]。政府支配地域の調査はより困難だったようであるが、同じ国の双方の地域をまたぐ、一定のやりとりが継続していることがわかる。

　WoS には国連の支援計画を統合し、情報を共有して支援を効率的に実施し、重複を防ぐねらいがある。しかし、実際の支援は政府側と反政府勢力支配地域に分かれて行われる。政府と LC、また双方の地域の任意団体同士で一定のやり取りがあったことは確認できるが、人々の安全が確保されたわけではない。どの勢力によるのか判然としない場合も多いものの、紛争以降、80 名以上の国連機関・NGO 関係者が殺害され、30 名以上が拘束ないしは行方不明になった[48]。政府側・反政府側の両方の地域で活動していた国際

NGO が、どちらかを選択するよう政府から求められたりもした[49]。国境を超える支援に従事する団体の情報が政府に漏れる可能性を懸念するシリア人の援助従事者もいる[50]。WoS が採用されたからといって、シリア国内が統合されたわけではないのである。

おわりに

　本稿では、シリア国内向け支援の考察を通じて、紛争中の開発的人道支援の現状と課題を論じてきた。シリアでは人道支援のみならず、生計向上や基礎的な社会インフラの復旧、ごみ処理などの開発的人道支援が行われていた。さらに反政府勢力支配地域では、わずかながら CPB、マイクロファイナンスや大学教育など、紛争後の民主的な国家建設や開発を想定した開発的人道支援すら行われていた。変動する開発的人道支援を支える内部アクターは、既存の統治機構、シリア政府登録 NGO、シリア人主体の国境を超える NGO、統治の空白を埋める LC といった、多様な組織・人々であった。バリエーション豊かな支援活動は、人々の命を救うだけではなく、暮らしや尊厳の回復、統治機構の維持やコミュニティのレジリエンス構築に、一定の役割を果たしていた。シリアでは、人道・開発的人道・開発の同時実施モデルに合致する、21 世紀型の開発的人道支援が行われていた。

　多彩な開発的人道支援を可能とする要因は何であろうか。一つには、紛争前のシリアという国が最貧国でもいわゆる脆弱国でもなく、一定程度の教育や保健などの社会・経済基盤を整えており、このことが多様な人材の輩出を促したためと考えられる。第一節で引用した、包括的な国民の当事者意識の現れとして、安全な隣国に出国してもなお、命の危険を冒して国境を越え、支援に従事する NGO を挙げることができよう。こうした NGO や LC といったアクターは、紛争前に何らかの住民サービスの恩恵を受けていたからこそ、長引く紛争の中でもコミュニティのレジリエンスのための活動ができるのではないか。もう一つの要因として、紛争前の統治機構が不完全ながらも

持続していることが挙げられよう。政府の撤退後も、LC とのコネクションは、部分的であっても残っていた。統治機構が完全には消滅しておらず、紛争の収束の方向性は見えていないのだから、CPB 支援を受けたとしても、LC が新たな統治機構を採用する可能性は低いのではないか。そもそも、シリアの友人コア国ですら政府と国交断絶したわけではなく、国連のポストも政府が維持している。中東の地域機構であるアラブ連盟において、シリアは参加資格停止中で反政府勢力もそのポストについてはいない。シリアという国の主権は紛争中に弱まったかもしれないが政府にあり、これまでのところ反政府勢力に移ってはおらず、新たな主権国家が立ち上がっているとは言えない状況である。

　2015 年 9 月にロシアが空爆を開始して以降、政府の優位は続く。同年 11 月、シリアの友人コア国に国連、アラブ連盟、さらに政府を支援するロシアやイラン等を加えた 20 か国が「国際シリア支援グループ（International Syrian Support Group）」の設立で合意する。12 月には、シリア人主導の政治移行プロセスと停戦プロセスの行程を定めた国連安保理決議 2254 号が採択された[51]。これに先立ち、国民連合を含む反政府勢力は、政府との交渉にあたる統一代表団を組織するための会合を開催したが、人選をめぐり反政府勢力同士、また諸外国の思惑が絡み合い、団員が確定したとの報は確認できない。2016 年に入ると、アメリカとロシアによるシリア情勢についての協議が不定期に開催されるようになり、同年 2 月には長続きしないものの、一部地域で停戦が発効し始めた。政府はさらに勢力を盛り返して南部地域を奪還し、2017 年 10 月の ISIL 崩壊以降は北中部・北西部の反政府勢力支配地域を制圧しつつある。反政府勢力が結集しない間に政府は支配地域を奪還し、統治機構を復活させ、主権を回復していく。こうして見ると、コミュニティ・レベルのレジリエンス構築支援や開発を志向する支援は、紛争に苦しむ人々のために一定程度その目的を果たしている一方で、紛争後の民主的な国家建設を想定した支援は、これまでのところ、その目的を達成しているようには見受けられない。シリアという国は変動を経て紛争前の状態に戻って

いくのか、新しい姿を見せることはないのか、岐路に立たされている。

　本稿では、紛争中の開発的人道支援という概念を実施のタイミング、実施の目的、実施にかかわるアクターの3つの論点から整理した。その整理に即して変動するシリア向け開発的人道支援の現状と課題を考察し、最後に開発的人道支援を可能にした要因やその役割、限界に言及した。なお、冒頭述べたように、開発的人道支援の実態には紛争ごとに異なるコンテキストがあると言っても過言ではない。本稿はその一端を整理することに集中したため、開発的人道支援のメカニズムの全容を解き明かすまでには至らなかった。様々な事例を集積し、分析していくことは今後の継続的な課題である。

【付記】本稿は、JICA研究所の川口智恵研究員及びルイ・サライヴァ（Rui Saraiva）研究員との意見交換から着想を得た。ここに記して謝意を表す。また、本稿の見解は筆者個人のものであり、所属先のものではない。

〈注〉

1　「アラブの春」とは2010年末にチュニジアで始まり、同国およびエジプト、イエメンに大統領の退任をもたらした政治変動を指す。たとえば次を参照。青山弘之『混迷するシリア　歴史と政治構造から読み解く』岩波書店、2012年、v頁。

2　本稿は紛争そのものをテーマとしてはいないので詳細には立ち入らない。紛争の数や分類については次を参照。Uppsala University, "Uppsala Conflict Data Program," accessed 3 November 2018, http://ucdp.uu.se/. このデータベースの死者数で上位10位以内に入る紛争を抱えるシリア、イラク、ナイジェリアなどは必ずしも最貧国ではなく、明らかな脆弱国でもない。次を参照。UN, Committee for Development Policy, *List of Least Developed Countries* (*as of December 2018*), United Nations, accessed 2 February 2019, https://www.un.org/development/desa/dpad/wp-content/uploads/sites/45/publication/ldc_list.pdf. 脆弱国の指標には国家脆弱インデックス（State Fragility Index）、対外政策のための国別指標（Country indicators for Foreign Policy）、ベルテルスマン移行インデックス（Bertelsmann Transformation Index）などがある。

3　紛争の平均年数は7年で再発率は約44％とする見解や、1980年代以降の平均年

数は 4 年以下に減少した一方で再発率は 2000 年代に入って 60％を超えたとする見解がある。Paul Collier, V. L. Elliott, Håvard Hegre, Anke Hoeffler, Marta Reynal-Querol, Nicholas Sambanis, *Breaking the Conflict Trap: Civil War and Development Policy*, A World Bank policy research report, Washington, D.C.: World Bank and Oxford University Press, 2003, p.80, p.83.（ポール・コリアー、V. L. エリオット、ハーバード・ヘグレ、アンケ・ホフラー、マルタ・レイナル・ケロル、ニコラス・サンバニス、田村勝省訳『戦乱下の開発政策』シュプリンガーフェアラーク東京、2004 年、73 頁、76 頁。）Sebastian Merz, "Less conflict, more peace? Understanding trends in conflict persistence," *Conflict, Security & Development*, vol.12, no.3,（2012）, p.210.
4　川口智恵「紛争影響下における人道救援と開発の連続的実施」『国連研究』第 18 号（2017 年 7 月）、130 頁。
5　ゴメズ（Oscar A. Gómez）と川口によると、開発と人道の間の活動は、主にアメリカでは救援から開発（relief to development）、EU では回復（rehabilitation）、後述する国連人道支援の調整メカニズムであるクラスター・システムでは早期復興（early recovery）と、様々に呼ばれる。本稿は特定の援助国や機関に焦点を当てることが目的ではないので、これらの語とは異なる「開発的人道」を用いる。Oscar A. Gómez and Chigumi Kawaguchi, "The Continuum of Humanitarian Crises Management: Multiple Approaches and the Challenge of Convergence," Working Paper No. 136, Tokyo: JICA Research Institute, December 2016.
6　UN Document, A/RES/46/182, 19 December 1991.
7　外務省「第 1 章 2　2014 年の国際情勢と日本外交の戦略的展開」『外交青書』、2015 年、7 頁、15 頁。なお、ISIL の呼称にはイラクとシャームのイスラム国（Islamic State in Iraq and al-Sham: ISIS）やイスラム国（Islamic State: IS）も使われる。本稿では紛争当事者に加わった時の呼称を用いる。
8　UN, *op.cit.*, para.9.
9　川口、前掲論文、132-136 頁。
10　OECD DAC, *DAC Guidelines on Conflict, Peace and Development Co-operation*, 1997, p.32.
11　CEC, *Communication from the Commission to the Council and the European Parliament on Linking Relief, Rehabilitation and Development*（*LRRD*）, COM（96）153 final, April 30, 1996.
12　連続実施すなわちコンティニュアム（continuum）と同時実施すなわちコンティ

ギュアム (contiguum) を取り巻く議論については、概念上はコンティニュアムとして整理されているが実際にはコンティギュアムも起きている、という指摘が多い。Ian Smillie, "Relief and Development: The Struggle for Synergy," Occasional Paper #33, Providence: Thomas J. Watson Jr. Institute for International Studies, 1998. Julia Steets with contributions from Domenica Preysing and Gilla Shapiro, "Donor Strategies for Addressing the Transition Gap and Linking Humanitarian and Development Assistance: A Contribution to the International Debate," Final Report, Berlin, Global Public Policy Institute, 9 June 2011, accessed 31 January 2019, http://www.gppi.net/fileadmin/user_upload/media/pub/2011/steets_2011_transition_web.pdf. Alexander Kocks, Ruben Wedel, Hanne Roggemann, Helge Roxin, *Building Bridges Between International Humanitarian and Development Responses to Forced Migration. A Review of Conceptual and Empirical Literature with a Case Study on the Response to the Syria Crisis, EBA Report*, 2018:02,（Sweden: Expert Group for Aid Studies, Germany: German Institute for Development Evaluation, 2018）.

13　人道支援に際し，複数の支援機関が専門分野ごとにクラスターに分かれ、各クラスターのリード・エージェンシーを中心に支援計画を取りまとめることでその責任を明確にし、併せてクラスター間のパートナーシップ構築により、支援の届かないギャップや重複を避けることを目的とする。機関間常設委員は標準的なクラスターを定め、紛争のコンテキストにより、クラスターを追加したり割愛したりする。外務省『緊急・人道支援　国際機関を通じた援助用語説明』2016年 (https://www.mofa.go.jp/mofaj/gaiko/jindo/jindoushien2_2y.html, 2018年11月4日)。

14　World Bank Group and United Nations, *Pathways for Peace: Inclusive Approaches to Preventing Violent Conflict*（Washington, D.C.: World Bank, 2018), pp.283-284.

15　Cluster Working Group on Early Recovery, *Guidance note on early recovery* (Geneva: Bureau for Crisis Prevention and Recovery, UNDP, April 2008), p.6.

16　たとえば次を参照。Mary B. Anderson, *Do no Harm*, (Bolder: Lynne Rienner Publishers, Inc., 1999)（メアリー・B・アンダーソン、大平剛訳『諸刃の援助』明石書店、2006年。）上野友也『戦争と人道支援－戦争の被災をめぐる人道の政治－』東北大学出版会、2012年。

17　武藤亜子「紛争影響下におけるレジリエンス支援の意味と課題―シリア支援

を事例に──」『同志社グローバルスタディーズ』第 8 巻（2018 年 3 月）、161-175 頁。

18　Global Cluster for Early Recovery, *Guidance Note on Inter-Cluster Early Recovery*, (Geneva: Secretariat of the Global Cluster for Early Recovery, January 2016), pp.10-12.

19　Boutros Boutros-Ghali, *An Agenda for Peace: Preventive Diplomacy, Peace-making and Peacekeeping*, UN Document, A/47/277-S/24111, June 17, 1992（ブトロス・ブトロス・ガリ『平和への課題』国際連合広報センター、1992 年。）

20　Lakhdar Brahimi, *Report of the Panel on United Nations Peace Operations* ("*Brahimi Report*"), UN Document, A/55/305-S/2000/809, August 21, 2000, para13（ラフダール・ブラヒミ『平和維持活動の全側面における問題全般の包括的審査（ブラヒミ報告）』国際連合広報センター、2000 年。）

21　リベラルな平和構築については、たとえば次を参照。Edward E. Azar, *The Management of Protracted Social Conflict: Theory and Cases* (Aldershot: Dartmouth, 1990). Roland Paris, "Peacebuilding and the Limits of Liberal Internationalism," *International Security*, vol.22, no. 2 (Autumn, 1997), pp. 54-89, accessed 2 February 2019, http://www.jstor.org/stable/2539367.

22　CEC, *Communication from the Commission to the Council and the European Parliament: Linking Relief, Rehabilitation and Development (LRRD) - An Assessment*, COM (2001) 153 final, April 23, 2001.

23　下からの平和構築やハイブリッドな平和構築などについては、たとえば次を参照。John Paul Lederach, *Building Peace* (Washington: United States Institute of Peace, 1997). Oliver P. Richmond, "Emancipatory Forms of Human Security and Liberal Peacebuilding," *International Journal: Canada's Journal of Global Policy Analysis* (Summer 2007), pp.459-478. Roger Mac Ginty, *International peacebuilding and local resistance: hybrid forms of peace* (New York: Palgrave Macmillan, 2011).

24　UN Document, A/69/968-S/2015/490, June 29, 2015, para 44.

25　外務省、第 4 回シリア・フレンズ会合（概要と評価）（https://www.mofa.go.jp/mofaj/area/syria/friends_kaigo/2012_12/gaiyo.html, 2019 年 1 月 26 日）。

26　The World Bank Group, *World Development Indicator*, accessed 11 December, 2018, https://data.worldbank.org/. 紛争以降、初等教育修了率や男性の出生時平均寿命などは急激に落ち込んでいる。

27　2018 年 10 月 23 日、トルコの IHH にて聞き取り。

28　欧米や湾岸国など 11 か国で結成。Foreign & Commonwealth Office and The Rt Hon William Hague, "Friends of Syria Core Group - Final Communique," 22 June 2013, accessed 21 February 2019, https://www.gov.uk/government/news/friends-of-syria-core-group-final-communique.

29　国枝昌樹『報道されない中東の真実』朝日新聞出版、2014 年、192 頁。

30　Sabr Darwish, "Syrians Under Siege: The Role of Local Councils," *Arab Reform Initiative, Policy Alternatives*, October 2016, p.2. Centre for Humanitarian Dialogue: the HD Centre, *Local Administration Structures in Opposition-Held Areas in Syria* (Genève, 2014), p.9.

31　Sam Jones, "Syrians Aid Efforts Have Lethally Failed, Say Charities," *The Guardians*, 30 May, 2014, accessed 8 November, 2018, https://www.theguardian.com/global-development/2014/may/30/syrian-aid-effort-failed-charities.

32　The HD Centre, *op.cit.*, p.15.

33　Sabr Darwish, *op.cit.*, pp.3-4.

34　The HD Centre, *op.cit.*, p.16.

35　たとえば、暫定政府が施行した法規に沿って法廷を開く LC は 15％に過ぎなかった。Local Administration Councils Unit and Norwegian People's Aid Organization, *The Indicator of Needs for the Local Councils of Syria*, Local Administration Councils Unit (2013), p.16.

36　The HD Centre, *op.cit.*, pp.19-20.

37　Agnès Favier, "Local Governance Dynamics in Opposition-Controlled Areas in Syria" in *Inside Wars: Local Dynamics of Conflicts in Syria and Libya*, eds. Narbone Luigi, Favier Agnès, Collombier Virginie eds. (Florence: European University Institute, 2016), accessed 8 November, 2018, http://cadmus.eui.eu/handle/1814/41644, pp.11-12.

38　The HD Centre, *op. cit.*, p.14. Rana Khalaf, "Governance without Government in Syria: Civil Society and State Building During Conflict," *Syria Studies, University of St. Andrews*, vol.7, no.3 (2015), p.44.

39　The HD Centre, *op.cit*, pp.13-14.

40　UN Document, S/RES/2165, 14 July 2014.

41　UN Document, S/2014/208, 24 March 2014. UN Document, S/2014/840, 21 November 2014. UN Document, S/2015/962, 11 December 2015.

42　上野友也「国連安全保障理事会による文民の保護―シリア難民と国内避難民に

対する保護―」『岐阜大学教育学部研究報告　人文科学』第 64 巻第 2 号（2016 年）、41-50 頁。

43　IHH, *IHH Syria Activity Report 2012-2018*, accessed 14 November 2018, https://www.ihh.org.tr/public/publish/0/123/ihh-syria-activity-report-2012-2018.pdf. マイクロファイナンス事業については 2018 年 10 月 23 日、トルコの IHH にて聞き取り。

44　上野、前掲論文、41-50 頁。Ryoji Tateyama, "The Syrian Civil War: politicization of the crisis and challenges and dilemmas for humanitarian response," in *Crisis Management Beyond the Humanitarian-Development Nexus*, eds. Atsushi Hanatani, Oscar A. Gómez and Chigumi Kawaguchi (Oxford and New York: Routledge, 2018), pp. 101-124.

45　Elizabeth Ferris and Kemal Kirişci, "From Turkey to Syria: The murky world of cross-border assistance," *Hurriyet Daily News*, 20 July 2015, accessed 11 November 2018, http://www.hurriyetdailynews.com/from-turkey-to-syria--the-murky-world-of-cross-border-assistance-85637.

46　Christian Els, Kholud Mansour, Nils Carstensen, "Funding to national and local humanitarian actors in Syria: Between sub-contracting and partnership," *Local to Global Protection*, 2016, p.15, accessed 31 January 2019, https://www.local2global.info/wp-content/uploads/L2GP_funding_Syria_May_2016.pdf.

47　Zaidoun Al-Zoua'bi et al. "Syrian Civil Society Organizations: Reality and Challenges," Citizens for Syria, 2017, accessed 31 January 2019, https://citizensforsyria. org/OrgLiterature/Syrian_CSOs_Reality_and_challenges_2017-CfS_EN. pdf.

48　UN Document, S/2015/813, 22 October 2015.

49　UN Document, S/2014/295, 23 April 2014, para 43.

50　Christian Els, Kholud Mansour, Nils Carstensen, *op.cit.*, p.20.

51　UN Document, S/RES/2254, 18 December 2015.

V

書　評

8 キハラハント愛著『国連警察の責任を問う－国連警察要員の個人の刑事的アカウンタビリティ』

（Ai Kihara-Hunt, *Holding UNPOL to Account : Individual Criminal Accountability of United Nations Police Personnel*, Leiden, Boston: Brill/Nijhoff, 2017, xxiv+433pp.）

藤 井 京 子

　著者は、国連における実務を経た後、2017年から東京大学大学院総合文化研究科（人間の安全保障プログラム）の准教授を務めている。国連では、例えば1999年に国連東ティモール暫定統治機構（UNTAET）人権委員、2006年に国連人権高等弁務官事務所（OHCHR）ネパール事務所人権委員・治安部門改革責任者、2016年には国連警察指針作成委員などを歴任した。本書は、こうした著者の経験および直接的にはエセックス大学での博士論文「国連警察要員の刑事的アカウンタビリティ」（2015年）に基づいている。

　1990年代以降、国連平和活動に従事する要員による性犯罪や人身売買など重大な違法行為に関する報告が注目されるようになった。これら犯罪について告発が行われたとしても、刑事手続が取られることは少なく、刑事責任を問う枠組の有効性が問題視されている。この点につき国連総会は2006年以降、国連平和活動の文民要員の刑事責任を確保するための措置を何度も検討してきた（UN Doc. A/60/980；UN Doc. A/62/329；UN Doc. A/66/598, etc.）。

　本書は、国連平和活動に従事する要員の中でも「国連警察」要員に着目

し、その刑事責任を追及するメカニズムの実効性・問題点を検討することによって、当該問題を緩和しうる実践的な改善策を提案することを目的としている。

まず3つの用語について説明したい。

第1に「国連警察」とは"United Nations Police（UNPOL）"の訳語である。国連の警察と言えば、一般に「文民警察（CIVPOL）」が良く知られている。文民警察は国連平和維持活動（PKO）における警察部門を軍事部門と区別するために生まれた用語であるが、2005年に国連警察と改名され、今日に至っている。本書では、初期の文民警察も含めて国連警察と呼ぶ。その最初の活動は、1960年の国連コンゴ活動（ONUC）でのガーナ警察隊30名によるもので、その後、要員数は増加し、今日では12,000名以上の国連警察官が世界各地に展開している。

第2に本書における「国連平和活動（UN Peace Operations）」を著者は次のように定義している。これは、国連憲章に明示的な根拠を有さないが、安全保障理事会又は総会により設置・是認された活動であって、いわゆる国連PKO、平和強制活動、平和支援活動などを含む。なお強制行動又は集団的自衛権に基づく活動は除外される。

第3に、本書における「犯罪」は重大な犯罪に限定される。それは諸国において禁固の判決を下される可能性のある犯罪で、殺人、強姦、性的虐待などが含まれるが、軽微な交通違反などは排除される。

次に、本書が国連警察の刑事責任に焦点を当てる理由として以下の3点が示されている。第1に責任の問題は、これまで軍事要員に関して詳細に議論されてきたが、国連警察については、ほとんど取り組まれて来なかったこと。第2に、軍事要員に対して派遣国が刑事管轄権を有することは明白であるが、国連警察に対する刑事管轄権については、それ程、明白ではないこと。第3に、国連警察の任務の進展に鑑みて、その犯罪に取組まないままであるなら、警察への信頼に重大な影響を及ぼすこと。任務の進展とは、従来のように現地警察を監視するだけでなく、冷戦後に警察業務の遂行、並びに

受入れ国の法の支配の構築・再建を行うようになったことである。国連警察は、警察という組織の概念と任務への信頼を創出することを含め、刑事責任の概念を現地コミュニティに植え付ける立場にある。このため、当該要員が犯罪を行う場合には、その責任追及の確保が極めて重要となる。

著者によれば「国連にとって有害なのは、国連警察が犯罪を行うという事実ではなく、当該犯罪が処罰されないということである。」したがって本書における考察の対象は、国連警察要員の刑事責任に限定された。

次に本書の内容を紹介したい。本書は大きく2部に分けられる。

第1部（1章～3章）の中核は、この問題の性格と規模を検討することである。この分析を行うために著者は独自のデータベース（1948年～2014年）を作成した。これは、国連平和活動に関わる要員が行なったと告発された犯罪、並びに各ケースにおける行政手続または刑事手続の有無、その帰結に関する情報で、公的に入手可能な情報源から収集された。その情報源は次のウェブサイトである。

　① 国連、国連平和活動、及び国連機関
　② 受入れ国政府と派遣国政府
　③ NGOの報告書
　④ メディアの記事

その結果、公的に入手可能なデータは非常に少なく、この問題の規模を適切に示すことはできないと判明した。したがって著者のデータは限定的である。そのデータによれば、告発件数は545件で、うち国連警察要員に対するものは89件。そのうち40件が性犯罪（強姦4件。他に性奴隷、性的虐待など）、人身売買21件、任務とは無関係の殺人3件、脅迫・暴行4件、経済犯罪4件など。公務に直接関係する犯罪は13件で、抑留・取調べ・パトロール中での拷問又は暴行4件、デモ参加者への過剰な力の行使5件（傷害・致死）など。なお、被疑者の国籍は、多い順に米国11件、パキスタン9件、ヨルダン5件であり、そのうち公務に関連しているのは1件のみである。

このように国連警察要員によって重大な犯罪が行われ、その大部分が人に

対して行われた。また、その大多数は公務とは無関係である。一方、被疑者に対する刑事訴訟手続は、ほとんどのケースにつき受入れ国でも派遣国でも提起されていない。

　この点から著者は、犯罪の実行に最も影響を与えている要素を、国連平和活動のマンデートまたは警察要員の任務や置かれている環境ではなく、要員の個人的な特性、「人間性（personal integrity）」であるとしている。このため、要員の適正な選抜が極めて重要となる。

　選抜の点から見ると国連警察官は、国連により直接選抜・雇用される「個人の警察官」と、派遣国により選抜され派遣される「武装警察隊」要員から構成される（後者が全体の7割弱）。派遣国について見ると、1990年代には主に欧米諸国であったが、現在では南アジアとアフリカの数ヵ国に集中している。これら諸国は最大かつ継続的な派遣国であるが、本国において警察官の犯罪に取組むことはなく、遠い外国における警察官の犯罪への取組みは期待できそうにない。また国連は、警察要員の選抜基準を制定しているが、派遣国が選抜した要員がその基準を充足しているか否かをモニターしていない。

　第2部（4章〜7章）では、国連警察要員の刑事責任を確保するための現行のメカニズムを評価する。

　まず管轄権について検討する。国連警察は国連機構の一部であり、その要員は国連に所属する。しかし、その犯罪行為について刑事管轄権を行使しうるのは、伝統的に国家のみである。国連は懲戒上の手続を提起する権限をするが、刑事訴訟手続を提起する権限を有していない。このため、被疑者の訴追に関する主要な法的障害は、国家による刑事管轄権行使への制限であると批判されてきた。しかし受入れ国は領域原則に、派遣国は積極的国籍主義に依拠して管轄権を行使しうる。その意味では、法的障害は存在していない。ところが実際に行使した事例は少なく、89件のうち受入れ国の行使が12件、派遣国による行使は5件に過ぎない。

　次に特権・免除について分析する。これは国連の特権免除条約又は個別の

軍隊の地位協定に規定されている。理論上、国連警察官は公務遂行中の行為に関連する訴追から免除されうる。実際には、上記のように問題とされた犯罪の多くは、公務とは無関係であるため、これらに免除は適用されるべきでは無い。しかし国連事務総長特別代表は、免除が存在しない場合に免除を援用して、放棄しないことことがある。これは、国連要員が公正な刑事手続を有さない国に引き渡される懸念からであろうが、その問題は免除とは切り離して取り組まれるべきである。

第3に国連による取組みを評価する。国連は1990年代の半ば以降、特に2005年のザイド報告書（Zeid Report）において性的搾取・虐待を排除する戦略を策定した後、国連要員の刑事責任に取組む措置を取ってきた。例えば調査は、従来の単発的なメカニズムから調査委員会（Board of Inquiry, BOI）への委任で統一された。しかしBOIは必要な技術を欠いていたため、行動規範と提訴メカニズムの設定、告訴の円滑な受理・告訴の集中化の手続導入などの措置が取られた。

なお、国連において懲戒上の問題を扱う主要な事務所は①内部監査室（OIOS）、②規範・懲罰課（CDU）の2つである。OIOSは告訴された重大な違法行為を調査する責任を負い、CDUは情報の集中化・管理を行う。しかし、OIOSは監査目的のための機関であり、通常の犯罪調査の能力を欠いている。

以上の分析に基づき、結論として改善のための提案が示されている（第8章）。幾つか紹介したい。

まず、受入れ国・派遣国の刑事管轄権行使に関する提案である。上記のように関係国の管轄権行使に対する法的制約は存在しない。したがって訴追に対する障害は運用上のものであるか、または国家の政治的意思に問題があるか、のいずれかである。後者の場合、国際人権法に基づいて当該国は調査・訴追の義務を負うと主張しうる。

この問題に関連して国連が国際慣習法上の義務を負うのであれば、国連もまた次の2つの義務を負う。

(1) 迅速かつ実効的、公正な調査を行うこと。
(2) 被疑者の訴追を確保するよう最善の努力をすること。

　具体的には、先述の OIOS の中に犯罪行為を調査する特別班を設置し、国連警察要員を調査官とすること。関係データは OIOS と CDU の双方が独立して管理しているが、OIOS のデータが機密扱いであることから、OIOS が全データを収集・管理することで一元化すること。また、当該データの大部分、特に検証された犯罪行為の被疑者の国籍、および違法行為の報告受理後に迅速な対応を怠る国家の名前を公表すべきこと、等が提案されている。

　このように著者は、受入れ国・派遣国による要員の刑事責任追及の義務を指摘し、国連によるその確保努力を迫っている。そして最後に、もし本当の問題が国連警察要員の「人間性（personal integrity）」であるなら、国連は「人間性」に問題のある警察要員を持つか、警察要員を全く持たないかを選択せねばならない、と危機感が表明されている。

　本書の特長として、著者自ら国連平和活動要員による犯罪のデータベースを作成し、緻密な理論的分析を行ったことが挙げられる。著者は国連警察要員の犯罪を中心に、ミッション別に事件数と任務との関係・犯罪類型などを分析し、その主要な結果をグラフで図示している（pp.88, 91, 93, 94, 100-101）。

　この検討対象とされた国連平和活動の要員には、軍事派遣団（PKO の平和維持軍または多国籍軍など）要員も含まれている。多国籍軍の例として NATO（北大西洋条約機構）が主導した IFOR（和平履行軍）、SFOR（平和安定化軍、KFOR（コソボ多国籍軍）の他、UNITAF（ソマリア多国籍軍）等がある。これらは、安全保障理事会決議に基づいて設置されたが、その指揮権は国連加盟国に委任され、その活動は国連事務局の管理下に置かれていない。これら多国籍軍の要員も対象に入れるのであれば、「国連平和活動（UN Peace Operation）」と表記された用語を「国際平和活動（Peace Operation）」に代えた方が一般的には分かり易いのではないか。国連平和活動は、通常、国連事務局の管理下にある活動だからである。

本書は、国連警察要員の刑事的アカウンタビィリティの問題を具体的かつ詳細に検討しており、その事実と分析によって国連平和活動の正統性・実効性・透明性に重大な問題があることに警鐘を鳴らす実践的な研究書である。

9 西谷真規子編著『国際規範はどう実現されるか ―複合化するグローバル・ガバナンスの動態―』

（ミネルヴァ書房、2017年、x + 377頁）

大芝 亮

　本書は、コンストラクティビズム（構成主義）とグローバル・ガバナンス論を基盤として、「複雑で複合的な現代の国際関係における規範の実相」（3頁）を捉えようとするものである。本書の特徴に言及しながら、内容紹介・コメントをしていきたい。

　本書の特徴は、第1に、序章「国際規範とグローバル・ガバナンスの複合的発展過程」（西谷真規子）において、本書全体の理論的視点が明瞭に示されていることである。まず、コンストラクティビズムによる規範研究について、現在では、「複線的な発展過程を前提とし、国内主体や対抗勢力の役割に重点を置き、規範の遵守や規範の変容プロセスを解明することが主流をなしている」（5頁）と述べる。次に、「国際規範が批准され国内立法によって担保されたとしても、規範の内面化が自動的に進むわけではない」（14頁）として、遵守ギャップの問題を指摘する。このように規範研究の課題を述べる結果、本書は、第1部では規範の生成と伝播過程に、第2部では規範の履行・内面化の過程にそれぞれ焦点を当てる構成をとる。規範研究の課題に対応した構成といえる。

　次に、グローバル・ガバナンス論は、「コンストラクティビズムでは抜け落ちがちな、組織的特徴、ガバナンス方式、行為主体の合理的選択といった、規範の発展に不可欠な側面をカバーする視座」（5頁）が与えられるとする。グローバル・ガバナンスの複合化の進展に伴い、多中心的なガバナンスの特徴を理論化する研究は増えており、それらはプライベート・レジーム

論、レジーム複合体論、権威者間相互作用論、オーケストレーション論の四系統に分類できるという。本書に収められている事例研究の多くも、この四系統のいずれかに分類することができ、各事例研究がこれまでのグローバル・ガバナンス研究にどの系統で寄与することができるのか、位置づけを明確にしている。

　本書の第2の特徴は、第1章から第9章において、優れた事例研究が展開されていることである。理論研究者、開発などのイシュー研究者、実務家、NGO業務に詳しい研究者などにより、多様な視点から実証的な分析がなされている。構成主義における規範研究やグローバル・ガバナンス研究では、事例研究不足がしばしば指摘されてきた。そのために、たとえ理論的な概念が提示されても、果たして実際に有効な分析概念なのかどうか不明なままであった。本書の豊富な事例研究は、こうした先行研究が抱えていた課題に取り組むものといえる。

　第Ⅰ部では規範形成過程の事例研究が収められている。第1章「『企業と人権』をめぐる多中心的なガバナンスの試み―ステークホルダー間の知識共有と人権デュー・ディリジェンス規範の形成―」（山田高敬）は、「多国籍企業に人権を尊重させるための規範枠組みの形成過程を制度的空白、CSRの発達、および国連による共通知識の形成」（50頁）という観点から分析する。自由貿易と人権保護の規範が競合するなかで、国連が主導権を発揮し、両規範の接合によるのではなく、別の規範が優勢になっていったとの分析は興味深い。

　第2章「武器貿易条約に見る規範の競合と並存－規範をめぐる合意形成の力学―」（石垣友明）は、第1章の事例とは異なり、武器貿易条約（ATT）の成立に際しては、国連のような特定のリーダーではなく、サイレント・マジョリティー（自国の国益に抵触しない内容になればよいという消極的立場）が重要な鍵を握ったことを明らかにする。それだけに、「実際に規範が実効性を有するためには、これらの国々がATTに規定された義務を適切に履行することが不可欠である」（86頁）との主張は理解できる。

第3章「紛争予防規範と平和構築規範の複合と交錯―国連におけるマルチステークホルダー・プロセスの生成過程を例として－」（庄司真理子）は紛争予防と平和構築は、相互補完的であると同時に、重複・競合する関係でもあるとする。国連文書において、両者の関係がどのようなものとして記されているかを分析し、両規範の複合的関係を考察する。結論として、「うまくMSP（筆者注：マルチステークホルダー・プロセス）を導入することができれば、建設的糸口が見える可能性」（128頁）があると述べている点は共感できる。

　第4章「日本の『抑制された再軍備』の形成過程－規範の競合という観点から－」（杉田米行）は、日本の軍事化をめぐり競合した規範として①平和主義的民主主義と反共主義的民主主義、②反共主義的民主主義と自由主義的資本主義（経済的自由主義）を指摘し、こうした規範間の複合的関係が、国内の政治と結びつく過程を分析する。「戦後、アメリカが期待通りのスピードと規模で日本に再軍備をさせることができなかった主要な原因は、民主主義体制の樹立と自由主義的資本主義体制の確立という、戦後アメリカの規範の二本柱が、1949年以降に日本では競合したことである」（156頁）との結論は、納得できる。

　第5章「グローバル開発ガバナンスの実現―UNDCFとGPEDC間の調整をめぐって－」（大平剛）は、開発援助分野に焦点を当てる。従来はOECD/DACが主導権を発揮し、1990年代には世界銀行の経済成長アプローチとUNDPによる貧困削減アプローチが並存・競合、そして調整に向かった。その後、国連開発協力フォーラム（DCF）と効果的開発のためのグローバル・パートナーシップ（GPEDC）という2つのフォーラムが出現し、両者の競合関係が顕著になってきているという。両者が対抗レジームとなることを回避するうえで、東アジア諸国には大きな役割があるとする。構造的な問題として、中国をはじめとするBRICS諸国へのパワーシフトと規範の関係が検証されており、興味深い。

　第II部では、規範の実効性に焦点があてられる。第6章「多中心的ガバ

ナンスにおけるオーケストレーション―腐敗防止規範をめぐる国際機関の役割―」(西谷真規子) は、まず、オーケストレーション論について、多規模かつ多目的の戦略的調整を行うマクロ・オーケストレーションと、協働型オーケストレーションという二つの概念を提示する。オーケストレーション論を修正・発展させるものであり、高く評価すべきだろう。次に、国連薬物犯罪事務所 (UNDOC) による腐敗防止オーケストレーションの事例を分析する。腐敗防止問題を腐敗防止規範と国内不干渉原則との相克として捉え、国内専管事項と受け取られてきたことや国内実施を支援するための援助機関・事業間の調和不足が、実効性を挙げにくい原因であると分析する。理論・実証の双方で優れた議論である。

第7章「内面化という虚構―国際規範の法制度化と実効性―」(小川裕子) では、規範について、内面化が見られるとしても内面化が形骸化している場合があることに注目する。そうしたなかで、形式的内面化が実効性を伴う法制度に進化した例としてアメリカ開発援助制度の事例をとりあげ、米国国際開発庁 (USAID) と民間ボランティア組織 (PVOs) の関係改善が、制度をしだいに変化させる要因となったと述べる。重要な事例といえる。

第8章「規範媒介者としての NGO ―アドボカシー・ポリティクスの理論と実践―」(高橋良輔) は、「国際規範と国内規範の媒介者」である NGO と国益の擁護者である公共セクターとの規範をめぐる関係を考察するために、日本外務省と NGO の間の「NGO 外務省定期協議会」の事例を取り上げる。両者の相互作用のなかで、国益が柔軟に解釈しなおされる過程を明らかにしている。この分析から「コーポラティズムの政治文化では、国家と市民社会の間にいつも規範の競合が生じているわけではない」(318頁) との見解を導いている点は示唆に富む。

第9章「規範パワー EU の持続性―政治の意思を支える制度の反復的実践―」(臼井陽一郎) は、共同体方式の EU は、2000年代初め以降、規範パワーを一貫して追求し、EU 加盟の大国が引っ張る実利志向に対して、ユーロリーガリズムを通じて制約を課してきたと述べる。しかし、近年、ポピュリ

ズム、難民、テロリズム、経済的不均衡等、実利に直接に関係する問題が高まり、その規範志向性が動揺するようになってきていると述べる。規範的パワーと国益の関係を考察するうえで有益な議論である。

　本書の第３の特徴は、理論的視点と事例研究が相互に補いあう形になっていることである。すなわち、規範に視点を当てるために、個々の事例においてどの規範が競合関係にあるのかが提示され、個々の問題における対立軸が理解しやすくなっている。しかし、事例研究では、現実のきわめて複合的な交渉過程の詳細が分析され、個々の問題について単純な２項対立的解釈に陥ることを防いでいる。

　以上のような特徴に加え、本書は、昨今の議論に対しても大いに参考になる。すなわち、BREXITやトランプ政権の政策により、リベラルな国際秩序の動揺をめぐり、活発な議論がなされている。そこでは、動揺しているかどうかという点のみならず、そもそもリベラルな国際秩序とはなにか、という問いも提起される。本書は、優れた事例研究を通して、現代の国際関係における規範の実相を捉えようとするものであり、リベラルな国際秩序とはなにかを考える点で示唆に富む。

　もとより、本書にも残された課題はある。規範およびグローバル・ガバナンスと、軍事力や経済力といったハード・パワーとの関係について、いっそうの考察があれば、本書の貢献はより大きなものになるのではないだろうか。たしかに、規範パワーの議論、中国をはじめとするBRICS等へのパワーシフトと規範の関係、規範と国益の関係など、個々の章でいくつか興味深い検討はなされている。それゆえ、伝統的なハード・パワーと規範やグローバル・ガバナンスとの関係について、さらなる議論を期待してしまうのである。

　このような過大な期待はあるが、本書が、現代の国際秩序を考察するうえで、高く評価すべき優れた研究書であることは間違いない。

10 上杉勇司、藤重博美編著 『国際平和協力入門―国際社会への貢献と日本の課題』

(ミネルヴァ書房、2018年、xi + 254頁)

福 島 安 紀 子

　本書は、国際平和協力を初めて学ぶ大学生向けの概説書として網羅的にかつ平易に記述され、国連研究を目指す方々には絶好の入門書である。各章の末尾にはさらに勉強したい場合の推薦図書のリストが付され、合わせて国際平和協力に関連する映画のリストも収載されている。大学の授業では映画を挟むと受講生にとってはイメージが湧きやすく大学生には良い研究への入口となり、国際平和協力を勉強してみようかという動機付けにもなろう。

　「国際平和協力」とは編者者も指摘しておられ、また多くの政策提言や研究会においても議論されてきている様に、日本に固有の表現であり海外の報告書や文献において目にすることはほとんどない。その背景には日本固有の法律上もしくはその解釈上の制約や国内政治上の制約などが潜む。日本は第2次世界大戦後長く国際平和のためには非軍事的な協力、特に武力行使を伴わない貢献に力を入れてきた。日本外交の中で1998年以来理念の一つとして取り上げられてきた人間の安全保障のコンセプトを援用するならば、そこに掲げられた3つの自由のうち「欠乏からの自由」を中心に「尊厳を持って生きる自由」を目指して、日本は発展途上国の経済、インフラ支援や近年では紛争影響国や自然災害被災地の緊急人道支援、平和構築支援、復興援助を実施してきた。しかしながら国際平和協力と謳うのであればもう一つの「恐怖からの自由」への支援も含める必要があるが、この側面では海外における武力行使に制約がある日本にはできないことが多かった。最近ではこの面への支援も積極的に取り組まれる様になり、今後日本らしい支援の可能性が模

索できる分野である。将来この3つの自由に対してバランスのとれた国際平和協力の像を模索したいところである。

　編者者によると本書は「日本の国際平和協力を考える研究会」の研究の成果をまとめた報告書である。具体的な内容は国連平和維持活動（PKO）、政府開発援助（ODA）との連携——著編者が先行研究で分析した「オールジャパン連携」——や選挙支援なども含めた平和構築活動、災害復興支援、さらには2016年施行の平和安全法制前の特別臨時措置法に基づく協力が取り上げられている。これらのテーマについては数多くの専門書や体験に基づいた書物が内外で出版されている。しかし、日本の国際平和協力の視座から一冊に全ての論点が盛り込まれ、かつこれまでの歴史的な国内議論の変遷の基礎知識と具体的な日本の協力事例が網羅されている類書はない。また、共著では各執筆者が専門の立場から寄稿し一冊に編集されることが多く、本としては寄せ集め感が否めなくなりがちであるが、本書では各章の構成や項目の立て方が統一されており読みやすく、理解しやすい。また、随所に配置されているコラムが現場の経験なども含めて本論では取り上げられていない事例などを学ぶ助けになる。

　また、本書に一体感を与えているもう一つの要素は特に国連PKOについてキーワードとして「統合化」と「積極化」を選び、全体の横糸として論が展開されていることである。なお、「統合化」は国連ミッションの派遣、特に国連の平和構築活動が紛争後に限定されず、紛争中、紛争前後にも広がってきている状況を踏まえている。ちなみに緒方貞子氏は国連難民高等弁務官（UNHCR）時代から紛争というものは段階別に時間軸に境界線がひきにくい状況であり、ここまでが平和維持、ここからが平和構築と線引きができないだけに国際社会の援助も「シームレスな（継ぎ目のない）支援」が必要であることを重ねて主張してこられたが、これがようやく国連でも統合化という形で認識される様になったとも言える。ちなみに緒方氏はJICA理事長時代に和平合意が未だ成立していないフィリピンのミンダナオに職員を派遣し、和平の実現と平和構築への貢献を促進されたが、それを担った落合直之

氏がミンダナオ国際監視団（IMT）に参加し和平プロセスと並行して帰還する兵士の農業支援など社会・経済開発に貢献して来られた経験がコラムで語られていることが参考になる。一方本書では「積極化」ないし「積極型 PKO」という表現が「robust」PKO の邦訳としてキーワードとして用いられている。この二つのキーワードが各章の議論で取り入れられており、これが本書に統一感を与える効果を生んでいる。これはまた現在期待される成果とフィールドの現実のギャップから危機に瀕しているとさえ指摘される PKO の課題をも如実に表現している。当初停戦監視を目的として派遣された PKO が、その役割を包括的な和平合意の実施へと役割を拡大し、平和構築の役割も包含するようになった。近年では紛争地の安定化と文民の保護（Protection of Civilians: POC）と言う極めて難しい課題を抱えていることも表している。

さて、本書の具体的な内容は、第Ⅰ部第 1 章では日本の国際平和協力の歴史と現状について、基礎知識が紹介されている。第 2 章では国際平和協力とは何かから論がおこされ、国連平和活動、特に平和維持活動（PKO）を中心にその経緯と概念の変容が記述されている。第 3、4 章では日本の国際平和協力に焦点を絞り、時系列に日本の国際平和協力活動の貢献を国連加盟時にまで遡り、PKO などへの要員派遣に至るまでの国内議論、国際平和協力法成立、同法の改正の経緯と実際の日本の国際平和協力、平和安全法制の成立とその国際平和協力活動へのインパクトについて 2017 年半ばまでの足跡と今後の課題を論じている。

そして第Ⅱ部第 5 章から 10 章までは日本の国連 PKO への派遣や特別措置法に基づく自衛隊等の派遣事例が紹介されており、第Ⅰ部で学んだ基礎知識を事例に応用して理解を深められる様に構成されている。具体的には国連 PKO への協力として自衛隊の PKO ミッションへの派遣を中心にカンボジア、東ティモール、ハイチ、南スーダンの事例が紹介されている。さらに国連 PKO 以外の国際平和協力として特別立法に基づく二つの派遣事例が紹介されている。一つはテロ対策特別措置法に基づくアフガニスタンにおけるテ

ロとの闘いの後方支援としてのインド洋での給油活動である。もう一つはイラク人道復興支援特措法に基づいてイラク戦争後に復興支援としてイラクのサマーワに派遣されたケースで、給水支援、医療支援、公共施設の復旧整備などを担った。各事例では、要員派遣までの経緯や日本国内での派遣にあたっての議論、現地での日本人要員の任務、問題点や課題が紹介されている。最後に終章では日本の国際平和協力への今後の提言が盛り込まれている。

　本書は極めて優れたテキストであり、大学の授業で是非活用したい。更に希望を述べれば、出版時期が2018年5月であったことや出版にあたり紙幅の制約があろうことから割愛されている部分は今後の改訂版や続編の出版に期待したい。具体的には本書でも一部に記述されているように紛争については予防ならびに政治解決重視が方向性として示唆されているが、内容については評価が分かれるものの、2014年の東ティモール元大統領のジョゼ・ラモス＝ホルタ（José Manuel Ramos-Horta）氏が議長となった「平和活動に関するハイレベル独立パネル（HIPPO）」報告書では、平和活動における政治的な解決策の優位性と紛争予防の重要性、人間中心のアプローチなどが勧告され、以来政治的な紛争解決策が重視されていることも認識しておきたい。そのほか平和維持要員へのリスクが高まっていることから2017年「国連平和維持要員の安全性向上報告書（通称、クルス報告書（Cruz report））」では、PKOが派遣される紛争現場の危険性が高まっていることから「より積極的な」PKOに転換させることが必要であることが提言されている。この積極化への対応の一つとしてインフラ整備から医療に至る能力構築支援が重視されている。日本のアフリカやアジアにおける三角パートナーシップ（TPP）が評価されており、今後の日本の国際平和協力の貢献分野として注視したい。

　また、PKOを中心に平和活動や平和支援活動全般については様々な累次のサミットが開催されたり、改革のための報告書が提出されている。これを受けてグテーレス（António Guterres）国連事務総長は国運の多様な平和活

動の一体化を目指して、「PKO のための行動イニシャティブ（Action for Peacekeeping A4P）」を発表し、組織も改変した。つまり平和維持活動局（DPKO）を平和活動局（DPO）フィールド支援局を運用支援局（DOS）に改組して、平和維持と平和支援の運営の連続性に組織的にも対応しようとしている。また政治局と平和構築支援室を統合し、紛争予防と平和の維持を連携させたアプローチも取られている。このような議論の動きや報告書を一覧表に整理しておくと学習者が理解し、さらに調査する上で一助になろう。

また女性自衛官によるコラムが本書に収載されているが、紛争の犠牲になる女性や少女の保護と和平プロセスへの女性の全面的参加を確保するための制度的取り決めを整備すべしという国連安保理で採択された決議1325（2000年）以来、紛争に関連した性的搾取・虐待（SEA）の問題と紛争の解決と予防、平和構築、和平仲介、平和維持の全てについての女性の貢献が課題となっていることから、これらの問題についても日本の協力も含めてより詳細な記述があれば参考になろう。

また、事例研究では今回収載されなかった自衛隊の PKO 参加の事例について 133-134 頁のコラムに紹介があるが、ゴラン高原に派遣された国連兵力引き離し監視隊（UNDOF）や、UNHCR の要請を受けルワンダ内戦で周辺国に流出した難民の医療、防疫、給水、空輸などを隣国のザイール共和国（現コンゴ民主共和国）に派遣したルワンダ難民救援国際平和協力業務なども、記憶が新しいうちに章が追加されると今後の日本の国際平和協力を考える上で研究者や関係者にとって参考になり、本書の研究資料としての価値を高めることになる。

さらに国際平和協力業務というと自衛隊の派遣の議論が中心となりがちであるが、今後の紛争状況などを念頭におくと国際平和活動における文民の役割も重要である。文民が携わっている業務についてもコラム紹介はあるものの、より詳細な記述があると今後国際平和協力を目指す学生にとって動機付けにもなり有用であろう。ますます課題が増える国際平和協力について優れたテキストが出版されたことを高く評価するとともにさらなる内容の充実に

より学生や関心を持つ方々の研究上の羅針盤になると考える。

11　ジャン＝マリー・ゲーノ著・庭田よう子訳『避けられたかもしれない戦争 – 21世紀の紛争と平和』

（東洋経済新報社、2018年、xii + 617、9頁）

(Jean-Marie Guéhenno, *The Fog of Peace: A Memoir of International Peacekeeping in the 21st Century*, Washington, DC：The Brookings Institution Press, 2015, 276pp.)

黒田　順子

　本書は、平和維持活動（PKO）担当の国連事務次長として活躍したジャン＝マリー・ゲーノ氏の大変興味深い「回想録」である。ゲーノ氏が国連事務次長として在職したのは2000年から2008年である。評者も同時期にPKO局に勤務したことから、当時を思い起こし、懐かしく読むことができた。本書では、ゲーノ氏の考察や意見、そして悩み等が正直に淡々と語られており、個人的回想と分析的意見がバランスよく交互に現れる。これらが読者に考える機会を与え、大変に読み応えがある。

　本書の原題は *The Fog of Peace* であり、2003年に公開された「フォッグ・オブ・ウォー：マクナマラ元米国務長官の告白」（The Fog of War: Eleven Lessons from the Lie of Robert S. McNamara）というドキュメンタリー映画を思い起こされる。映画ではマクナマラ氏が関わった戦争に関する教訓が浮き彫りにされている。一方はPeace、一方はWarで、両書は全く異なった意図と内容である。ゲーノ氏は比較されることは望まないであろうが、研究者にとっては参考になる。

　ゲーノ氏は、国連PKOの転換期を乗り切った指導者であるといえる。氏

はフランスの外務省の出身で、長年フランスの国益のために活動してこられたベテランであった。国連事務次長に就任されてからは、各国政府の国益と、国際社会や国境を超える利益の狭間に立って、希望とジレンマに悩まされていたことが、手に取るよう叙述されている。ゲーノ氏にとって国連勤務は、フランスのエリート公務員、外交官が国際主義者へと変わる機会を与えたと言えよう。

　冷戦後の国際的環境が大きく変遷したことは、周知のとおりである。国連では、1990年代は、それを反映して、冷戦中とは異なり、安全保障理事会が、拒否権を行使せずにPKO新設の決議案が数々と採択された。国連事務局には、それを実施しうる知識、経験のみならず人材と財源が不足していた。これにより、ユーゴスラビア、ソマリアそしてルワンダでの悲劇を筆頭に、多くの問題が浮き彫りにされた後であった。アナン事務総長は、PKO強化の委員会を設立し、ブラヒミ報告書（A/55/305-S/2000/809）で改革案出した。ゲーノ氏は丁度その頃、国連に就任した。PKO改革を実施してPKOをプロ化することは氏の大きな任務であったのだ。

　本書は、序章と終章を除くと、13章で構成されている。そのうち12章は、11の紛争（アフガニスタン、イラク、グルジア、コートジボワール、コンゴ民主共和国、スーダン、ダルフール、レバノン、コソボ、ハイチ、シリア）に関して、政治的な国際環境、各国の政治的意図と国家間の駆け引き、そして国連がどのように関わってきたかについて考察が記されている。（コンゴ民主共和国の紛争は、現在の国連のPKOの中でも最大規模で、複雑な展開があったことから、2章に分けて書かれている。）本書の各章はどれも力作である。回想であるから、個人的な意見や、反応も正直に書き綴られていて、大変に興味深い。

　さらに、13章「国際連合はどうあるべきか」と終章「他者の命への関与はどこまで許されるか」は、国連の本質に迫り、深く考えさせられる。国連政治や国連に興味を持つ者には必読である。特に1-12章を読んだ後に読むと、国連及びPKOに関する政策決定者とPKOの実践者の違いや、実施策

を考察するのに大変に参考になる。

　本書で氏は、折に触れて国連が抱えていた数々のジレンマについて言及している。国連の目的と武力行使を決定せざるを得ないジレンマ、特定の危機的状況や制度化した手順について学んだことがすぐに古くなってしまうこと、正論と実践的必要性のギャップに挟まれて、答えを出さなければならないというジレンマである。各国政府の政治的目的のために、国連事務局側がスケープゴートにされることもしばしばであり、加盟国の支持が得られなければ、マンデートを行使することもできない。国連の妥協すべきこととすべきでないことのジレンマ等が挙げられる。これらのジレンマは個々の紛争を取り上げる際にしばしば言及される。「平和維持活動は、どんな代償をはらっても平和を守ることを目的とした。（中略）高い道義性を持つ活動として理解されない限り、成功を収めることはできない。」筆者はこのジレンマこそ平和維持活動を道義的活動にしている、と力説する。

　筆者は「どんな人道的介入もみな政治的介入だ。」とする当時の仏外務大臣のベルナール・クシュネル（Bernard Jean Kouchner）氏の発言を引用している。つまり、国連の活動は政治的であると、ゲーノ氏は確信しているのである。筋金入りのフランス外交官として、国連に対する正しい認識を持っていたからこそ、国連での各国政府の政治的動向を敏感に把握し、その背後の要因を分析する。多々に現れる氏の意見はそういう点からとても参考になる。しかし、同時にPKOの実践の責任者としては、現場の立場から多くの問題に直面した、

　例えば、国連は国際平和と安全保障のための国際機関であるから、武力行使は原則的には奨励しない。しかし、現地の状況があまりに深刻で、国際の平和と安全を脅かすような場合は、安全保障理事会は、国連憲章7章を基に武力行使を許可した。しかし、その道のりは、容易なことではない。例えば、アフガニスタンに関しては、氏が国連に赴任して最初に新設した国連ミッションの現地事務所であり、ここでは、国連政治局担当の業務を担った。また、氏が国連に就任して一年も経たないうち、2001年9月11日にア

メリカ同時多発テロ事件が起こった。国連の平和活動に関しても新たな時代が始まったと言っても過言ではない。アメリカのテロとの戦いに対して、各国がどのように反応し、対応したのかが良く分かる。

ゲーノ氏が PKO 局長を務めた期間は国連の転換期であったことから、いくつかの大きな課題あった。例えば、「保護する責任」という、国際法の根底に影響を与えるような概念が、激しく議論された時期でもあった。リビアの PKO を立ち上げる際に、この概念が具体的に安保理の決議に盛り込まれた。もっとも国際法上、この概念は確立してはいない。ここにまた違ったジレンマが生じたわけである。そして、「文民の保護」が、コンゴ、ダルフールなどの PKO を筆頭に、憲章 7 章を基に PKO のマンデートに入れられることが多くなってきた。このような必要が生じたことは、PKO の構成国政府がその国民を保護する責任をとれないことを意味するのであり、残念なことである。国連が行うしかない、しかも効果的に実施しなければならないというジレンマがある。

本書には、当時の国連事務総長コフィー・アナン（Kofi Annan）氏への尊敬と信頼を感じさせる。政策決定機関としての国連と、決定事項を実践する国連事務局では、目的と機能が全く異なる。アナン氏が悩んでいたジレンマについても、多く記されていて参考になる。ゲーノ氏は、時にはアナン事務総長に宛てて正直に意見するべく書簡を書いたこともあるという。また、キプロス出身で、対イラク制裁下で導入された例外的人道措置、「石油・食料交換プログラム」の担当であったベノン・サバン（Benon Sevan）氏が賄賂を受け取っていたのではないかと疑惑をかけられたことに対して、賛同できないと明言している。実は多くの国連職員は、疑惑について驚愕していた。本書でゲーノ氏が代弁してくれることは心強い。

国連は国際政治を映す鏡である。本書を読むことにより、読者にとって国連 PKO の創設や実施にあたる駆け引き、知恵、そして違った観点を通じで、国際政治がよりよく理解できるのではなかろうか。本書は、国連 PKO 全体に関する考察が大変興味深く、PKO について学びたい者にとって参考とな

る。そして、本書で扱われている 11 の紛争は、実際に国連の PKO や平和活動を知りたいと思う者にとっても、背後にある各国政府の政治的思惑や政治的駆け引き等がとても参考になるであろう。

　翻訳に関して、一言コメントさせて頂く。翻訳者の巧みな言い回しには感銘をうける。但し、少し表現が違うように思われる個所がある。例えば、第 13 章（国際連合はどうあるべきか）に、「平和維持活動の成功は、全面的に<u>実行技術</u>にかかっている。」とある。これは、"the art of implementation" の翻訳である。ここでは「技術」を超えた、平和維持活動の実施者による知識と経験に基づく鋭い「勘や第六感」を伴う「技」や「先見性」、そして熟練された能力全体を指すものであって、「実行技術」という狭義な言葉では真の意味が伝わらない。ゲーノ氏は、この言葉を用いて、現場で活躍した平和維持活動の実践者に敬意を表しているのである。できれば原語版を併せて読むことを薦める。

　最後に、国連 PKO 創設 60 周年を記念して、PKO 局は 2008 年に "In the Cause of Peace: Honoring 60 years of UN peacekeeping" というビデオを作成した。その締めくくりで、ゲーノ氏は PKO で最も重要なのは結局、業務に携わる人材であると明言して謝辞を述べている。PKO 経験者にとっては、感概深い。国連の勤務を務め上げて、氏が国連の意義と役割を深く理解し、平和維持活動の実践に携わる者を評価し、国際人になったことを象徴的しているように思われる。氏は最近まで、International Crisis Group（ICG）という非政府機関で最近まで活躍されていた。これからも、政策と実践の架け橋となるような活躍を期待したいものである。

　国際情勢のさらなる変遷により、PKO は益々複雑化し、挑戦的になってきている。国連の PKO に従事している人達が標的になることも増えてきた。氏は本書で、PKO 局は経営的コンサルタントの使う専門用語でいうところの「学習する組織」であるべきだと確信している。ゲーノ氏は、PKO に関わる政策決定者と実践者を含めたすべての関係者が「ジレンマ」という概念を「学習する」材料や機会を提供していることを主張しているのであろう。

PKO は常に困難に面し、得た知識や教訓も直ぐに通用しなくなることが頻繁にある。ジレンマと直接向きあい、そこから常に学ぶという姿勢をとることが重要であるといことが、本書のメッセージであるのではないだろうか。

12 書評論文 カンボジアPKOと未完の検証
―学術研究になにができるか―

旗手啓介著『告白―あるPKO隊員の死・23年目の真実』（講談社、2018年、381頁）

明石康著『カンボジアPKO日記―1991年12月〜1993年9月』（岩波書店、2017年、xx＋378頁）

井 上 実 佳

はじめに

　『告白―あるPKO隊員の死・23年目の真実』（以下、『告白』）の読後、自分に対して猛烈に腹が立った。己の無知を痛感したからだ。極めて危険な環境にもかかわらず一向に実現しない治安対策、水も食料も底をついた中で現地に取り残される様子。非武装の文民警察官が首都プノンペンから遠く離れた地方で直面した事態は驚くべきものだ。また、『カンボジアPKO日記―1991年12月〜1993年9月』（以下、『PKO日記』）の読後、国際社会の諸アクター、特に日本はカンボジアの経験をどこまで活かしているだろうかと考えた。この2冊は、日本の国際平和協力を今一度考えるうえで貴重な視座を与えてくれる必読の書である。しかも、2冊を併せて読むことが必要だ。
　カンボジアは、国づくりを担う冷戦後の暫定統治の代表例である。日本にとっては、1992年に国際平和協力法が成立し、自衛隊が実質的に初めて国連平和維持活動（PKO）として海外へ派遣された。カンボジアは総選挙が成功裏に終わったこと、同国内で武力紛争が再発していないことなど、国際

社会では平和構築の「優等生」とされている。『PKO日記』の筆者である明石康が国連カンボジア暫定統治機構（UNTAC）事務総長特別代表を務め、和平プロセスに政府が関与していたこともあり、日本でも比較的よく知られたPKOといえるだろう。

評者には長い間気がかりなことがあった。2003年頃、とある研究者から「カンボジアを成功例と思っているのは日本人だけだよ」と言われたのだ。評者は、PKOのラバスト（robust）化（自衛を超える武力行使の拡大）などを考察すべくソマリアを研究対象としてきた。カンボジアでは暫定統治が成功裏に終わったと認識していただけに、これは衝撃であった。それでは、カンボジアにおける国連の活動はどのように評価すればよいのだろうか？

評者はまた、UNTACに関して大学で講義する際、自衛隊派遣だけでなく、国連ボランティア（UNV）の中田厚仁さんや『告白』が扱っている文民警察官・高田晴行警視の殉職にも必ず言及してきた。しかし、高田警視の死、ひいては日本の文民警察官の活動についてはわからないことが多すぎた。結果として、学生に十分説明することができていない。実際、文民警察官たちに何があったのか？

1　文献の概要

『告白』と『PKO日記』は、1992年2月28日から1993年9月24日に展開したUNTACをめぐる、これらの疑問に答える貴重な文献である。『告白』はPKOへの要員派遣に際し起こりうること、『PKO日記』はそれに対する国連側の認識を示している。

『告白』は、これまで公表されてこなかった、日本の文民警察官がカンボジアで経験した、恐るべき、そして日本の政策立案・決定において極めて貴重なプロセスを明確かつ詳細に記している。

まず、一研究者として、文民警察官について全くの不勉強であったことを本当に恥ずかしく思う。日本の国際平和協力政策を論じる上での偏り、すな

わち、自衛隊派遣の是非への過度な注目は本書で指摘されているとおりだ。本書では、筆者である旗手（NHK ディレクター）が、文民警察官派遣から 23 年を経た今ようやく検証が行われることについて、メディアの怠慢を指摘している。カンボジア PKO をめぐる日本の先行研究において、文民警察に関する考察は学術的にも少ない。それがなぜなのか真剣に問う必要があるだろう。

　『告白』の多角的な記述と分析は、文民警察官に対する聞き取りや彼らの日記、日本の政策決定者（宮澤喜一元総理を含む）、明石代表をはじめとする国連関係者、日本の文民警察官らがともに職務にあたった他国の軍・警察関係者への聞き取り、未公開政府資料などに基づく。特に、文民警察官たちが当時それぞれの現場で何を見、どのように感じ、いかに行動したのかを記したことは、今後の国際平和協力をめぐる検証にとってこの上なく貴重である。23 年間、文民警察官派遣に関する総括と検証がほとんど行われてこなかったことを、日本の政策立案者、メディア、研究者、実務家は直視しなければならない。

　『PKO 日記』は PKO 史の一次資料として意義深い。明石代表が職を非公式に打診されるところからカンボジアを離れるまでの日々が、彼自身の簡潔・率直な言葉で綴られている。史上最大規模の暫定統治ミッション立ち上げからカンボジア総選挙終了まで、本書では在任期間を 4 つに分けている。国連職員幹部からみた日本政府に関するいら立ち・疑問も興味深い。巻末では、当時 UNTAC 広報職員として UNTAC に従事していた石原直紀・立命館大学特任教授が解説している。明石代表の日々の所感が当時の文脈・状況においていかなる意味を持つのか理解しやすくなっている。

　『告白』で焦点になるのは、タイ国境近くのアンピル地区に配属された日本の文民警察官が 1993 年 5 月 4 日に襲撃された出来事である。『PKO 日記』に関しては、UNTAC 最大の任務であるカンボジア総選挙の実施である（1993 年 7 月 7 日）。2 冊を照らし合わせて読むことで、国連、日本政府、国連職員、PKO 要員、文民警察官、日本に残された家族といった多角的な視

点から、カンボジア情勢、UNTACがカンボジア和平で担った役割、日本の国際平和協力政策、メディアのあり方、ひいては日本の外交政策を検証することが可能になる。

本稿では、2つの文献を通して4つの問いを考察してみたい。すなわち、①冷戦後のPKOは今日、国際社会・日本にとっていかなる意味を持つのか？②UNTACとは一体何だったのか？③日本の国際平和協力の問題点とは何か？④学術研究はPKO、日本の国際平和協力に関して何ができるか？である。

2　冷戦後のPKOと国際社会、日本

2017年に国連の諮問委員会がグテーレス（António Guterres）国連事務総長に提出した『クルスレポート』は、PKO要員の安全確保に焦点を当てた[1]。冷戦期から現在に至る過程で、PKOは何度かの転換点を迎えた。いわゆる伝統的PKOから冷戦後に顕著となった変化は2点である。一つはPKOが人道危機下の市民を保護すべく、国連憲章第7章のもとで自衛を超える武力の行使を実施する「積極化」（ロバスト化）である。もうひとつは、PKOが紛争経験国・社会の国づくり、社会再建を多面的に担う「複合化」である。後者はさらに、平和構築をめぐる様々な施策の相互連関を志向する「統合化」を進める土台となった。このうち、カンボジアは「複合化」の典型例と位置付けられてきた[2]。

しかし、『告白』を読むと、パリ和平協定に基づく国際社会のロードマップがいかに脆弱であったかがわかる。カンボジアで総選挙が近づくにつれ、ポル・ポト派によるUNTACへの脅迫やラナリット派との戦闘が拡大し、中田厚仁氏も日本の文民警察官も犠牲となった。文民警察官にどこまで武器を携行・使用させるのか、軍による護衛をどこまでつけるかなど、UNTACで検討されていたことは、つまり脆弱な和平合意の元でいかに治安を確保するかであった。この点について、『PKO日記』を読むと、国連加盟国間、事

務局、UNTAC 内で見解の相違があったことがわかる。UNTAC はまさに手探りのミッションであった。PKO で紛争後の治安部門改革（SSR）の一環として警察・司法支援が行われるようになって久しい。国連警察が軍の性質を備えるケースも増加している。何より、"No peace to keep" と呼ばれるように、脆弱な和平・停戦合意のもとで PKO の活動環境が悪化する中、警察部門が直面する危機状況は、実はカンボジアの頃と変わっていないのではないかと考える。

3　カンボジアと PKO

『PKO 日記』からは、国連事務局にとって、カンボジア総選挙と UNTAC が冷戦後の PKO、ひいては国連そのものの方向性を規定すると認識していたことがわかる。たとえば、明石代表は 1993 年 1 月 13 日の日記で、（国連憲章）「第 6 章の線で止まりつつも第 7 章にある程度近くなる、多面的かつ広範な権限をあたえられた PKO としての UNTAC の国連史における意義は大き」く、「だから失敗を許されない活動」と記している[3]。石原も解説で、UNTAC が国連の平和維持において冷戦後の方向性を占う試金石だったと指摘している[4]。

UNTAC は国連事務局も加盟国も経験したことのない規模であり、ミッション要員は現場で様々な困難に直面した。たしかに、選挙監視、文民警察官の派遣、紛争後の国家建設など、UNTAC の任務は冷戦期、ナミビアなどで実施されはじめていた。しかし、カンボジアではポル・ポト派の抵抗などもあり、果たして UNTAC や総選挙実施の根拠となる「平和」が本当に信頼できるのか不透明であった。そもそも和平合意によって全てのアクターが外部からの（非軍事的な）介入に従順に従うという保証はない。冷戦が終わって間もない多国間協調の幕開けの時代であったことに鑑みれば、国連事務局の PKO 運営体制が手探りであった状況を踏まえて検討する必要があることも確かだ[5]。カンボジアと同時期に、アフリカではソマリア、欧州では

ユーゴ紛争にPKOが展開した。国連はカンボジアのような複合型PKOと、人道危機に直面し文民保護（Protection of Civilians）の是非を問われるPKOを同時に取り扱っていたのだ。

カンボジア、ソマリア、ボスニア、そしてルワンダに共通の課題は「公正性・不偏不党性」である。PKOが武力（実力）をどこまで使うのか、暫定統治において警察権力をどこまで執行するのかといった論点は、国連という国際組織がいかなる規範・原則に基づいて紛争国・地域の当事者に対処するかにかかわる。実際、明石代表がUNTACを統括しカンボジアの当事者らと交渉する際、また、日本の文民警察官が現場で任務を遂行する上で常に直面した課題であった[6]。

現在、カンボジアの持続的平和に大きな疑義を投げかけているのが2018年に実施された総選挙である。野党側は国際社会やドナー諸国に対し、この選挙を支援することはカンボジアの民主主義を脅かす結果につながると警告を発した。また、『告白』は、2008年以降、元ポル・ポト派兵士らが国軍の陸軍兵士に統合され、タイ国境紛争の戦闘要員になっている点を指摘している[7]。UNTAC当時カンボジアにかかわった諸アクターが、文字通り心血を注いで推進した同国の民主化が、長期的視座からみて妥当なものであったのか、今こそ検証が必要であり可能である。国連事務局としても、Best Practices Sectionの設置など、PKOの検証プロセスを対外的にも示した。事務総長による独立委員会の設置や報告書公表も行われてきたが、ミッション横断的に俯瞰する内容である[8]。各ミッションの検証がどのように行われているのか、この点についてもアカウンタビリティーが問われている。

さらにいえば、UNTACを含めPKOをめぐる議論では、誰が、何をもって「成功」「失敗」と評価しうるのか。石原が解説で「骨の髄まで『国連人』」と評する明石代表は、たしかに国連職員としてUNTACの任期を全うし、カンボジア総選挙を実現させた。しかし同時に、UNTAC要員は「外部者」である。限られた予算と加盟国の政治的意思に鑑みれば、限定的な時間と内容での関与にならざるを得ない。「成功」の基準は安保理決議で決まっ

た任務をやり遂げたか否かになり、実際、UNTAC 後も新たな PKO が次々と立ち上がっていった。

　カンボジアは UNTAC の終了時点で国家再建・民主化の緒についたばかりである。UNTAC が去ろうが去るまいが、平和の定着に関する人々の真の戦いは始まったばかりであった。『PKO 日記』の最後の記述は、「もうカンボジアのことを心配する必要がないのだと思ったら、肩の荷が急に下りてシャトー・マルゴーの味が舌にしみてきた」[9]というものだが、離任しカンボジアからタイに移動するやいなやそう書かれてしまうと、やはり「外部者」による紛争介入の問題性を感じざるを得ない。一体 PKO は誰のためのものかと疑問も生じてくる。いみじくも明石代表が「カンボジアは UNTAC 終了後も平和構築ミッションが引き継ぐべき事例であった」と指摘するように[10]、2000 年代に入ってアナン事務総長が提言した平和構築委員会、平和構築ミッションの増加は、まさに 1990 年代の国連による経験と反省を踏まえたものであろう。

4　日本の国際平和協力の問題点

　日本国内の文脈では自衛隊海外派遣の是非が政策・報道の中心であった。むろん、それも非常に重要な論点だが、『告白』を読むと、その陰で文民警察官に関する政策も議論もいかに手薄でずさんなものだったかが具体的によくわかる。それがなぜ起こり、カンボジア後の日本の国際平和協力でどのように活かされたのか、2 点を切り口として考えてみたい。

　まず挙げるべきは国際原則と国内原則のずれである。たしかに明石代表が指摘するとおり、中国もブルガリアも UNTAC に要員を提供して犠牲者を出しており、UNTAC で殉職者を出したのは日本だけではない。中国はカンボジア和平の重要なアクターだっただけに、攻撃の対象となった（可能性がある）ことに衝撃が走った。犠牲が出た後のブルガリア国内世論も厳しかった。

日本で最も問題だったのは、派遣される要員が自衛隊であれ、警察であれ、文民であれ、なぜ、何のために、何をするため現地へ行くのか、国民に対しても派遣される要員自身に対しても、そして国際社会に対してもほとんど説明されなかったことである。PKOを通じた国際平和協力が、日本の国益はもちろん、国際公共益に資する死活的に重要なものであり、歴史を踏まえた現実的政策判断を根拠に行われたという実感があれば、現場での混乱や究極的な犠牲が生じたとき、せめて「無駄ではなかった」と思えたのではないか。

　ところが、高田警視が殉職し、2名の文民警察官が瀕死の重傷を負った後、文民警察官のおかれた立場は、メディアからの隔離、UNATC幹部からの「職務離脱」との非難、そして事実上の解雇など極めて理不尽である。当時のカンボジアの地方の状況は、とても日本の警察官が対処できる、あるいはすべき事態ではない。そもそも、現場で水も食料も底をつき、UNTAC本部とも音信不通の村落で活動するようなことになったのはなぜなのか、日本政府も国連も検証した形跡が見当たらない。これではまるで「行き損」である。『PKO日記』によれば、当時の国連も日本の「国際オンチ」的な対応を批判する姿勢だったようだ。日本政府も文民警察官たちもやたら早期帰国にこだわっており、それはポル・ポト派への脅威によるものだった、という認識である[11]。しかし、他国の要員の訓練不足・職務怠慢、情報収集不徹底や文民警察官の任務・権限拡大議論など[12]、今から考えればUNTAC自体にもかなりの問題がある。日本の文民警察官は逮捕など法執行権限も与えられておらず、現場で追加される任務と本国における政治的・法的制約とのはざまにおかれた。日本の文民警察官は、いわば日本政府、国連、メディア三者による「新世代PKOのあけぼの」対応の犠牲者であったといえる。

　このような事態が生じた原因は、PKOをめぐる国際社会レベルの認識と、日本政府・国内レベルの認識との間に大きな乖離があったことにある。国連事務局が1990年代初頭のPKOについて手探りであったように、日本政府にもわかりえないことは確かにあったであろう。しかし、冷戦期のPKOと

UNTAC とでは何が違い、いかなるリスクがあるのか、派遣前の分析は十分だっただろうか？政策としてリスクを承知で要員を派遣するならば、当事者・国民に対する情報提供が行われただろうか？答えは残念ながら否である。どこかで、「国連の派遣する PKO」は「良いもの」であり、日本は「とにかく参加する」という前提を確立してしまってはいなかったか。

しかも、これはカンボジア後の日本の国際平和協力政策に継続している。なぜ南スーダンの PKO（UNMISS）に自衛隊を派遣するのか、なぜ「駆けつけ警護」を任務として付与したのか、2017 年 5 月の撤収は国際的な南スーダン政策にいかなる影響を与えたのか（与えなかったのか）。私たちはすでに南スーダン派遣のことなど考えもしなくなってはいないか。

第 2 点はメディアの役割である。報道の役割には、事実を確実に伝えることと、受け手に考える材料を提供することがある。『告白』と『PKO 日記』を読むと、日本のメディアはカンボジアに関してどちらも失敗したといわざるを得ない。評者自身、本稿の冒頭でも述べたとおり、『告白』を読むまでカンボジアの文民警察活動で何があったのか恥ずかしながら無知であった。

『PKO 日記』解説の石原が指摘するとおり、明石代表は UNTAC やカンボジア情勢をめぐる日本メディアの偏りや勉強不足を厳しく指摘している。むろん、メディアのみを糾弾するのはフェアではない。しかし、国連という組織の特徴や PKO をめぐる歴史など、報道が依って立つべき理解が進まないまま、自衛隊の派遣是非や文民警察官、UNV の死傷について報道しても世論形成には貢献しない。このような問題は、イラク、南スーダンなどその後の日本の国際平和協力でも常に生じてきた。

評者は、メディア以上に学術研究の責任が大きいと考える。情報に対するスタンス、活用方法、アウトプットの仕方こそ異なるものの、考察・分析結果の公表を通して世論形成、政策検証にかかわるという意味では、学術研究にも責務がある。特に国連研究に何ができるか、もう一度問うてみたい。

こうしてみてみると、カンボジアをめぐる問題点は現在に直結しており、極めて顕著な連続性をみて取ることができる。平たくいうと、当時の課題は

未解決のままだということである。その理由は、やはり記録と検証が不十分であることに見い出さざるを得ない。記録と検証は、日本だけでなく国連にとっても課題であり、どの国・組織も『告白』で取り上げられているオランダや英国のような徹底的な検証をできているわけではない。それでも、25年、30年あるいは50年経てば公になる前提の政策決定・文書管理は、事後に検証を行い政策の妥当性を問う上で不可欠である。この問題は、国民が何を知るべきか、その中身を十分に精査しないまま、情報公開の是非が議論されたイラク、南スーダン派遣の日報問題にも通ずる今日的課題である。

おわりに—学術研究は何ができるか

本稿では『告白』と『PKO日記』をもとに、UNTACと日本の国際平和協力について考察した。2冊が提起しているのは、やはり検証の必要性である。2017年の国際平和協力法成立25周年を経て、2019年1月時点で日本政府は自衛官4名を南スーダンミッション（UNMSISS）司令部へ派遣している。他方、文民警察官は東ティモールのPKO（計7名）以外に派遣されていない。2015年には平和安全法制が成立し、PKO、非国連統括型など複数の類型における国際平和協力が想定されている。他方、国際社会ではマリや中央アフリカ共和国における対テロを想定した国際平和活動の是非が議論されている。東アフリカではアフリカ連合（AU）がソマリアで武力行使を伴う任務を負うミッションを展開し、国連がそれを支援する形態をとっている。コンゴ民主共和国には2013年に介入旅団（Force Intervention Brigade）が展開するなど、PKOのあり方がカンボジアの時代とは大きく変化している。アジアに目を向ければ、フィリピンのミンダナオ和平の進展に伴い、今後、国連の枠内外で平和構築が模索されていくだろう。

これらの変化に日本がそもそも関わるべきか、関与するとすればどのような形で実施すべきなのか。それを検討するうえで喫緊の課題は、すでに実施した活動の検証と、日本の国際平和協力を国際的な文脈と長期的視座に置く

ことである。我々はカンボジアの国家再建・民主化のプロセス、PKOの変容の過程、日本の国際平和協力政策の道筋を歴史としてすでに知っている。『告白』と『PKO日記』という貴重な資料（史料）を得た今、日本の国際平和協力、国連政策を分析することこそ学術研究の使命である。

　国際平和協力法が成立して四半世紀、国際的にみればまだまだ日本の経験は浅い。アジアには地域レベルの安全保障枠組みも発展しておらず、日本としては国連を通じた平和構築が依然として有用な政策ツールである。他方、平和安全法制をめぐる一過性の論争を除けば、国民レベルで議論は深まっていない。日本の政策を検証するうえでは、文書の公開ルールが明確であるイギリス、アメリカなど、他の加盟国や国連のアーカイブを使った史料検証も徐々に可能になるだろう。1990年代を歴史として検証すべき時期にきているのだ。

〈参考文献〉

山本慎一・川口智恵・田中（坂部）有佳子編著『国際平和活動における包括的アプローチ－日本型協力システムの形成過程－』内外出版、2012年。

日本軍事史学会編『PKOの史的検証』錦正社、2007年。

Pan Liang, *The United Nations in Japan's Foreign and Security Policymaking, 1945-1992: National Security, Party Politics, and International Status*, Harvard University Asia Center, 2006.

Hikaru Yamashita, *Evolving Patterns of Peacekeeping: International Cooperation at Work*, Holmes & Meier Pub, 2017.

〈注〉

1　Lieutenant General (Retired) Carlos Alberto dos Santos Cruz., "Improving the Security of UN Peacekeepers-We need to change the way we are doing business" ("Cruz report"), December 19, 2017 (https://peacekeeping.un.org/sites/default/files/improving_security_of_united_nations_peacekeepers_report.pdf).

2　詳しくは、上杉勇司・藤重博美編著『国際平和協力入門』ミネルヴァ書房、

2018 年、特に、井上実佳「第 1 章　国際平和活動の歴史と変遷」および本多倫彬「第 5 章　カンボジア」を参照。

3　『PKO 日記』196 頁。

4　同上、374 頁。

5　『PKO 日記』1993 年 3 月 13 日の日記には、当時の UNTAC が 22,000 の要員を抱える中で国連本部の担当職員が 2、3 名であり、明石代表としては心もとなかった様子が記述されている（234 頁）。当時の国連本部は、冷戦期の事務体勢のまま、冷戦後の激動のなかで、国連 PKO の量的拡大と質的変化に対処することを迫られていたのである。その後、明石代表が UNTAC の任期終盤に国連本部の PKO 局へ行った時に職員が大きく増加していることに驚いたエピソードからも、UNTAC が展開した時期が PKO にとっていかに大きな転換期であったがわかる。

6　例えば、『告白』106-108 頁、第四章、『PKO 日記』234、259 頁を参照。

7　『告白』347-349 頁。

8　例えば、以下を参照：A/55/305-S/2000/809, 21 August 2000（"Brahimi Report"）; UN DPKO/DFS, "United Nations Peacekeeping Operations Principles and Guidelines," 18 January 2008; UN DPKO/DFS, "A New Partnership Agenda Charting A New Horizon for UN Peacekeeping," July 2009; A/70/95-S/2015/446, 17 June 2015（"HIPPO Report"）; "Cruz report."

9　『PKO 日記』356 頁。

10　同上。

11　例えば、『PKO 日記』312 頁。

12　例えば、『告白』108-110、148-149、114-115、186-187 頁、『PKO 日記』314 頁。

VI

日本国際連合学会から

1 国連システム学術評議会（ACUNS）2018年度年次研究大会に参加して

庄 司 真 理 子

　2018年の国連システム学術評議会（Academic Council on the United Nations System: ACUNS）の年次大会は、イタリア、ローマのルイス大学において、7月12日から14日の3日間開催された。共通テーマは、「人権、移民とグローバル・ガバナンス」であった。現在の国連事務総長アントニオ・グテーレス氏が、国連難民高等弁務官であったこともあり、今年の国連総会で「安全で秩序ある正規移住のためのグローバル・コンパクト」（移民グローバル・コンパクト）、および「難民に関するグローバル・コンパクト」を採択する予定となった。今年のACUNSでは、この問題を中心に議論がなされた。日本の国連学会からは、20名を超す会員が参加し、積極的に報告を行った。登壇者以外にも早稲田大学の勝間靖会員など、アクティブな参加者がみられた。

　12日、初日のキーノートアドレス[1]では、元ドミニカ共和国大統領レオネル・フェルナンデス氏が、難民移民といった人の移動の歴史的変遷やそれにまつわる今日的課題を、自身の移住経験や統計を交えつつ紹介した。フェルナンデス氏は今日の難民危機の原因は2008年の世界金融危機だとし、その元凶でありながら難民を米国や欧州の外縁国に押しつけ続ける欧米諸国らを批判した。また人口増を続けるアフリカ大陸において、大量移民の制御という観点から持続可能な開発の重要性を改めて指摘した。

　13日、2日目の第1全体会議（プレナリー）では「プッシュ・プル要因：

大量の移動と移民の根本原因を理解し取り組む」と題して国連プロジェクト・サービス機関（UNOPS）ベネデッタ・オーディア氏が、移民に対処するだけではなく、移民の発生原因を理解する必要がある。そこには、経済、政治、心理その他、複雑な原因が関与している。そのために UNOPS は破綻国家でインフラから開発援助をしている。移民の対根本原因対策として開発援助に移民政策を組み込む必要があることを指摘した。次にベロナ大学のアナリサ・キャンピ氏が、アフリカからヨーロッパへの移民が 200 万人にのぼり、アフリカの人の 25％ は移動したいと思っている。その多くは紛争よりも貧困が理由である。移民のためのグローバル・コンパクトが、人権や開発などの他のイシューと分離してしまうことは望ましくないだろう。アフリカの移民対策にとって貿易よりも開発援助を優先する必要があると指摘した。最後にルイス大学のピエトロ・プストリノ氏が、国際法の立場から、人権法、人道法、難民法のギャップを埋める必要がある。人権法は移民を、人道法は文民の保護を、難民法は難民を扱うが、保護されるべき人は誰か、ノンルフールマン原則は誰に適用されるか、紛争下の移民の保護はどうするかなど、課題が多いことを指摘した。最後に国連食糧農業機関（FAO）の佐々木順子氏は次のように述べた。移民には多様な国際機構が関与している。国際移住機関（IOM）がその中心であろうが、密輸をする移民と移民のトラフィックには国連薬物犯罪事務所（UNODC）が関与している。FAO は農村地域の開発に貢献することによって食糧安全保障を確保している。気候変動や紛争も農村地域の農業に影響を与える。農業は若者に魅力的ではない。しかしアフリカの人が移民や難民とならないためには、農業への投資が必要である。

13 日のジョン・ホルムズ・レクチャー（John Holms Lecture）では、ACUNS の会長でオーストラリア国立大学名誉教授のロレイン・エリオット氏が、世界人権宣言 70 周年に際して、人権、移民とグローバル・ガバナンスのことについて、再検討する必要性を述べた。ことに 2018 年 12 月に「安

全で秩序ある正規移住のためのグローバル・コンパクト」、および「難民に関するグローバル・コンパクト」を発表する予定である。人間の安全保障を強化し、最も脆弱な人々を保護し、正しい国際秩序に基づいた価値を根付かせる方向性で国連システムが努力するためにも、人権、移民とグローバル・ガバナンスの検討は、中心課題となるとした。

13日、2日目午後のラウンドテーブル[2]では、「危機からの回復―グローバル・ガバナンスを再活性化させるための公正な安全保障」をテーマとして議論が繰り広げられた。O.P. ジンダル・グローバル大学のヴェセリン・ポポフスキ氏によって国連改革の必要性が論じられた後、フンボルト・ヴィアドリナ・ガバナンス・プラットフォームのアンニャ・ミーア氏は、移行期正義や法の支配におけるローカル・アプローチやアクター間の信頼の必要性を指摘した。続いて、オンタリオ工科大学のピーター・ストエット氏は、環境問題の中でも、適切な規制が実施されていない分野において脱国家的な環境犯罪が生じていると論じ、最後に、スティムソンセンターのリチャード・ポンツィオ氏が、公正な安全保障を実現するためにはネットワーク化や包括的アプローチが重要であると主張して、本ラウンドテーブルは終了した。

14日の第二回の全体会議（プレナリー）[3]は、「国家の責任、人間の脆弱性：大量避難民・移民がもたらす結果を緩和するために」と題して開かれた。テキサスA&M大学のシャーロット・クー氏が司会を務め、日本の長谷川祐弘会員、ルイス大学のシルビア・スカルパ准教授、サンニオ大学のロベルト・ビルゾ准教授の3名が発表を行った。長谷川祐弘会員は、移民や難民の受け入れ国の指導者の果たす役割について、スカルパ准教授はリビアにおいて移民や難民が奴隷として売買されている状況ついて、ビルゾ准教授は海洋を渡って来る移民や難民の捜索・救援活動について報告した。

最終日14日の午後には全体会が開かれ「国連人権宣言の今日的な意義」

について話し合った。

　ワークショップ・パネルでも日本国連学会会員を始めとする日本人の積極的な参加がみられた。

　パネル8は、「非国家武装グループと対テロ対策」と題して、共栄大学の石塚勝美会員を含め3人の発表となった。具体的な発表内容は、非国家武装グループやサイバーテロやアフリカのマリのテロリスト等に対して、国連は紛争予防や国連平和活動等の枠組みでいかに対応すべきかというものであった。国連におけるテロリスト対策は慎重にすべきという意見も出されたが、国連平和活動においても何らかのテロ対応は必要になってくるとの主張も聞かれた。

　パネル17では、大阪大学の蓮生郁代会員が、「ユネスコの管理運営におけるアカウンタビリティの強化について－2011年以降のユネスコ財政危機に関する考察－」というテーマで、現在のユネスコ危機の状況を論じた。

　パネル28「国連制裁」では、神田外語大学の水野孝昭会員が「アメと鞭の矛盾—対イラク国連制裁の教訓」と題する報告を、関西学院大学の吉村祥子会員が「平和と安全の維持を目的とした国連集団安全保障における国家中心メカニズムに対する挑戦—国連金融制裁の事例」と題する報告を行い、これまでの実行を振り返りつつ、国連の経済制裁に関する今日的課題を論じた。

　パネル29では、「移民を統治する」（Governing Migration）と題して、移民と開発のためのグローバル・フォーラムや難民に関するグローバル・コンパクトなど、近年の移民・難民に関する取り組みについて報告がなされた。関西学院大学の赤星聖会員は、2016年5月に開催された世界人道サミットを事例として、人道支援を行う枠組みがどのように変化し、そこにおいて国連人道問題調整事務所（OCHA）がどのような役割を果たしたのかについて報告した。

パネル33では敬愛大学の庄司真理子会員が、慣習国際法と国際政治学のコンストラクティヴィズムの方法論の近似性と相違点を指摘し、国際法学と国際政治学との対話の可能性を探り、事例として国連グローバル・コンパクトを扱った。東洋学園大学の竹内雅俊会員は、国際社会の秩序化におけるソフトロー：新たな文明国標準としての安保理の不承認決議について論じた。

　パネル34は国連と人権法を共通テーマとし、まず大阪大学の猪口絢子会員が、国連「ビジネスと人権」規範のリーディングケースとなった紛争鉱物規制に注目し、ルワンダ政府にもたらされた影響について報告を行った。桜美林大学の滝澤美佐子会員は、世界人権宣言をはじめとする国連決議である国際人権基準の法的性格について、国連人権理事会をはじめとする国連機関における実行を踏まえて報告を行った。他の発題者からは国連人権理事会における特別手続き、加盟国の人権外交が議論された。

　パネル36は持続可能な開発目標（SDGs）が議論された。まず議長の高橋一生会員により、下記の問題提起がなされた。SDGsは70年の国連の歴史上最善のドキュメントかもしれないし、最悪のものになるかもしれない。主要課題が緊密に関連していることを正面から認めた点で、最高の合意といえよう。他方、それを成り立たせる背景分析はなしで、合意優先で押し切ってしまった。結果個々の課題に分裂するのみの寄せ集めにすぎないものになるのかもしれない。その二つの可能性を持つのがSDGsである。最善のドキュメントにしていくのが我々の仕事であり、それには何よりも諸課題の相互関連性を明確にしていくことから始める必要があると指摘した。パネリストの猪又忠德会員は、国連システムがSDGsを達成するガヴァナンスと戦略計画は、移住・開発領域では、未整備で、移住・難民協約の妥結後も、活動の重複・断片化を克服する機関間の資源管理情報と監査制度が不可欠であると指摘した。パネリストで東海大学の小川裕子会員は、SDGsの実施原則として、「共通だが差異ある責任」（Common but Differential Responsibility: CBDR）原則が採択された政治過程を検討した。そしてそこでは、従来と異なる新たな規範形成メカニズムが展開されていたことが明らかにされた。

パネル46はグローバル・ガバナンスにおける暴力、差別と女性の権利をテーマとした。東京大学のキハラハント愛会員は、国連人権メカニズムが日本の婚姻・家族に関わる女性の権利にどのように影響を与えたかを分析し、直接的な影響より間接的な影響が評価できると論じた。

パネル48の、「多極化の世界において国連が直面する課題」と題したパネルでは、植木安弘会員がこのタイトルに関する報告を行い、現在進行している多極化は19世紀のヨーロッパとは異なる体制を含んだものであり、主権国家で構成される国連の普遍的価値を追求する国際的責務を困難なものにしていると論じた。また、本多美樹会員は「平和構築活動における多様なアクター間の規範の共有における国連の挑戦」について報告した。

パネル52「国際連合と地域的国際機構」では、東北公益文科大学の玉井雅隆会員が欧州安全保障協力機構（OSCE）を、立命館大学の山上亜紗美会員が欧州連合（EU）をそれぞれ取り上げ、地域的国際機構と国際連合との関係性を議論した。玉井会員の報告は、国連とOSCEの協働関係についてであった。OSCEは、冷戦終結直後から国連との協働関係を開始し、国連が平和維持活動を実施していない国に対して長期滞在型使節団を派遣していることを示した。山上会員は、EUが東部ウクライナにおける停戦合意であるミンスク合意などでウクライナ動乱の調停に介入するも、これに失敗したため、国際社会からの期待を失っていく過程を国連安全保障理事会の会合資料から示した。

パネル54は、「国連PKOへのアジアの貢献の強化」というテーマで開かれた。日本からはJICAシニア・アドバイザーの井上健会員が討論者として参加し、大会のテーマであるグローバル・ガバナンス・移民・人権とPKOについて述べた後、日本のPKO政策の現状と課題について議論した。

なお、7月13日に東京大学の学部学生による特別パネルが開かれ、東京大学のキハラハント愛会員の司会のもと、8名の学生が日本で移民の権利はどのように守られているかについて発表した。難民、難民申請者、他の移民

について、それぞれの脆弱性をあぶり出し、保護の必要な難民・難民申請者の権利が効果的に守られていないと指摘した。一方で、経済的な理由による移民について、高度な技術を持つ移民にとって日本が魅力的な移住先でない現状について説明した。

〈注〉

1　12日のキーノートアドレスの要約は、大阪大学の猪口絢子会員が担当した。
2　13日のラウンドテーブルの要約は、関西学院大学の赤星聖会員が担当した。
3　14日のプレナリーの要約は、国際協力機構（JICA）の井上健会員が担当した。

2　第 18 回東アジア国連システムセミナー報告

敦 賀 和 外

　2018 年 11 月 9 日 – 11 日、中国北京のシー・ジャオ・ホテルにおいて、第 18 回東アジア国連システムセミナーが開催された。中国国連協会（United Nations Association of China）と北京語言大学（Beijing Language and Culture University）が主催となり、中国から 35 名、韓国国連システム学術評議会（Korean Academic Council on the UN System: KACUNS）から 12 名が参加し、日本国連学会からは以下 11 名が参加した。（五十音順、肩書・敬称略）猪又忠徳（国連大学サステイナビリティ高等研究所）、上杉勇司（早稲田大学）、久木田純（関西学院大学）、功刀達朗（日本国連学会理事）、庄司真理子（敬愛大学）、高橋一生（日本国連学会理事・渉外主任）、玉井雅隆（東北公益文科大学）、敦賀和外（津田塾大学）、長谷川祐弘（日本国際平和構築協会理事長）、広瀬訓（長崎大学）、藤重博美（法政大学）。以下に、セミナーの概要を報告する。なお、セミナーの様子は中国国連協会のウェブサイトも参照されたい。

1 日目
　オープニングセッションは中国国連協会で行われた。中国国連協会 Wu Hailong 理事長、今回やむを得ず欠席された神余隆博日本国連学会理事長の代理として功刀達朗同学会理事、ハン・スン・ジョー（Han Sung-Joo）KACUNS 理事長、北京語言大学ルイ・リー（Liu Li）学長がセミナー開催を祝して挨拶された。その後中国側主催による夕食会が行われ、美食に舌鼓を打ちながら参加者間で親睦を深めた。筆者は同セミナーに今回初めて参加したが、ディナーで中国、韓国側の参加者からもこれまでのセミナーの経緯

や意義について聞ける貴重な機会となった。

2日目

2日目からはシー・ジャオ・ホテルの会議場でセミナーが行われた。セミナーの各セッションは、司会1名、報告者、講評者は各国から1名選出され計3名の形式で取り進められた。

2日目（11月10日）の午前は、セッション1「東アジアにおける安全保障の課題（Security Challenges to East Asia）」が開かれ、「朝鮮半島情勢（Situation on the Korean Peninsula）」と「東アジアにおける安全保障協力（Security Cooperation in East Asia）」をテーマとした発表、議論が行われた。2018年6月にシンガポールで行われた史上初となる米朝首脳会談後、朝鮮半島における安全保障の情勢がどのように展開していくのか世界が注目するなか、同情勢に最も影響を受ける三国の研究者間で時宜にかなった議論ができた。

午後は、セッション2「開発協力（Cooperation for Development）」が開かれ、「国連開発システムの改革（Reform in the UN Development System）」と「多国間貿易システムの課題（Challenges to the Multilateral Trading System）」をテーマとして発表、議論が行われた。開発協力システムの改革に関しては、アントニオ・グテーレス（António Guterres）国連事務総長が主導する改革における国連常駐調整官（RC）制度の見直しや、防災対策を中核とした国連の優先業務の在り方、持続可能な開発目標（SDGs）達成に向けた民間投資の役割など、多様な論点について活発な議論がなされた。「多国間貿易システムの課題」についても、各国で保護主義的傾向が強まる中で世界貿易機関（WTO）などの多国間貿易体制がどのような役割を担うべきか、歴史的経緯を踏まえながら議論がなされた。

3日目

3日目は、午前にセッション3「相互理解を深めるための人的交流を促進

する（Promoting People to People Exchange to Enhance Mutual Understanding）」が開かれた。「国連と文化交流（The UN and Cultural Exchange）」と「メディアと人的交流の役割（The Role of Media and People to People Exchanges）」をテーマとして発表、議論が行われた。韓国における大学生による模擬国連・普遍的定期的審査（UPR）の取り組みの紹介や文化交流に関する共生の思想（Conviviality）など、ミクロからマクロにわたるレベルで発表と意見交換が行われた。メディアの役割については、中国の一帯一路政策がグローバルコミュニケーションに及ぼす効果や紛争時のメディアの役割、並びにグローバルな市民教育におけるユネスコの役割について議論がなされ、グローバリゼーション時代におけるメディアの役割について示唆を得る機会となった。

ACUNSとの対話及び閉会

　セッション3終了後、国連システム学術評議会（Academic Council on the UN System: ACUNS）を代表してセミナーに参加していたコート（Roger A. Coate）理事長から、ACUNSの次期年次会合を南アフリカで開催する旨の発表があり、参加が呼びかけられた。

　その後閉会の儀となり、三カ国の代表より活発な議論に対する謝意が述べられた。次回の東アジアセミナーについては、主催となる韓国側より開催時期及び会場について後日共有される運びとなった。

最後に

　セミナーを通して内容の濃い議論が行われたが、時として緊張感が漂う場面もあった。本セミナーは各国政府の立場を超えて三国の研究者が議論を交わすことに意義があり、それが、幾つもの難しい国際的局面を経ても本東アジアセミナーを過去18回にわたって開催することができた要因であり、精神的な要であると言えよう。今後も、本セミナー設立以来のスピリットが継承され、三カ国の研究者間で国連に関する活発な議論が行われることを期待

したい。

3　規約及び役員名簿

(1) 日本国際連合学会規約

I　総則

第1条（名称）　本学会の名称は、日本国際連合学会とする。

第2条（目的）　本学会は、国連システムの研究とその成果の公表及び普及を目的とする。

第3条（活動）　本学会は、前条の目的を達成するために、以下の活動を行う。

1) 国連システムに関する研究の促進並びに各種の情報の収集、発表及び普及
2) 研究大会、研究会及び講演会等の開催
3) 機関誌及び会員の研究成果の刊行
4) 内外の学会及び関係諸機関、諸団体との協力
5) その他本学会の目的を達成するために必要かつ適当と思われる諸活動

II　会員

第4条（入会資格）　本学会の目的及び活動に賛同する個人及び団体は、本学会に入会を申請することができる。本学会の会員は、個人会員と団体会員からなる。個人会員は、一般会員と院生会員の2種とする。

第5条（入会申請）　本学会への入会は、理事を含む会員2名の推薦に基づき、理事会の承認を得なければならない。

第6条（会員の権利）　会員は、本学会の機関誌の配布を受け、本学会の総会、研究大会、研究会及び講演会等に参加することができる。

第7条（会費）　会員は、別に定める所定の会費を納める。2年以上にわ

たって会費を納めていない者は、理事会の議を経て会員たる資格を失う。

第8条（退会）　本学会から退会しようとする会員は、書面をもってこれを申し出、理事会がこれを承認する。

Ⅲ　総会

第9条（総会）　通常総会は年一回、臨時総会は必要に応じ理事会の議を経て、理事長が招集する。

第10条（意思決定）　総会の議決は、出席会員の過半数による。但し、規約の変更は出席会員の3分の2以上の同意によって行う。

Ⅳ　理事会

第11条（理事及び監事）　本学会に、理事20名程度及び監事2名を置く。

第12条（理事及び監事の選任と任期）　理事及び監事は、総会において選任される。理事及び監事の任期は3年とし、二回まで継続して再選されることができる。

第13条（理事及び監事の職務）　理事は理事会を構成し、学会の業務を管掌する。監事は理事会に出席し、理事の職務の執行及び学会の会計を監査する。

第14条（理事会の任務及び意思決定）　理事会は本学会の組織運営にかかわる基本方針及び重要事項を審議し、決定する。理事会の議決は、理事の過半数が出席し、現に出席する理事の過半数をもって行う。

第15条（理事長）　理事長は、理事の互選により選任される。理事長は本学会を代表し、その業務を統括する。理事長の任期は3年とする。

Ⅴ　主任及び各委員会並びに運営委員会

第16条（主任）　理事長は、理事の中から、企画主任、編集主任、渉外主任及び広報主任を指名する。

第17条（委員会）　各主任は会員の中から数名の委員を指名し、委員会を構成する。各委員会の構成は運営委員会によって承認される。

第18条（運営委員会）　運営委員会は、理事長、各委員会主任及び事務局長並びに原則として理事の中から理事長が指名するその他の委員によって構成される。運営委員会は学会の業務を遂行する。

VI　特別顧問

第19条（特別顧問）　本学会に特別顧問を置くことができる。特別顧問の任命は、理事会の議を経て、総会が行う。特別顧問は、本学会の会費の納入を免除される。

VII　事務局

第20条（事務局）　本学会に、理事長が指名する理事を長とする事務局を置く。事務局長は、理事長を補佐し、本学会の日常業務を処理する。事務局長は、事務局員を置くことができる。

VIII　会計

第21条（会計年度）　本学会の会計年度は、毎年4月1日に始まり翌年の3月31日に終わる。

第22条（予算及び決算）　本学会の予算及び決算は、理事会の議を経て総会の承認を得なければならない。決算については、監事による監査を受けるものとする。

（付則）　（1）この規約は、1998年10月22日より施行する。
　　　　　（2）この規約は、2016年6月11日より施行する。

(2) 日本国際連合学会役員等名簿

（2016 年 10 月 1 日～ 2019 年 9 月 30 日）

理事長：神余隆博

事務局長：久木田純

企画主任：二村まどか

編集主任：滝澤美佐子

渉外主任：高橋一生

広報主任：秋月弘子

1　特別顧問：

　　明石康　緒方貞子　武者小路公秀　渡邉昭夫

2　監事：

　　松隈潤、渡部茂己

3　理事：

　　秋月弘子、石原直紀、位田隆一、植木安弘、大芝亮、大平剛、小山田英治、久木田純、功刀達朗、佐藤哲夫、庄司真理子、神余隆博、高橋一生、滝澤三郎、滝澤美佐子、西海真樹、広瀬訓、二村まどか、本多美樹、望月康恵、山本慎一、弓削昭子、米川正子

　　（以上 23 名）

　　（職務出席：外務省・三宅浩史、真嶋麻子）

4　運営委員：

　　秋月弘子、久木田純、神余隆博、高橋一生、滝澤美佐子、二村まどか

　　（職務出席　真嶋麻子）

(3) 日本国際連合学会　各委員会メンバー

5　企画委員会

二村まどか（主任）、清水奈名子、藤巻裕之、山本慎一、吉村祥子

6 　編集委員会

滝澤美佐子（主任）、上野友也、瀬岡直、富田麻理、本多美樹（副主任）

7 　渉外委員会

高橋一生（主任）、庄司真理子、敦賀和外

8 　広報委員会

秋月弘子（主任）、小山田英治、二宮正人

VII

英文要約

Special Article
Challenges to and Prospects of the United Nations and United Nations Studies:
A Personal Introspection

Takeo Uchida

This brief essay traces back to the original ideas that led to the establishment of the Japan Association for United Nations Studies (JAUNS) in 1998. It places emphasis on the Association's international links and cooperation, particularly with the Academic Council on the United Nations System (ACUNS) and the tripartite seminar on the UN system in East Asia. The essay then suggests that the JAUNS might help improve university education on the United Nations, and propose recommendations for the strengthening of the UN system as well as for Japan's UN policy.

The greatest challenge to the UN system today, the essay identifies, is the retreat of multilateralism as evidenced by the "America First" foreign policy of the Trump administration in the United States and the rise of populism in Europe and elsewhere. Humanity is confronted with serious and complex global issues ranging from violent conflicts, poverty, and environmental degradation to human rights violations. The Sustainable Development Goals (SDGs) are a manifestation of the responses by the international community to such challenges. The UN system is expected to serve as a center to harmonize actions of the Member States, civil society and business to provide the needed global public goods. The essay tries to assess how the UN system could play such roles and revisits some of the reform ideas and plans, including the most recent efforts by Secretary-General António Guterres. The author finds, however, that if the UN is to act as a center for harmonizing actions of various stakeholders, it is crucial to develop and solidify the international civil service as enshrined in the UN Charter. Here much remains to be done.

As to the issues posed to the UN researches, the essay, citing the three types of international leadership developed by Oran R. Young, stresses that their primary role resides in intellectual leadership, as contrasted to structural and entrepreneurial leaderships. The same goes to the UN system as a whole, with additional responsibility to undertake certain entrepreneurial works, particularly by the Programmes and Funds and the Specialized Agencies.

The essay concludes that the challenges to the UN are neither new nor unique: the UN has dealt with these challenges throughout its history. Only their magnitude and complexity might be of different order. The researchers on the UN system are, therefore, expected to assume a greater role in analyzing and presenting ways and means to respond to them on the basis of multilateral cooperation and action.

1 Multi-layers of International Security and Transformation of UN Peace Operations

Hideaki Shinoda

This essay is intended to explore characteristics of the recent changes of UN peace operations by highlighting the aspects of "partnership peace operations." One of the changes that UN peace operations have been experiencing is the trend of "partnership peace operations". A growing number of cases of institutional collaboration between UN and regional or sub-regional organizations shows a constant tendency. This essay argues that this tendency is a reflection of trends of international society after the end of the Cold War. In doing so, the essay provides the view that while the changes of recent UN peace operations are outstanding compared to the traditional patterns of UN peace operations during the Cold War, they rather resonate with the framework of international order originally envisioned in the UN Charter. The essay thus signifies "partnership peace operations" in a wider context of the multilayer structure of international security in line with the orthodox understanding of international law.

2 The SDGs and a Paradigm Shift from the Human-centered Development

Tsuyoshi Ohira

This article focuses on the social development dimension in the Sustainable Development Goals (SDGs). Although the notion of social development has differed over time, it came to be regarded as an equivalent of human development in the 1990s. The concept of human development brought about the first paradigm shift in the sphere of development thinking, replacing the notion of economic development which puts an emphasis on macroeconomic growth.

While the human-centered development has been in the mainstream of development thinking since the 1990s, there has existed another stream of development thinking since then: the concept of sustainable development introduced by the World Commission on Environment and Development (WCED, Brundtland Commission). Those two streams have existed in parallel and have not been integrated until the establishment of SDGs.

The impact of human development of the United Nations Development Programme (UNDP) has been so strong that it has dominated development strategy since the 1990s. Besides, as UNDP has had a different interpretation of the idea of sustainable development, putting emphasis on the realization of the present generation's needs, the original idea of sustainable development that the Brundtland Commission introduced had not been fully realized in development strategy.

This situation changed dramatically with the establishment of the SDGs in which the limit of global environment is considered as a given condition. Therefore, this article argues that the era of human-centered development has come to an end and we are now experiencing the second paradigm shift in development thinking.

The SDGs ideally should be the final version of development strategy as there will be no other way to survive on earth unless we realize the goals of the SDGs. However, some critics refer to the difficulties of realization and the author is also skeptical. It is not because that there are too many goals and targets in the SDGs but because the social circumstances have not been changed or even deteriorated in spite of global efforts to tackle the problems for more than twenty years. The author suggests that the fundamental obstacle is the current system of global capitalism which generates inequalities, and that we cannot solve the problems we confront today unless we revise this system drastically.

3 The Significance and Role of the United Nations in the Field of Security and Human Rights:

The Deliberation of the UN Declaration on the Right to Peace

Jun Sasamoto

People in the world grew skeptical of the function of the United Nations when the United States and the United Kingdom waged the Iraq war in 2003. The two countries disregarded the approval of the UN Security Council. UN lost people's trust at that time.

Meanwhile, the UN declaration on the right to peace was adopted by the UN general assembly in 2016. It was supported by more than 130 countries. There was a wide gap between countries in favor and those opposing to whether this new right should be recognized in the international society. On the other hand NGOs made a sensitive response to the militarization in the world and developed an influencial power on the drafting process of the declaration.

Under such situation, UN Human Rights Council, especially the chairman of the intergovernmental working group and the advisory committee, proceeded with persistent deliberation and negotiation with States and NGO's for more than 5 years since 2010. These efforts led to the final adoption of the UN declaration in the General Assembly in 2016.

The basis of trusting the UN consists of justification and effectiveness of the decision-making. The author analyzes the process of deliberation in the

UNHRC from the viewpoint of 3 actors (states, the UN, and NGO), in playing their own role in the UN activities. The chairman of the working group adopted the consensus method to deliberate procedures. Though it did not reach consensus, the accumulation of discussion led to the participation of the countries opposing the adoption. And the final text of the declaration is so abstract that it has possibility to include the opposing countries in the future negotiations. The author said that the leadership of the chairman of the working group led to justification of the UN in that regard.

At the same time the recognition of the right to peace by UN is a great progress for the incorporation of a new value into the UN activities, which vary as the world develops. The recognition of the new right also successfully increased the effectiveness of UN activities.

4 Financial Transformation of the United Nations System Organizations :

Analysis Focusing on Budget Income from Member States

Toru Sakane

The main purpose of this paper is to make clear financial transformation and continuity of the UN System organizations focusing on budget income from member states. Scope of analysis is set not only to the UN itself but also to some funds, programmes and specialized agencies. Top-five finance contributing countries are selected and listed regarding to the regular budget and the PKO budget of the UN, some UN System organizations of which China has become one of the top-five finance contributing countries by 2016, major humanitarian organizations and various organizations serving for development and technical assistance. Percentage of each top-five finance contributing country in either annual assessed contribution, annual voluntary contribution or accumulated total capital contribution of these organizations is shown in each Table in this paper.

As the result of entire analysis, following transformations are found. Firstly, percentage of the top-five finance contributing countries of which most of them are advanced countries tends to be decreasing during 2007-2016 in various UN System organizations. Secondly, China is gradually increasing its presence as a major financial contributing country and becomes to be found within the top-five finance contributing countries in some UN System organizations such as the UN, IBRD, IMF, UNIDO and UNESCO. Thirdly, in addition to China, EU and some other non-advanced countries can be found in the list of the top-five finance contributors for some organizations.

Also, following continuities are found. Firstly, USA is still the top and close to the top finance contributing country for many UN System organizations. Secondly, other developed countries such as Japan, major European countries and some Nordic countries are still major finance contributing countries in many UN System organizations. Thirdly, China is still not yet within the top-five list in many UN System organizations though will be increased more in the future.

Also, following challenges and possible countermeasures are found. Firstly, how to collect more financial resources from both developed countries and other countries is important. Voluntary contributions and income through service provision by the UN system organizations for member states are worth to pursue more. Secondly, how to secure financial resources from non-member states is also important. EU and various non-state actors including other non UN System international organizations, NGOs, companies, individuals and so on are important additional finance contributing actors. Thirdly, as for Japan, decline of financial contribution in terms of percentage and order will be long term trend. Therefore, setting priorities and targets of financial contributions in terms of organizations and areas in the UN System would be meaningful. It is also important to strengthen cooperation between Japan and other major developed countries over finance and budgetary matters in each organization and the UN system as a whole.

5 Only the Fittest Can Survive in Global Governance:
The OECD Finds Its Own Way to Evolve through Working Closely with the United Nations

Noriaki Abe

The Organization for Economic Cooperation and Development (OECD) is proactive in enhancing cooperation with the United Nations (UN) ever since. This aspiration stems from the serious recognition that the efficacy of multilateralism is tested at the critical juncture where a set of agreements such as the Sustainable Development Goals (SDGs) and the Paris Agreement on Climate Change are being collectively implemented. From a practitioner's viewpoint, the author examines the backgrounds of the OECD's activism, identifies exemplary areas of cooperation, illustrates on-going projects, and explores the potentials, limits and challenges of their cooperation.

While seeking to enhance the relevance of its role in global governance, the impact of its products and the legitimacy of its international standards in various policy domains, the OECD suffers serious setbacks: the waning gravity in global governance (While the members have increased to 36 in 2018, their contribution to the world's total GDP is estimated to continue declining from 60% in 2010 to 40% in 2030.); the eroding competitive edge due to the excessive breadth of subject matters to cover, and the public backlash against multilateralism and globalism which it has advocated since its inception in1961. The OECD endeavors to survive these adversities by: upgrading its functions as "the world's largest think-tank" and "the global standard-setter"; enlarging the membership and engaging with such significant players as China and Brazil actively, and consolidating partnerships with the G20, APEC and other international fora.

In this vein, the major objective of the OECD's enhanced collaboration with the UN is threefold: a) to absorb the information and expertise concerning developing and emerging economies, which the universal inter-governmental body possesses while the group of advanced nations doesn't; b) to diffuse the OECD's works widely via the UN's universal memberships, and c) to help the OECD Members address policy issues which the UN primarily covers.

Three promising areas of their cooperation are identified: a) capacity-building on technical matters; b) improving the business environment, and c) supporting the implementation of the UN-led multilateral agreements. Specific projects in the aforementioned areas are case-studied correspondingly: a) the OECD-UNDP Joint Program of "Tax Inspector Without Borders"; b) the OECD's "Responsible Business Conduct"/"UN Guiding Principles on Business and Human Rights", and c) the OECD's pilot project for measuring the progress of domestic implementation of the SDGs.

The author concludes that, in order to make the cooperation more efficient and effective, the OECD should: a) focus its resources in priority areas building on the Members' consensus; b) establish coordination mechanism and operational methods with the UN, and c) optimize their contribution within the global governance through engaging more substantively with the peer entities such as the World Bank.

6 The United Nations' Democracy Promotion and the United Nations Democracy Fund:
An Example of the UN's Internal Transformation

Mikiko Sawanishi

To cope with internal and external changes and challenges, particularly
ter the paradigm shift in international relations in the 1990s, the United
ations (UN) has been transforming itself. One example is the creation and
e expansion of large scale, general trust funds within the UN Secretariat
at are beyond mere financial windows for receiving voluntary contributions
)m member states; rather, these function as independent and autonomous
tities that contribute to developing and disseminating new norms and
plementing activities to translate such norms into practice. This article
empts to explain the factors and reasons for that the UN trust funds have
n established and growing, by applying two theories, namely the theory of
icipal-Agency relationship and the theory of constructivism.

Within the UN Secretariat, there are several general trust funds under
h a category. Their common characteristics are: they 1) are established
er 1990 and are still in existence; 2) are meant to serve important
erging issues, such as humanitarian assistance, peace building, or
1ocracy; 3) are approved for establishment by the General Assembly; 4)
e an annual budget of at least 10-million-dollars, supported almost entirely
voluntary contributions from donors; and 5) operate independently, having
onomous governance and operational mechanisms. According to the
icipal-Agency theory, the Principals, i.e., donor countries, can pursue their

own interests within the UN system more directly and explicitly by entrusting and providing their voluntary contributions to trust funds. The direct donor-trust funds relationship provides donors with flexibility to commit their support, and it might reduce risks of agency-slack and achieve greater efficiency in operation. Moreover, as per constructivism, the trust funds have been playing important roles in defining emerging norms and in disseminating them through project-based operations.

 A case study of the United Nations Democracy Fund (UNDEF) examines the above-mentioned general characteristics and the theoretical application. UNDEF was created in 2005 to promote democracy within the UN system. Until the 1990s, when the paradigm shift in international relations took place, the norm of democracy was promoted first outside the UN through intergovernmental dialogues. Then, after the 1990s, the UN became able to adopt numerous resolutions aiming to promote democracy and to implement programs supporting governments to attain good governance. UNDEF was created as a point of accumulation of such norm-advancing processes in line with the theory of constructivism. Moreover, UNDEF has focused on the empowerment of local civil society organizations to raise the voices of citizens particularly those who are the most vulnerable. This is another norm that UNDEF is diffusing within and beyond the UN. Moreover, the Principal-Agent relationship is applied to a relationship between key donors and UNDEF, and direct supervision by donors aims to decrease agency dilemmas, and push the UNDEF Secretariat perform its mandated functions efficiently in realizing the interests of donors. Finally, following UNDEF's 10th anniversary in 2016, the results and challenges were identified in its institutional evaluation report conducted in 2016. UNDEF has needed to transform its strategy to cope with the constantly changing environment and to perform its expected roles in bottom-up, grass-roots democracy promotion, thereby fulfilling both the efficient agency role of member states' interests, and the diffusion role of bottom-up, grass-roots democracy promotion working directly with civil society.

7 Variations to Humanitarian and Development Assistance during Conflict:
A Case Study Analysis of Assistance Provided to Syria

Ako Muto

The United Nations General Assembly Resolution 46/182 of 1991 emphasizes the need for collaboration between humanitarian assistance, which aims at the relief of individuals, and development assistance, which focuses on the country or community. The assistance lying between these two forms is here referred to as 'developmental humanitarian assistance', a term that requires further elaboration despite periodic efforts to link both assistance conceptually and practically. One key area for such analysis is the issue of contested sovereignty between the many parties involved in conflicts lasting several years on average.

In this paper, to elucidate an understanding of developmental humanitarian assistance and its variations, the following factors are considered: 1) both the continuum and contiguum are necessary, 2) setting the goal of building resilience at the community level is easier to convince each party not to hinder the provision of assistance to areas controlled by their opponents, and 3) the participation of internal non-state actors such as civil society leaders and NGOs is crucial. I then apply this framework to analyze the situation of developmental humanitarian assistance provided to Syria from the outbreak of conflict in March 2011, to the commencement of bombardment by Russia in September 2015. This was a period when political and security interventions did not lead to an effective ceasefire.

Consequently, the contiguum at the community level appeared in the form of assistance such as livelihood support, rehabilitation of basic social infrastructure, and garbage disposal, etc. Besides, in opposition-held areas, assistance was provided for civilian peace-building targeting post-conflict democratic nation-building, and for microfinance and university education which were usually considered to comprise development, though the amount provided was considerably less. Internal actors implementing this developmental humanitarian assistance included diverse agencies such as existing government institutions and government-registered NGOs in government-held areas. Cross-border NGOs and local councils (LCs) filled in the administrative gaps in opposition-held areas. The rich variation of developmental humanitarian assistance through these actors played a role not only in saving people's lives but also in restoring the livelihoods and dignity of the people, maintaining governance functions, and building resilience within the community.

Such variations in the provision of developmental humanitarian assistance were possible, firstly, because of the certain level of social and economic foundation in place before the conflict that led to produce excellent human resources. Secondly, some functions of governance continued during the conflict. Most LCs stood in accordance with the administrative divisions enacted by government decree. The sovereignty of Syria was not handed over to opposition factions said to number in the thousands.

This paper, through a single case study, reveals one mechanism of developmental humanitarian assistance. It is necessary to deepen our understanding of its concept and practice through analysis of additional cases.

編集後記

　日本国際連合学会は昨年春第20回研究大会で20周年を迎えました。学会誌『国連研究』も第20号（『変容する国際社会と国連』）を刊行できました。この記念すべき20年を回顧する特別寄稿を内田孟男先生にご寄稿いただきました。さらに、研究、実務、現場の観点も織り交ぜて、国連の主要分野をカバーする形で、特集論文、政策レビュー、独立論文、書評ならびに書評論文を掲載できました。国連システム学術評議会（ACUNS）研究大会と東アジア国連システム・セミナーも紹介ができました。いずれも特集テーマにつながる論点をもつ貴重な論稿です。広く共有されることを願います。

　ご執筆、ご投稿をいただいた多くの会員の皆様に、心からの感謝を申し上げます。査読のために学会会員や会員外のご専門の先生方にも大変お世話になりました。投稿がご希望通りにいかない場合もありましたが、審査や執筆のプロセスで誠意あるご対応いただき心から感謝いたします。

　今回も、国連研究という学際性を有する研究分野の学会誌編集を、専門分野を異にする編集委員一同の協力で成し遂げることができました。また、編集委員会に貴重なご意見を寄せて下さった理事長、事務局長はじめ会員の方々に、深く感謝申し上げます。

　学会誌が20号を迎えられたのは、国際書院石井彰社長の本学会と国連研究充実へのご理解とご協力あってのことです。日本国際連合学会より心から深く感謝をいたします。　　　　　　　　　　（滝澤美佐子　桜美林大学大学院）

　本号では、富田委員とともに特集論文のセクションを担当いたしました。多くの会員の皆様に投稿いただき誠に有り難うございました。また、査読を引き受けていただいた先生方には、この場を借りて厚く御礼申し上げます。いずれの特集論文も、21世紀の変容する国際社会において、紆余曲折を経

ながら着実に発展している国連の動きを浮き彫りにしています。本号で『国連研究』は20号という節目を迎えました。本学会誌が、ダイナミックな動きを見せる国連とともに、より一層実りのある年報に発展することを祈念しております。

（瀬岡直　近畿大学）

　今号の特集論文を担当しました。国連研究の第一人者による研究論文は、国連とそれをとりまく国際社会の変容と同時に国連の不変の部分の両方を描き出しているもので勉強になることが多く、楽しい作業となりました。

（富田麻理　亜細亜大学）

『国連研究』第20号では、独立論文セクションを担当させて頂きました。このたび、多くの会員の皆様から独立論文セクションにご投稿賜りまして誠にありがとうございました。また、査読にご協力頂きました諸先生には、建設的なご意見を賜りまして厚く御礼申し上げます。独立論文セクションでは、会員の皆様からのさらなるご投稿を期待しております。とくに、若手研究者の皆様も積極的にご投稿頂きますようお願い申し上げます。

（上野友也　岐阜大学）

　本号では、書評セクションを担当しました。評者の会員の方々のご協力を頂き、4本の書評（うち一冊は洋書）と1本の書評論文を掲載することができました。

　国連の平和活動や国際規範に関する著書についての書評のほか、日本の国際平和協力に関する書評と書評論文はこれまでの日本の活動の検証と今後の貢献について深く考える機会を与えてくれています。

　私は本号で編集委員会から卒業し、新しいメンバーの方にバトンタッチいたします。これまでのご協力に深く感謝いたします。ありがとうございました。

（本多美樹　法政大学）

〈執筆者一覧〉

内田　孟男	中央大学社会科学研究所客員研究員
篠田　英朗	東京外国語大学教授
大平　剛	北九州市立大学教授
笹本　潤	弁護士、東京大学大学院総合文化研究科人間の安全保障プログラム
坂根　徹	法政大学教授
安部　憲明	外務省経済局政策課企画官
澤西三貴子	国連民主主義基金事務局次長
武藤　亜子	独立行政法人国際協力機構研究所主任研究員
藤井　京子	名古屋商科大学教授
大芝　亮	広島市立大学特任教授
福島安紀子	青山学院大学教授
黒田　順子	マーシー大学社会科学学部国際関係・外交プログラム客員教授
井上　実佳	東洋学園大学准教授
庄司真理子	敬愛大学教授
敦賀　和外	津田塾大学学外学修センター特任教授

〈編集委員会〉

上野　友也	岐阜大学准教授
瀬岡　直	近畿大学准教授
富田　麻理	亜細亜大学特任教授
本多　美樹	法政大学教授（編集副主任）
滝澤美佐子	桜美林大学大学院教授（編集主任）

(『国連研究』第 20 号)
変容する国際社会と国連

編者　日本国際連合学会

2019 年 6 月 29 日初版第 1 刷発行

・発行者──石井　彰　　　　　　・発行所

印刷・製本／モリモト印刷株式会社
Ⓒ 2019 by The Japan Association
　for United Nations Studies

KOKUSAI SHOIN Co., Ltd.
3-32-5, HONGO, BUNKYO-KU, TOKYO, JAPAN.

株式会社 **国際書院**
〒113-0033 東京都文京区本郷 3-32-6 ハイヴ本郷 1001
TEL 03-5684-5803　　FAX 03-5684-2610
E メール：kokusai@aa.bcom.ne.jp
http://www.kokusai-shoin.co.jp

（定価＝本体価格 3,200 円＋税）

ISBN978-4-87791-299-4 C3032 Printed in Japaqn

本書の内容の一部あるいは全部を無断で複写複製（コピー）することは法律でみとめられた場合を除き、著作者および出版社の権利の侵害となりますので、その場合にはあらかじめ小社あて許諾を求めてください。

国際法

内田孟男編
平和と開発のための教育
――アジアの視点から

87791-205-5　C1032　　　　A5判　155頁　1,400円

[jfUNU レクチャー・シリーズ②] 地球規模の課題を調査研究、世界に提言し、それに携わる若い人材の育成に尽力する国連大学の活動を支援する国連大学協力会 (jfUNU) のレクチャー・シリーズ②はアジアの視点からの「平和と開発のための教育」 (2010.2)

井村秀文編
資源としての生物多様性

87791-211-6　C1032　　　　A5判　181頁　1,400円

[jfUNU レクチャー・シリーズ③] 気候変動枠組み条約との関連を視野にいれた「遺伝資源としての生物多様性」をさまざまな角度から論じており、地球の生態から人類が学ぶことの広さおよび深さを知らされる。 (2010.8)

加来恒壽編
グローバル化した保健と医療
――アジアの発展と疾病の変化

87791-222-2　C3032　　　　A5判　177頁　1,400円

[jfUNU レクチャー・シリーズ④] 地球規模で解決が求められている緊急課題である保健・医療の問題を実践的な視点から、地域における人々の生活と疾病・保健の現状に焦点を当て社会的な問題にも光を当てる。 (2011.11)

武内和彦・勝間　靖編
サステイナビリティと平和
――国連大学新大学院創設記念シンポジウム

87791-224-6　C3021　　　　四六判　175頁　1,470円

[jfUNU レクチャー・シリーズ⑤] エネルギー問題、生物多様性、環境保護、国際法といった視点から、人間活動が生態系のなかで将来にわたって継続されることは、平和の実現と統一されていることを示唆する。 (2012.4)

武内和彦・佐土原聡編
持続可能性とリスクマネジメント
――地球環境・防災を融合したアプローチ

87791-240-6　C3032　　　　四六判　203頁　2,000円

[jfUNU レクチャー・シリーズ⑥] 生態系が持っている多機能性・回復力とともに、異常気象、東日本大震災・フクシマ原発事故など災害リスクの高まりを踏まえ、かつグローバル経済の進展をも考慮しつつ自然共生社会の方向性と課題を考える。 (2012.12)

武内和彦・中静　透編
震災復興と生態適応
――国連生物多様性の10年とRIO＋20に向けて

87791-248-2　C1036　　　　四六判　192頁　2,000円

[jfUNU レクチャーシリーズ⑦] 三陸復興国立公園(仮称)の活かし方、生態適応の課題、地域資源経営、海と田からのグリーン復興プロジェクトなど、創造的復興を目指した提言を展開する。 (2013.8)

武内和彦・松隈潤編
人間の安全保障
――新たな展開を目指して

87791-254-3　C3031　　　　A5判　133頁　2,000円

[jfUNU レクチャー・シリーズ⑧] 人間の安全保障概念の国際法に与える影響をベースに、平和構築、自然災害、教育開発の視点から、市民社会を形成していく人間そのものに焦点を当てた人材を育てていく必要性を論ずる。 (2013.11)

武内和彦編
環境と平和
――より包括的なサステイナビリティを目指して

87791-261-1　C3036　　　　四六判　153頁　2,000円

[jfUNU レクチャー・シリーズ⑨]「環境・開発」と「平和」を「未来共生」の観点から現在、地球上に存在する重大な課題を統合的に捉え、未来へバトンタッチするため人類と地球環境の持続可能性を総合的に探究する。 (2014.10)

勝間　靖編
持続可能な地球社会めざして：わたしのSDGsへの取組み

87791-292-5　C3032　￥2000E　四六判　219頁　2,000円

[jfUNU レクチャー・シリーズ⑩] 本書ではSDGs実現に向けて世界各地で政府のみならず草の根にいたるさまざまなレベルでの取組みが紹介されており、国連大学の修了生たちの活動が生き生きと語られている。 (2018.9)

国際法

21世紀における国連システムの役割と展望
日本国際連合学会編
87791-097-2　C3031　　A5判　241頁　2,800円

[国連研究①] 平和・人権・開発問題等における国連の果たす役割、最近の国連の動きと日本外交のゆくへなど「21世紀の世界における国連の役割と展望」を日本国際連合学会に集う研究者たちが縦横に提言する。　　　(2000.3)

人道的介入と国連
日本国際連合学会編
87791-106-5　C3031　　A5判　265頁　2,800円

[国連研究②] ソマリア、ボスニア・ヘルツェゴビナ、東ティモールなどの事例研究を通じ、現代国際政治が変容する過程での「人道的介入」の可否、基準、法的評価などを論じ、国連の果たすべき役割そして改革と強化の可能性を探る。　(2001.3)

グローバル・アクターとしての国連事務局
日本国際連合学会編
87791-115-4　C3032　　A5判　315頁　2,800円

[国連研究③] 国連システム内で勤務経験を持つ専門家の論文と、研究者としてシステムの外から観察した論文によって、国際公務員制度の辿ってきた道筋を振り返り、国連事務局が直面する数々の挑戦と課題とに光を当てる。　(2001.5)

国際社会の新たな脅威と国連
日本国際連合学会編
87791-125-1　C1032　　A5判　281頁　2,800円

[国連研究④] 国際社会の新たな脅威と武力による対応を巡って、「人間の安全保障」を確保する上で今日、国際法を実現するために国際連合の果たすべき役割を本書では、様々な角度から追究・検討する。　　　　　　　　　　　　(2003.5)

民主化と国連
日本国際連合学会編
87791-135-9　C3032　　A5判　344頁　3,200円

[国連研究⑤] 国連を初めとした国際組織と加盟国の内・外における民主化問題について、国際連合および国際組織の将来展望を見据えながら、歴史的、理論的に、さらに現場の眼から考察し、改めて「国際民主主義」を追究する。　(2004.5)

市民社会と国連
日本国際連合学会編
87791-147-2　C3032　　A5判　311頁　3,200円

[国連研究⑥] 本書では、21世紀市民社会の要求を実現するため、主権国家、国際機構、市民社会が建設的な対話を進め、知的資源を提供し合い、よりよい国際社会を築いていく上での知的作用が展開される。　　　　　　　　　　　(2005.5)

持続可能な開発の新展開
日本国際連合学会編
87791-159-6　C3200E　　A5判　339頁　3,200円

[国連研究⑦] 国連による国家構築活動での人的側面・信頼醸成活動、平和構築活動、あるいは持続可能性の目標および指標などから、持続可能的開発の新しい理論的、実践的な展開過程を描き出す。　　　　　　　　　　　　　　(2006.5)

平和構築と国連
日本国際連合学会編
87791-171-3　C3032　　A5判　321頁　3,200円

[国連研究⑧] 包括的な紛争予防、平和構築の重要性が広く認識されている今日、国連平和活動と人道援助活動との矛盾の克服など平和構築活動の現場からの提言を踏まえ、国連による平和と安全の維持を理論的にも追究する。　(2007.6)

国連憲章体制への挑戦
日本国際連合学会編
87791-185-0　C3032　　A5判　305頁　3,200円

[国連研究⑨] とりわけ今世紀に入り、変動著しい世界社会において国連もまた質的変容を迫られている。「国連憲章体制への挑戦」とも言える今日的課題に向け、特集とともに独立論文、研究ノートなどが理論的追究を展開する。　(2008.6)

国際法

日本国際連合学会編
国連研究の課題と展望
87791-195-9　C3032　　　　　　　A5判　309頁　3,200円

[国連研究⑩] 地球的・人類的課題に取り組み、国際社会で独自に行動する行為主体としての国連行動をたどり未来を展望してきた本シリーズの第10巻目の本書では、改めて国連に関する「研究」に光を当て学問的発展を期す。　　　(2009.6)

日本国際連合学会編
新たな地球規範と国連
87791-210-9　C3032　　　　　　　A5判　297頁　3,200円

[国連研究⑪] 新たな局面に入った国連の地球規範：感染症の問題、被害者の視点からの難民問題、保護する責任論、企業による人権侵害と平和構築、核なき世界の課題など。人や周囲への思いやりの観点から考える。　　　(2010.6)

日本国際連合学会編
安全保障をめぐる地域と国連
87791-220-8　C3032　　　　　　　A5判　285頁　3,200円

[国連研究⑫] 人間の安全保障など、これまでの安全保障の再検討が要請され、地域機構、準地域機構と国連の果たす役割が新たに問われている。本書では国際機構論、国際政治学などの立場から貴重な議論が実現した。　　　(2011.6)

日本国際連合学会編
日本と国連
―多元的視点からの再考
87791-230-7　C3032　　　　　　　A5判　301頁　3,200円

[国連研究⑬] 第13巻目を迎えた本研究は、多元的な視点、多様な学問領域、学会内外の研究者と実務経験者の立場から展開され、本学会が国際的使命を果たすべく「日本と国連」との関係を整理・分析し展望を試みる。　　　(2012.6)

日本国際連合学会編
「法の支配」と国際機構
―その過去・現在・未来
87791-250-5　C3032　　　　　　　A5判　281頁　3,200円

[国連研究⑭] 国連ならびに国連と接点を有する領域における「法の支配」の創造、執行、監視などの諸活動に関する過去と現在を検証し、「法の支配」が国際機構において持つ現代的意味とその未来を探る。　　　(2013.6)

日本国際連合学会編
グローバル・コモンズと国連
87791-260-4　C3032　　　　　　　A5判　315頁　3,200円

[国連研究⑮] 公共圏、金融、環境、安全保障の分野から地球公共財・共有資源「グローバル・コモンズ」をさまざまな角度から分析し、国連をはじめとした国際機関の課題および運動の方向を追究する。　　　(2014.6)

日本国際連合学会編
ジェンダーと国連
87791-269-7　C3032　　　　　　　A5判　301頁　3,200円

[国連研究第⑯] 国連で採択された人権文書、国連と国際社会の動き、「女性・平和・安全保障」の制度化、国連におけるジェンダー主流化と貿易自由化による試み、国連と性的指向・性自認など国連におけるジェンダー課題提起の書。　　　(2016.6)

日本国際連合学会編
『国連：戦後70年の歩み、課題、展望』
(『国連研究』第17号)
87791-274-1　C3032　　　　　　　A5判　329頁　3,200円

[国連研究⑰] 創設70周年を迎えた国連は第二次世界大戦の惨禍を繰り返さない人類の決意として「平和的生存」の実現を掲げた。しかし絶えない紛争の下、「国連不要論」を乗り越え、いま国連の「課題」および「展望」を追う。　　　(2016.6)

日本国際連合学会編
多国間主義の展開
87791-283-3　C3032　　　　　　　A5判　323頁　3,200円

[国連研究⑱] 米トランプ政権が多国間主義の撤退の動きを強めるなか、諸問題に多くの国がともに解決を目指す多国間主義、国連の活動に日本はどう向き合うのか。若手研究者が歴史的課題に果敢に挑戦する。　　　(2017.6)

国際法

日本国際連合学会編
人の移動と国連システム
87791-289-5　C3032　¥3200E　　A5判　305頁　3,200円

［国連研究⑲］ グローバル難民危機への対処、世界の重要課題である。難民の保護・支援の枠組み、難民キャンプ収容政策、あるいは教育分野での高等教育はどのように対応していくのか。難題が山積している。　　　　　　　　　　（2018.6）

望月康恵
人道的干渉の法理論
87791-120-0　C3032　　　A5判　317頁　5,040円

［21世紀国際法学術叢書①］国際法上の人道的干渉を、①人権諸条約上の人権の保護と人道的干渉における人道性、②内政不干渉原則、③武力行使禁止原則と人道的「干渉」との関係を事例研究で跡づけつつ、具体的かつ実行可能な基準を提示する。　　　　　　　　　　（2003.3）

吉村祥子
国連非軍事的制裁の法的問題
87791-124-3　C3032　　　A5判　437頁　5,800円

［21世紀国際法学術叢書②］国際連合が採択した非軍事的制裁措置に関する決議を取り上げ、決議に対する国家による履行の分析、私人である企業に対して適用される際の法的効果を実証的に考察する。　　　　　　　　　　（2003.9）

滝澤美佐子
国際人権基準の法的性格
87791-133-2　C3032　　　A5判　337頁　5,400円

［21世紀国際法学術叢書③］国際人権基準の「拘束力」および法的性格の解明を目指す本書は、国際法と国際機構の法秩序とのダイナミズムによって国際人権基準規範の実現が促されていることを明らかにする。　　　　　　　　　　（2004.2）

小尾尚子
難民問題への新しいアプローチ
——アジアの難民本国における難民高等弁務官事務所の活動
87791-134-0　C3032　　　A5判　289頁　5,600円

［21世紀国際法学術叢書④］UNHCRのアジアでの活動に焦点を当て、正統性の問題あるいはオペレーション能力の課題を考察し、難民本国における活動が、新しい規範を創りだし、国際社会に定着してゆく過程を描く。　　　（2004.7）

坂本まゆみ
テロリズム対処システムの再構成
87791-140-5　C3032　　　A5判　279頁　5,600円

［21世紀国際法学術叢書⑤］条約上の対処システム、武力紛争としてのテロリズム対処、テロリズムに対する集団的措置、などを法理論的に整理し、効果的なテロリズムに対する取り組みを実践的に追及する。　　　　　　　（2004.12）

一之瀬高博
国際環境法における通報協議義務
87791-161-8　C3032　　　A5判　307頁　5,000円

［21世紀国際法学術叢書⑥］手続き法としての国際環境損害の未然防止を目的とする通報協議義務の機能と特徴を、事後賠償の実体法としての国際法の限界とを対比・分析することを通して明らかにする。　　　　　　　　　　（2008.2）

石黒一憲
情報通信・知的財産権への国際的視点
906319-13-0　C3032　　　A5判　224頁　3,200円

国際貿易における規制緩和と規制強化の中での国際的に自由な情報流通について論ずる。国際・国内両レベルでの標準化作業と知的財産権問題の接点を巡って検討し、自由貿易と公正貿易の相矛盾する方向でのベクトルの本質に迫る。　（1990.4）

廣江健司
アメリカ国際私法の研究
——不法行為準拠法選定に関する方法論と判例法状態
906319-46-7　C3032　　　A5判　289頁　4,660円

アメリカ合衆国の抵触法における準拠法選定の方法論を検討する。準拠法選定に関する判例法は、不法行為事件を中心に発展してきているので法域外の要素を含む不法行為を中心に、その方法論を検討し、その判例法状態を検証する。　（1994.3）

国際法

廣江健司

国際取引における国際私法

906319-56-4　C1032　　　A5判　249頁　3,107円

国際民事訴訟法事件とその国際私法的処理について基礎的な法理論から法実務への架橋となる法情報を提供する。国際取引法の基礎にある法問題、国際私法の財産取引に関する問題、国際民事訴訟法の重要課題を概説した基本書である。

(1995.1)

高橋明弘

知的財産の研究開発過程における競争法理の意義

87791-122-7　C3032　　　A5判　361頁　6,200円

コンピュータプログラムのリバース・エンジニアリングを素材に、財産権の社会的側面を、独占（競争制限）、労働のみならず、知的財産並びに環境問題で生じる民法上の不法行為及び権利論の解決へ向けての法概念としても捉える。

(2003.6)

久保田　隆

資金決済システムの法的課題

87791-126-×　C3032　　　A5判　305頁　5,200円

我々に身近なカード決済、ネット決済や日銀ネット、外為円決済システム等、資金決済システムの制度的・法的課題を最新情報に基づき実務・学問の両面から追究した意欲作。金融に携わる実務家・研究者および学生必読の書。

(2003.6)

森田清隆

WTO体制下の国際経済法

87791-206-2　C3032　　　A5判　283頁　5,400円

WTOのさまざまな現代的課題を考察する。従来の物品貿易に加え、サービス貿易がラウンド交渉の対象になり、投資・競争政策が議論され、地球温暖化防止策とWTO諸規則との整合性が問われている。

(2010.3)

髙橋明弘

知財イノベーションと市場戦略イノベーション

87791-233-8　C3032　　　A5判　469頁　8,000円

不確実性による知財イノベーションとリスクによる市場競争イノベーションでは、革新を誘引し起動するメカニズムが異なる。この因子を、産業ごとに策定し、知的財産権を含む事業活動の独占禁止法違反の判断過程・規準として適用する。

(2012.9)

廣江健司

国際私法

87791-265-9　C3032　　　A5判　277頁　2,800円

『国際私法』と題する本書は、国際私法を広義に解して、国際民事関係の事案に対する国際私法による処理について、その解釈の方法論の現在の法状態を概観する。本書によってその法的センスを養成することができるであろう。

(2014.2)

外国法

北脇敏一／山岡永知編訳

対訳アメリカ合衆国憲法(絶版)

906319-27-0　C3032　　　四六判　91頁　1,165円

英文と邦文を対照に編集されており、修正された部分は注を施して訳出されている。日米憲法比較のために、日本国憲法とその他の国会法、公職選挙法、内閣法、裁判所法などの関係条項を記し、読者の便宜を図る。

(1992.7)

北脇敏一／山岡永知編訳

新版・対訳アメリカ合衆国憲法

87791-112-×　C3032　　　A5判　93頁　1,500円

新版では最新の研究成果を取り入れ、より厳密な訳出を試みており、建国時アメリカ合衆国デモクラシーの息吹が伝わってくる。法律英語の練習の用途にも叶い、多くの読者の期待に応えうるものになっている。

(2002.9)